G-TELP 공식 주관사

지텔프 보카

G-TELP 영어연구소 지음

최신 개정판

G-TELP 주관사

G-TELP KOREA는 신뢰성, 타당성, 실용성을 갖춘 종합적인 영어평가라는 모토 아래 ITSC의 글로벌 파트너로서 1985년부터 G-TELP 시험을 주관하는 어학평가, 교육, 출판 전문 기업입니다. G-TELP KOREA는 업무 협약을 통해 한국 내 G-TELP 시험의 시행, 마케팅, 홍보, 출판, 교육에 대한 운영을 담당하고 있습니다.

G-TELP 영어연구소

G-TELP 영어연구소는 국내외 영어 콘텐츠 전문 연구진들로 이루어진 조직으로서, G-TELP 시험을 전문적으로 분석 및 연구해오고 있습니다. 다년간 쌓아온 디지털 데이터베이스와 정확한 데이터를 분석하는 툴을 기반으로 G-TELP의 모든 시험을 대비할 수 있는 수험서, 일반 영어, 비즈니스 영어, 전문 영어 등 다양한 분야의 영어학습서를 기획, 집필, 편집, 출간하고 있습니다.

지텔프 보카

초판 인쇄	초판 1쇄 발행 2023년 4월 10일 2판 1쇄 발행 2024년 7월 29일
발 행 인	김현중
출 판 사	G-TELP KOREA 출판사업본부
저 자	G-TELP 영어연구소
I S B N	978-89-91164-63-5
정 가	11,900원

도서 문의 안내
전 화 1577-3836
팩 스 02-454-2137

이 책의 내용과 포맷은 저작권법에 따라 보호받고 있으므로 무단 복제와 무단 전재를 금합니다.

PREFACE

지텔프는 국내에서 국가직 5급·7급 공무원, 경찰, 소방, 군무원의 채용과 세무사, 회계사 등 국가 전문 자격증 시험에 영어 과목 대체 시험으로 활용되고 있는 국제 공인 영어 시험입니다. 대학 졸업 인증과 공기업, 공사, 공단, 사기업의 취업 및 승진에도 폭넓게 활용되고 있습니다.

지텔프 Level 2 시험은 총 80문항으로 문법, 청취, 독해 및 어휘로 구성됩니다. 그중 독해 지문에서 밑줄 친 단어를 보고 유의어를 찾는 문제가 8문제 출제됩니다. 보통 밑줄 친 단어와 보기의 단어의 뜻이 동일한 것이 답이 되지만, 같은 뜻이 아니더라도 문맥상 같은 흐름을 유지해 주는 단어가 정답이 되기도 합니다. 주어진 단어의 의미를 정확하게 알고 문제에 적용하는 능력이 필요하기에, 어휘 학습은 목표 점수 달성에 필수적이라 할 수 있겠습니다.

『지텔프 보카』는 최근 10년간 지텔프 정기시험에서 출제된 기출 단어를 분석하고 출제 빈도를 고려하여 1,200개의 핵심 표제어와 600개의 추가학습 단어로 구성하였습니다. 20일 학습 플랜으로 1일 표제어 60개, 추가 학습 단어를 30개로 나누었고 각 단어마다 유의어, 파생어, 그리고 실제 시험 지문의 문장 패턴이 적용된 예문을 제공하여 방대한 양의 단어를 효과적으로 학습할 수 있습니다. 일부 표제어에는 문법 문제 풀이 스킬이나 지문 독해에 유용한 표현이 수록되어 있어 학습 효율을 높입니다.

수험자의 독해 실력 향상을 위한 전략적인 단어 학습을 유도하고자, 『지텔프 보카』에는 독해&어휘 영역의 4개 파트만을 위한 특별 섹션이 편성되어 있습니다. 인물의 일대기, 잡지 기사, 백과사전식 지문, 비즈니스 편지 등 파트별로 출제 경향이 높은 특정 단어들을 엄선하였기 때문에 독해 지문 해석에 도움을 줄 수 있습니다. 또한 단어 테스트에서는 실제 시험과 동일한 구성의 어휘 문제를 통해 실전에 효과적으로 대비할 수 있도록 하였습니다.

『지텔프 보카』는 바쁜 시간을 쪼개어 단어 공부를 하는 수험자가 보다 효율적인 학습을 추구하도록 만들어졌습니다. 목표하시는 점수를 꼭 달성하시길 바라며, 여러분이 더 큰 목표를 향해 발을 내딛을 수 있는 든든한 디딤돌이 될 수 있기를 기원합니다.

지텔프(G-TELP) 영어연구소

CONTENTS

교재 구성 및 특징	**006**
학습 플랜	**010**
G-TELP Level 2 소개	**012**
시험 전 확인하기	**013**

DAY 01	일상 생활	014
DAY 02	기분과 성격	032
DAY 03	교육	048
DAY 04	Part 1 인물의 일대기 (1) 독해&어휘	064
DAY 05	Part 1 인물의 일대기 (2) 독해&어휘	082
DAY 06	의사소통	100
DAY 07	금융	118
DAY 08	법과 정치	136
DAY 09	Part 2 잡지 기사 (1) 독해&어휘	152
DAY 10	Part 2 잡지 기사 (2) 독해&어휘	170

DAY 11	자연과 환경	188
DAY 12	식음료	204
DAY 13	문화와 이벤트	222
DAY 14	Part 3 백과사전식 지문 (1) 독해&어휘	240
DAY 15	Part 3 백과사전식 지문 (2) 독해&어휘	258
DAY 16	업무	276
DAY 17	쇼핑	294
DAY 18	여행과 관광	312
DAY 19	Part 4 비즈니스 편지 (1) 독해&어휘	330
DAY 20	Part 4 비즈니스 편지 (2) 독해&어휘	350

VOCABULARY TEST 정답과 해석   368
INDEX   388

교재 구성 및 특징

QR코드 & PREVIEW

| 표제어와 뜻을 음원으로 듣기 |

☑ **표제어 학습용 QR코드 제공**
각 DAY의 첫 페이지에 단어와 뜻을 나란히 재생하는 음원 파일이 QR코드로 삽입되어 있음

PREVIEW

acknowledge	demonstrate	opinion
advertise	editorial	oppose
advocate	emphasize	perceive
anonymous	endorse	perspective
apparent	ensure	persuade
aspect	exaggerate	poll
assert	external	post

☑ **PREVIEW로 표제어를 한 눈에 확인**
하나의 DAY에 대한 본격적인 학습에 앞서 자신이 공부하게 될 단어를 얼마나 알고 있는지 미리 점검해 볼 수 있음

지텔프 핵심 표제어

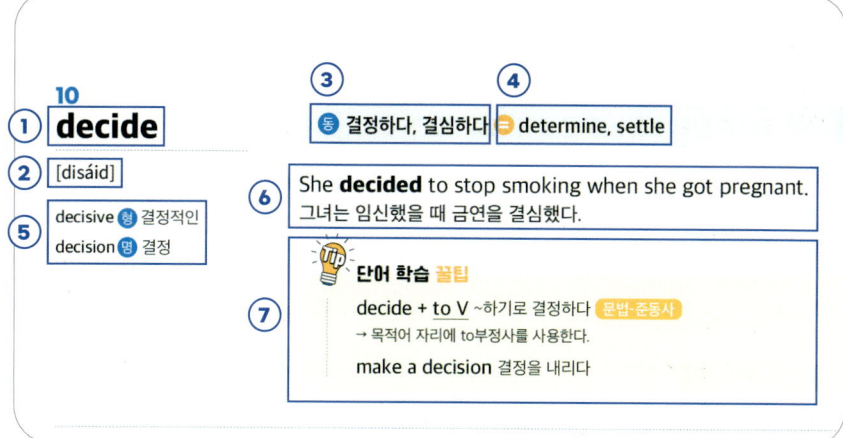

① **표제어**
지텔프 빈출 단어를 주제별로 제시, 특히 독해&어휘 영역 각 파트의 지문 독해에 도움이 될 수 있는 단어를 따로 선별하여 학습자의 편의성을 높임

- **DAY 4, 5** - 독해&어휘 PART 1
- **DAY 9, 10** - 독해&어휘 PART 2
- **DAY 14, 15** - 독해&어휘 PART 3
- **DAY 19, 20** - 독해&어휘 PART 4

② **발음 기호**
표제어의 발음 기호를 통해 정확한 발음법을 숙지할 수 있도록 도움

③ **품사와 뜻**
표제어의 품사와 의미를 함께 제시

④ **동의어 또는 유의어**
지텔프 독해&어휘 영역의 어휘문제를 대비할 수 있도록 다양한 동의어 또는 유의어 제시

⑤ **파생어**
표제어로부터 파생된 다양한 품사의 단어를 제공하여 폭넓은 어휘 학습이 가능

⑥ **예문 및 해석**
지텔프 출제 유형과 가장 유사한 문장을 예문으로 제공하여 단순 암기를 넘어 각 단어의 정확한 쓰임을 학습

⑦ **단어 학습 꿀팁**
지텔프 문법 영역에서 'should 생략' 및 '준동사(to부정사·동명사)' 유형의 풀이 전략과 지문 해석에 유용한 빈출 숙어 또는 관용 표현 등이 정리되어 있음

VOCABULARY TEST

Q 주어진 단어에 맞는 뜻을 찾아 서로 연결하세요.

- 01 assess •   • (a) 동료
- 02 peer •   • (b) 등록하다
- 03 tuition •   • (c) 평가하다
- 04 proficient •   • (d) 수업료
- 05 enroll •   • (e) 능숙한

Q 밑줄 친 단어의 유의어로 가장 적절한 보기를 고르세요.

06 Paul doubted that his students fully <u>comprehended</u> what he had been teaching in his class.

(a) assessed   (b) intended   (c) concentrated   (d) understood

독해&어휘

Q 아래의 단락을 읽고 밑줄 친 단어와 문맥상 가장 가까운 보기를 고르세요.

05 Gordon Ramsey <u>persisted</u> in his dream to become a chef despite facing many challenges. He started out as a novice chef at Harveys, a Michelin-starred restaurant. From there, he went on to work at several other prestigious restaurants including Aubergine, L'Oranger, and La Tante Claire. It was only after years of hard work and dedication that he finally achieved his goal of becoming a head chef.

In the context of the passage, <u>persisted</u> means _____.

(a) started   (b) continued   (c) excelled   (d) confronted

☑ **문제 풀이로 단어 학습 점검**

주어진 문제를 풀어보며 배운 단어를 복습하고, 독해&어휘 DAY에는 실제 어휘 문제의 출제 패턴과 동일한 구성의 문제가 수록되어 있어 실전에 최적화된 마무리 학습이 가능

지텔프 추가학습 단어

☐ cognitive	형 인지의
☐ column	명 칼럼, 기고문; 기둥, 세로단
☐ compelling	형 강렬한, 마음을 끄는
☐ concise	형 간결한
☐ credible	형 믿을 수 있는
☐ edition	명 (간행물 등의) 판, 호
☐ eloquence	명 웅변, 달변
☐ gesture	명 몸짓, 표현 동 손짓하다
☐ groundbreaking	형 획기적인
☐ headline	명 표제, 주요 뉴스 동 표제를 붙이다
☐ in-depth	형 면밀한, 상세한, 심층의
☐ justify	동 정당화하다
☐ leak	명 누설, 유출 동 누설하다, 유출하다
☐ majority	명 (대)다수

✓ 지텔프 추가학습 단어로 65+ 대비

핵심 표제어 외에 지텔프 고득점을 목표하기 위해 추가적으로 학습이 필요한 단어 및 숙어 표현 수록

학습 플랜

학습자의 편의에 따라 아래의 2주 또는 4주 학습 플랜을 선택하세요. 어휘 학습은 정량의 단어를 매일 학습하는 것이 가장 좋습니다.

20일(4주) 완성

- ✓ DAY 별로 핵심 표제어(60개) 및 추가학습 단어(30개)를 공부하세요.
- ✓ 단어 학습을 마치고 나면 VOCABULARY TEST를 풀어보세요.
- ✓ 목표 점수가 32점일 경우 표제어 위주로 학습해 보세요.
- ✓ 학습을 완료하면 □에 체크하세요.

	MON	TUE	WED	THU	FRI
WEEK 1	☐ DAY 01	☐ DAY 02	☐ DAY 03	☐ DAY 04	☐ DAY 05
WEEK 2	☐ DAY 06	☐ DAY 07	☐ DAY 08	☐ DAY 09	☐ DAY 10
WEEK 3	☐ DAY 11	☐ DAY 12	☐ DAY 13	☐ DAY 14	☐ DAY 15
WEEK 4	☐ DAY 16	☐ DAY 17	☐ DAY 18	☐ DAY 19	☐ DAY 20

10일(2주) 완성

✓ 하루에 DAY 2개분을 묶어서 공부하세요. (핵심 표제어120개, 추가학습 단어 60개)

✓ 단어 학습을 마치고 나면 VOCABULARY TEST를 풀어보세요.

✓ 목표 점수가 32점일 경우 표제어 위주로 학습해 보세요.

✓ 학습을 완료하면 □에 체크하세요.

	MON	TUE	WED	THU	FRI
WEEK 1	☐ DAY 01 ☐ DAY 02	☐ DAY 03 ☐ DAY 04	☐ DAY 05 ☐ DAY 06	☐ DAY 07 ☐ DAY 08	☐ DAY 09 ☐ DAY 10
WEEK 2	☐ DAY 11 ☐ DAY 12	☐ DAY 13 ☐ DAY 14	☐ DAY 15 ☐ DAY 16	☐ DAY 17 ☐ DAY 18	☐ DAY 19 ☐ DAY 20

G-TELP LEVEL 2 소개

G-TELP란?

G-TELP(General Tests of English Language Proficiency)는 미국 국제 테스트 연구원(ITSC, International Testing Services Center)에서 주관하여 University of California Los Angeles, Georgetown University, San Diego State University 등의 저명 교수진이 연구·개발하였고, 국내외 저명한 언어학자, 평가 전문가들이 참여하여 국제적으로 시행하는 글로벌 영어능력 평가 인증 시험입니다.

시험 구성

문법 26문항 (20분) + 청취 26문항 (약 30분) + 독해 28문항 (40분) = 총 80문항 (약 90분)

영역	내용	지문 수 (개)	문항 수 (개)	배점 (점)	시간 (분)
Grammar (총 26문항)	시제, 가정법, 조동사, 준동사, 연결어, 관계사	-	26	100	20분
Listening (총 26문항)	Part 1. Interesting Story	1	7	100	약 30분
	Part 2. Speech	1	6		
	Part 3. Conversation	1	6		
	Part 4. Presentation	1	7		
Reading & Vocabulary (총 28문항)	Part 1. Biography Article	1	7	100	40분
	Part 2. Magazine Article	1	7		
	Part 3. Encyclopedia Article	1	7		
	Part 4. Business Letter	1	7		
	Total		80	300	약 90분

* 시험 시간을 특정 영역에 제한을 두지는 않으므로, 주어진 시간 내에 다른 영역의 문제풀이 가능
* 각 영역 100점 만점으로 총 300점이며, 세 개 영역의 평균 값으로 성적 산출

시험 전 확인하기

시험 시간
- **입실 가능시간**: 13시 20분 ~ 14시 50분 (14시 50분 입실 통제 / 이후 입실 절대 불가)
- **오리엔테이션 시작 시간**: 14시 25분

주의 사항
- 신분증 미 지참 시 시험 응시 불가 (수험표는 없어도 응시 가능)
- 1층 고사장 입구에서 고사장을 확인하며, 좌석표에 따라 지정 좌석에서 응시해야 합니다.
- 시험 시간 중도 퇴실 시, 시험을 포기한 것으로 간주되어 당 회차 시험이 0점 처리됩니다.
- 규정 신분증, 필기도구, 아날로그 손목시계 이외의 개인 소지품은 소지할 수 없습니다.
  - 시험 전, 전자기기는 반드시 전원을 끄고 소지품과 함께 가방에 넣어 교실 앞에 제출해야 합니다.
  - 전원을 끄지 않아 벨소리나 진동, 전자음이 울릴 시 부정행위로 간주되어 시험이 0점 처리됩니다.

준비물 CHECK!

규정 신분증
- 주민등록증, 여권(기간 만료 전), 운전면허증, 장애인등록증(주민등록번호 포함), 군 신분증(군인), 외국인등록증(외국인), 학생증(중고생) (단, 대학생의 경우 학생증 불허)
- 모바일 신분증: 주민등록증(정부24 앱), 운전면허증(경찰청장 발급)

컴퓨터용 사인펜
- OMR 답안지에는 반드시 컴퓨터용 수성 사인펜으로 마킹해야 합니다. (연필 사용 불가)

수정 테이프
- 마킹 오류 시, 수정 테이프를 사용하여 수정할 수 있습니다. (수정액 사용 불가)
- 수정 테이프는 반드시 본인의 것을 사용해야 하며, 타인에게 빌리거나 빌려줄 수 없습니다.

아날로그 시계
아날로그 시계 이외의 스톱워치, 스마트 워치, 전자시계 등은 사용할 수 없습니다.

일상생활

| 표제어와 뜻을 음원으로 듣기 |

PREVIEW

admit	infant	remind
afford	insert	repeat
behavior	insurance	resent
bump	interrupt	resist
circumstance	intimate	rest
common	keen	rough
constant	lean	routine
correspond	lift	select
damage	locate	serious
decide	meanwhile	share
doze	occupy	slight
duty	persist	stain
dwell	possess	suppose
embrace	pour	switch
familiar	precious	typical
finish	prescribe	upset
fit	present	urban
gather	pretend	wage
habitual	refuse	workout
incident	remember	wound

01
admit

[ædmít]

admittance 명 입장, 들어감
admittedly 부 인정하건대

동 인정하다, 시인하다　≡ accept, allow

I **admit** that the full-sized stroller is more expensive, but it is worth it because you can use it for multiple children.
대형 유모차가 더 비싼건 인정하지만, 그것은 여러 아이들을 위해 사용할 수 있기 때문에 그만한 가치가 있죠.

 단어 학습 꿀팁

admit + -ing ~하는 것을 인정하다 문법-준동사
→ 목적어 자리에 동명사를 사용한다.

02
afford

[əfɔ́ːrd]

affordable 형 가격이 적당한

동 ~할 여유가 있다　≡ manage

We bought a used car because we couldn't **afford** a new one.
새 차를 살 형편이 안 되어서 중고차를 구매했다.

 단어 학습 꿀팁

afford + to V ~할 여유가 있다 문법-준동사
→ 목적어 자리에 to부정사를 사용한다.

03
behavior

[bihéivjər]

behave 동 행동하다

명 행동, 태도　≡ conduct

The rude **behavior** of Ben made his parents angry so he was grounded for a week.
벤의 무례한 행동이 그의 부모님을 화나게 해서 그는 일주일 동안 외출 금지령을 당했다.

04
bump

[bʌmp]

bumper 형 엄청나게 많은
　　　　명 (자동차의) 범퍼

동 부딪치다　≡ knock, collide

When a deer leapt in front of his car, Jamie braked hard and **bumped** his head on the steering wheel.
한 사슴이 그의 차 앞으로 뛰어들었을 때, 제이미는 브레이크를 세게 밟았고 운전대에 머리를 부딪쳤다.

 단어 학습 꿀팁

bump into = run into = come across 우연히 만나다

05
circumstance
[sə́:rkəmstæns]

circumstantial 형 상황의

형 (주변의) 상황, 환경 ≡ situation, condition, surroundings

I have been collecting NBA trading cards for the past 10 years, and I will not sell them under any **circumstances**.
나는 지난 10년 동안 NBA 트레이딩 카드를 수집해오고 있었고, 어떠한 상황에서도 그것들을 팔지 않을 것이다.

06
common
[kámən]

commonly 부 보통, 흔하게

형 공통의, 공동의 ≡ usual, mutual

Dental cavities are the most **common** disease in children.
충치는 어린 아이들 사이에서 가장 흔한 질병이다.

 단어 학습 꿀팁

have ~ in common ~(관심사·생각 등)을 공통적으로 지니다

07
constant
[kánstənt]

constantly 부 끊임없이

형 끊임없는, 변함없는 ≡ continuous, consistent, steady

You need to pay **constant** attention to your children.
아이에게는 끊임없는 관심을 주어야 한다.

08
correspond
[kɔ̀:rəspánd]

correspondence 명 관련성

동 일치하다, 부합하다 ≡ match, coincide

I can't trust my coworker because his words don't **correspond** to his actions.
동료의 말과 행동이 일치하지 않아 그를 신뢰할 수가 없다.

 단어 학습 꿀팁

correspond to/with ~에 일치하다

09
damage
[dǽmidʒ]

동 피해를 입히다 ≡ harm
명 손상, 피해

The fire **damaged** some production lines in the factory.
화재로 인해 공장의 일부 생산 라인이 손상을 입었다.

DAY 01

10
decide
[disáid]

decisive 형 결정적인
decision 명 결정

동 결정하다, 결심하다 determine, settle

She **decided** to stop smoking when she got pregnant.
그녀는 임신했을 때 금연을 결심했다.

> 단어 학습 꿀팁
>
> decide + to V ~하기로 결정하다 문법-준동사
> → 목적어 자리에 to부정사를 사용한다.
>
> make a decision 결정을 내리다

11
doze
[douz]

동 졸다
명 낮잠 nap

Charlie was snoring while **dozing** on the subway last night.
찰리는 지난 밤에 지하철에서 깜빡 조는 동안 코를 골았다.

12
duty
[djú:ti]

dutiful 형 충실한

명 1. 의무, 직무 responsibility, task   2. 세금, 관세 tax

I was just wondering if you've ever had a part-time job before and, if so, what kind of **duties** did you have?
전에 아르바이트를 해보신 적이 있는지 궁금한데요, 있었다면 어떤 종류의 업무를 하셨나요?

I'm so glad we don't have to pay customs **duty** on this trip.
이번 여행에서 관세를 내지 않아서 돼서 정말 다행이야.

> 단어 학습 꿀팁
>
> be on duty 근무 중이다

13
dwell
[dwel]

동 살다, 거주하다 live, reside

I **dwelt** in America for seven years but I didn't have much chance to speak in English.
나는 미국에 7년을 살았지만 영어로 말할 기회가 많이 있지는 않았다.

> 단어 학습 꿀팁
>
> dwell in ~에 살다, 거주하다

14
embrace

[imbréis]

embracement 명 포옹, 수락

동 1. 포옹하다, 껴안다 ⊜ hug, cuddle
　 2. 수용하다, 받아들이다 ⊜ accept, adopt

We **embraced** each other tightly because we had not seen each other for months
우리는 몇 달 동안 만나지 못했었기 때문에 서로를 꼭 껴안았다.

After a long and heated discussion, the two finally **embraced** each other's ideas and came to an agreement.
길고도 열띤 토론 끝에 두 사람은 마침내 서로의 생각을 받아들여 합의에 이르렀다.

DAY 01

15
familiar

[fəmíljər]

familiarize 동 익숙하게 하다
familiarity 명 친근함

형 익숙한, 친숙한 ⊜ well-known, close, accustomed

The song from the radio sounded very **familiar** to me, but I couldn't recall the title of it.
라디오에서 익숙한 노래가 흘러나왔지만, 제목이 떠오르지 않았다.

 단어 학습 꿀팁
　be familiar with ~에 익숙하다, ~을 잘 알다

16
finish

[fíniʃ]

동 끝내다, 마치다 ⊜ complete, end
명 마지막 부분, 끝 ⊜ end

The book was so boring that she could not **finish** it.
그녀는 책이 너무 지루해서 끝까지 읽을 수 없었다.

 단어 학습 꿀팁
　finish + -ing ~하는 것을 끝내다 문법-준동사
　→ 목적어 자리에 동명사를 사용한다.

17
fit

[fit]

fitness 명 건강
fitting 형 적합한

동 맞다, 적합하다 ⊜ match, suit
형 건강한, 튼튼한 ⊜ healthy

The dress I ordered online doesn't **fit** me.
인터넷으로 주문한 드레스가 내게 맞지 않는다.

You need to go to the gym to stay **fit**.
건강을 유지하기 위해 헬스장에 가야 한다.

18
gather
[gǽðər]

gathering 명 모임, 수집

동 1. (사람이) 모이다, (사람을) 모으다 ⊜ assemble, congregate
2. (정보를) 모으다, 수집하다 ⊜ collect

By the time my friends and I **gathered**, the party had already been in full swing.
나와 친구들이 모였을 때쯤에는, 파티가 이미 한창이었다.

At the moment, Henry is **gathering** information from the internet to buy a new car.
현재, 헨리는 새 차를 사기 위해 인터넷에서 정보를 모으는 중이다.

19
habitual
[həbítʃuəl]

habit 명 버릇, 습관

형 습관적인 ⊜ usual, established

Using smartphones while driving has now become **habitual**.
운전을 하면서 스마트폰을 사용하는 것은 이제 습관적이게 되었다.

20
incident
[ínsədənt]

명 사건 ⊜ event, occurrence

Though it seemed like a minor **incident**, it made Johnny scared all day long.
그것은 사소한 사건처럼 보였을 지라도, 그것은 조니를 하루종일 무섭게 했다.

21
infant
[ínfənt]

infancy 명 유아기

명 아기, 신생아 ⊜ baby, child

My friend just had a baby, and she is exhausted. She is up every few hours to feed the **infant**, and she is not getting much sleep.
내 친구가 막 아기를 낳았고, 그녀는 기진맥진해 있다. 그녀는 아기에게 모유를 주기 위해 몇 시간마다 일어나며, 잠을 많이 자지 못하고 있다.

22
insert
[insə́:rt]

insertion 명 삽입

동 끼워 넣다, 삽입하다 ⊜ put

She **inserted** coins into the vending machine.
그녀는 자판기에 동전을 넣었다.

23
insurance

[inʃúərəns]

insure 동 보험에 들다

명 보험 ⊜ coverage, protection, security

Our **insurance** covered most of the fire damage.
보험이 화재 피해의 대부분을 보상하였다.

24
interrupt

[ìntərʌ́pt]

interruption 명 중단, 방해

동 1. 방해하다 ⊜ disturb 2. 중단하다 ⊜ discontinue

The meeting was **interrupted** by a phone call.
회의는 전화에 의해 중단되었다.

25
intimate

[íntəmət]

intimacy 명 친밀감

형 친밀한 ⊜ close, friendly

She made many **intimate** friends while living in the dormitory.
그녀는 기숙사에 살면서 많은 친밀한 친구들을 사귀었다.

26
keen

[ki:n]

형 1. 예리한, 날카로운 ⊜ sharp, perceptive
2. 열렬한 ⊜ eager, avid, enthusiastic

Dogs have a **keen** sense of smell.
개들은 예민한 후각을 가지고 있다.

He is **keen** on traveling and so he goes abroad whenever he can.
그는 여행을 매우 좋아하며 기회가 있을 때마다 해외로 나간다.

> 💡 단어 학습 꿀팁
> be keen on ~을 바라다, 좋아하다, ~에 관심이 있다

27
lean

[li:n]

동 기울이다, 기대다 ⊜ rest, recline

When the door was opened, he almost fell down because he was **leaning** against it.
그는 문에 기대고 있어서 문이 열릴 때 거의 넘어질 뻔했다.

> 💡 단어 학습 꿀팁
> lean on/against ~에 기대다

28
lift
[lift]

동 1. 들어 올리다, 올리다 ≒ raise, elevate
2. (규제 등을) 풀다, 철폐하다 ≒ cancel, revoke 3. 훔치다 ≒ steal

The old lady needed someone to help her **lift** furniture to the second floor.
노부인은 가구를 2층으로 올리는 것을 도와줄 누군가가 필요했다.

The boy used to **lift** chocolate bars from the local shop.
그 소년은 동네 가게에서 초콜릿 바를 훔치곤 했다.

29
locate
[lóukeit]

동 1. 위치하다 ≒ place, set, situate
2. ~의 위치를 알아내다 ≒ detect, find

The new grocery store is conveniently **located** in the center of town.
새로운 식료품점이 도시 중앙부에 편리하게 위치해 있다.

I was able to **locate** my friend at the library easily, even though it was my first time there.
나는 그 도서관이 비록 처음이었지만 거기서 내 친구를 쉽게 찾을 수 있었다.

30
meanwhile
[míːnwail]

부 그 동안에, 한편

The next program starts in five minutes. **Meanwhile**, I have to go to the restroom.
다음 프로그램이 5분 후에 시작한다. 그 동안에, 난 화장실에 가야 한다.

 단어 학습 꿀팁
in the meantime 그 동안에

31
occupy
[ákjupài]

occupation 명 직업, 점유
preoccupy 동 몰두하다

동 1. 차지하다, 점거하다 ≒ possess, inhabit, invade
2. 바쁘게 하다 ≒ engage

We had to detour because the road was **occupied** by protesters.
시위대가 길을 점거하고 있어서 우회해야 했다.

 단어 학습 꿀팁
be occupied with = be busy with ~로 바쁘다

32
persist

[pərsíst]

persistent 형 끈질긴, 끊임없이 지속되는

동 1. 고집하다, (계속) 주장하다 ≒ continue
2. 계속되다 ≒ persevere

The landlord **persisted** in asking the tenant to remove one of her two dogs.
집 주인은 세입자에게 강아지 두 마리 중 한 마리는 내보내라고 계속 요청했다.

She went to the hospital after her headache **persisted** for a week.
그녀는 두통이 일주일 동안 지속되자 병원에 갔다.

33
possess

[pəzés]

possession 명 소유

동 소유하다 ≒ own, have

He **possesses** a bad credit rating so he cannot be issued a credit card.
그는 신용 등급이 좋지 않아서 신용 카드를 발급받을 수 없다.

34
pour

[pɔːr]

동 붓다, 쏟아지다 ≒ spill, stream

The barista **poured** steamed milk into the coffee and created a beautiful heart-patterned latte art.
그 바리스타가 스팀 밀크를 커피 안에 부었고 하트 모양의 아름다운 라떼 아트를 만들어냈다.

35
precious

[préʃəs]

형 귀중한 ≒ valuable

She auctioned off her **precious** antiques to pay her tuition.
그녀는 등록금을 내기 위해 귀중한 골동품들을 경매에 팔았다.

DAY 01

36
prescribe

[priskráib]

prescription 명 처방전

동 1. 처방하다 2. 규정하다, 지시하다 = dictate

The physician **prescribed** me some medicine and advised me to do regular exercise in order to stay healthy.
의사는 내게 약을 처방해주고 건강을 유지하기 위해 규칙적인 운동을 하라고 조언했다.

> **단어 학습 꿀팁**
>
> prescribe + that + 주어 + (should) 동사원형
> ~해야 한다고 규정하다 문법-조동사 should 생략
> → 주장·요구·제안을 나타내는 동사 prescribe 뒤에 that절이 오면 that절의 동사는 should가 생략된 동사원형을 사용한다.

37
present

동 [prɪzént]
형 [préznt]

presentation 명 발표

동 제시하다, 보여주다 = show, demonstrate
형 1. 현재의 = current 2. 참석한, 출석한 = in attendance, there

I had to **present** my identification in order to have access to the building.
나는 그 건물에 들어가기 위해 내 신분증을 제시해야 했다.

Sarah said that the **present** situation of the oil industry is dire.
새라는 오일 산업의 현재 상황이 심각하다고 말했다.

Michael was sick, so he was not **present** for his friend's birthday party.
마이클은 아파서 친구의 생일 파티에 참석하지 않았다.

38
pretend

[priténd]

동 ~인 척하다 = act, fake

Stephen's mother wouldn't allow him to stay up late, so whenever she entered his bedroom, Stephen would close his eyes and **pretend** to be asleep.
스티븐의 어머니는 그가 늦게까지 깨어 있는 것을 허락하지 않았기 때문에, 그녀가 그의 침실에 들어갈 때마다, 스티븐은 눈을 감고 자는 척하곤 했다.

> **단어 학습 꿀팁**
>
> pretend + to V ~하는 척하다 문법-준동사
> → 목적어 자리에 to부정사를 사용한다.

39
refuse

[rifjúːz]

refusal 명 거절, 거부

동 거절하다, 거부하다 decline, reject

My daughter **refuses** to eat broccoli because she doesn't like the taste of it.
내 딸은 브로콜리 맛을 좋아하지 않아서 그것을 먹기를 거부해요.

> 단어 학습 꿀팁
>
> refuse + to V 문법-준동사
> → 목적어 자리에 to부정사가 답이 되는 동사

40
remember

[rimémbər]

동 기억하다 memorize, recall

She was disappointed at her husband since he couldn't **remember** the exact date of their wedding.
그녀는 남편이 결혼 날짜를 정확히 기억하지 못해서 실망했다.

> 단어 학습 꿀팁
>
> remember + to V (미래에) ~할 것을 기억하다
> remember + -ing (과거에) ~한 것을 기억하다
> → to부정사와 동명사 모두 목적어로 사용할 수 있으나 의미가 달라짐에 유의한다.

41
remind

[rimáind]

동 상기시키다 prompt

The movie actor **reminds** me of my father because he looks exactly like him.
그 영화 배우는 우리 아버지와 정말 닮아서 그를 볼 때마다 아버지가 떠오른다.

> 단어 학습 꿀팁
>
> remind A of B A에게 B를 상기시키다
> remind A that절 A에게 ~라는 것을 상기시키다
> remind + A + to V A에게 ~하라고 상기시키다 문법-준동사
> → 목적어 뒤 목적격 보어 자리에 to부정사를 사용한다.

42
repeat

[ripíːt]

repetitive 형 반복적인
repetition 명 반복

동 반복하다, 반복해서 말하다 ≒ reiterate, restate, retell
명 반복

In order to avoid **repeating** the same mistakes, he always tries to learn from his previous experiences.
같은 실수를 반복하는 것을 피하기 위해, 그는 항상 그의 이전 경험들로부터 배우려고 노력한다.

43
resent

[rizént]

resentment 명 분개, 원망

동 화내다, 분개하다 ≒ dislike

The student **resented** the professor for not giving him a better grade.
학생은 더 좋은 점수를 주지 않았다는 이유로 교수를 원망했다.

 단어 학습 꿀팁

resent + -ing ~하는 것에 분개하다 문법-준동사
→ 목적어 자리에 동명사를 사용한다.

44
resist

[rizíst]

resistance 명 저항

동 저항하다, 참다, 견디다 ≒ oppose, withstand, defy

Whenever I see a movie, it's hard to **resist** eating popcorn and other snacks!
영화를 볼 때마다, 팝콘과 다른 간식들을 먹는 것을 참는 것은 힘들다!

 단어 학습 꿀팁

resist + -ing ~하는 것에 저항하다 문법-준동사
→ 목적어 자리에 동명사를 사용한다.

45
rest

[rest]

동 쉬다, 휴식을 취하다 ≒ relax, recuperate
명 1. 휴식 ≒ relaxation, pause, break 2. 나머지 ≒ remainder

After many hours of walking, Chris finally stopped and sat down to **rest**.
많은 시간을 걷고 난 후, 크리스는 마침내 걷기를 멈췄고 휴식을 취하기 위해 앉았다.

Jane finished her chores, and the **rest** of the afternoon was free for her to play.
제인이 집안일을 끝마쳤고, 오후의 나머지는 그녀가 자유롭게 놀 수 있는 시간이었다.

 단어 학습 꿀팁

take a rest 휴식을 취하다

46 rough
[rʌf]

roughly 부 대략, 거의, 거칠게
roughen 동 거칠어지다

형 1. (표면이) 거친, 울퉁불퉁한 = uneven
2. (성질·행동 등이) 거친, 난폭한 = boisterous, harsh
3. 대략의, 미완성의 = approximate, incomplete

The bullfight is a game that involves a human facing a **rough** bull.
투우는 인간이 사나운 소를 상대로 하는 게임이다.

He announced the **rough** draft of the plan.
그는 계획의 대략적인 초안을 발표했다.

47 routine
[ru:tí:n]

routinely 부 일상적으로

명 판에 박힌 일, 일상 = procedure, method, practice
형 일상적인 = usual, daily

Watering the plants is a part of Tom's morning **routine**.
식물에 물을 주는 것은 톰의 아침 일과 중 하나다.

48 select
[sɪlékt]

selection 명 선발, 선정, 선택

동 선택하다 = choose, take, pick out
형 엄선된, 최상의 = choice, quality, fine

You have been **selected** as one of our final candidates.
최종 후보 중 한 명으로 선정되셨습니다.

 단어 학습 꿀팁
a wide selection of 다양하게 엄선해 놓은, 다양한 종류의

49 serious
[síəriəs]

seriously 부 심하게, 심각하게, 진지하게

형 심각한, 진지한 = severe, critical

The bus driver suffered from **serious** injuries after he accidently hit a huge tree on the street.
버스 운전사는 길에 있는 큰 나무를 실수로 들이받은 후 심각한 부상을 입었다.

50 share
[ʃɛər]

동 나누다, 분배하다, 공유하다 = divide, assign, distribute
명 몫, 할당, 배당 = portion

Whenever my friend forgot to bring his book, I **shared** my book with him since we take the same class.
내 친구가 책을 가져오는 것을 잊어버릴 때마다, 우리는 같은 수업을 듣기 때문에 나는 내 책을 그와 공유했다.

The total bill comes to 300 dollars, so my **share** is 100 dollars.
총 청구액은 300달러이므로 내 몫은 100달러이다.

51
slight

[slait]

slightly 🔄 약간

형 약간의, 조금의 = small, tiny

Lisa is suffering from a **slight** shock after the car accident.
리사는 자동차 사고로 약간의 충격에 시달리고 있다.

52
stain

[stein]

명 얼룩, 때 = mark, blemish
동 얼룩지게 하다

Rachel needs to buy a strong stain remover because the **stains** on the carpets are hard to remove.
카펫의 얼룩들은 지우기 어려워서 레이첼은 강력한 얼룩 제거제를 구입해야 한다.

53
suppose

[səpóuz]

동 가정하다, 생각하다 = guess, presume

The movie was much more interesting than I **supposed** it would be.
그 영화는 내가 생각했던 것보다 훨씬 더 재미있었다.

 단어 학습 꿀팁

suppose that절 ~라고 가정하다
be supposed to V ~하기로 되어 있다

54
switch

[switʃ]

동 1. 스위치를 켜(끄)다 2. 바꾸다 = change, shift
명 전환, 변경 = change, shift

When Jimmy **switched** the subject to dating rumors between her and Mike, Ellen just laughed in an attempt to dodge the question.
지미가 엘렌과 마이크 사이의 열애설로 주제를 바꾸려고 하자 엘렌은 그 답을 피하기 위해서 그냥 웃었다.

55
typical

[típikəl]

typically 🔄 일반적으로, 전형적으로

형 1. 일반적인 = normal, usual
2. 전형적인 = characteristic, representative, classic

I wake up at 7 a.m. to the sound of my alarm, which is the **typical** way I start my day.
저는 오전 7시에 알람 소리에 일어나는데, 이는 제가 하루를 시작하는 전형적인 방식이에요.

56
upset

[ʌpsét]

동 1. 기분 나쁘게 하다 ≡ distress, disturb, unsettle
2. 뒤엎다, 전복시키다 ≡ capsize, overturn, tip over
형 속상한, 화가 난 ≡ distressed, disturbed

Jennifer was really **upset** when she spilled her coffee all over her new shirt.
제니퍼는 그녀의 새 셔츠에 커피를 쏟았을 때 정말 화가 났다.

 단어 학습 꿀팁
be upset about ~에 대해 속상해하다, 언짢아하다

57
urban

[ə́ːrbən]

형 도시의 ≡ metropolitan, downtown

More than half of the entire population live in **urban** areas.
전체 인구의 반 이상이 도시 지역에 살고 있다.

58
wage

[weidʒ]

명 임금, 급여 ≡ salary, earnings, pay

He barely makes a living from his job, since he is paid the minimum **wage**.
그는 최저 임금을 받기 때문에, 그의 직업으로부터 간신히 생계를 꾸려나간다.

59
workout

[wə́ːrkàut]

명 운동, 연습 경기 ≡ exercise, training

This **workout** will definitely help you burn off fat.
이 운동은 지방을 태우는데 확실히 도움이 될 것이다.

60
wound

[wuːnd]

명 상처, 부상 ≡ injury, hurt
동 상처를 입히다 ≡ injure, hurt

When I came near to the man who was hit by the car, I found a deep **wound** on his head.
차에 치인 남성에게 가까이 다가갔을 때, 나는 그의 머리에 깊은 상처가 난 것을 발견했다.

DAY 01

DAY 01 VOCABULARY TEST

Q 주어진 단어에 맞는 뜻을 찾아 서로 연결하세요.

01 keen • • (a) 친숙한
02 correspond • • (b) 사고
03 familiar • • (c) 상기시키다
04 remind • • (d) 열렬한
05 incident • • (e) 일치하다

Q 밑줄 친 단어의 유의어로 가장 적절한 보기를 고르세요.

06 <u>Constant</u> support from parents helped me succeed in my academic pursuits.
   (a) temporary   (b) instant   (c) occasional   (d) continuous

07 Jenny had always wanted to <u>dwell</u> near the ocean.
   (a) travel   (b) reside   (c) wander   (d) camp

08 Canines are able to <u>locate</u> their owners from miles away by following their scent.
   (a) place   (b) correspond   (c) memorize   (d) detect

09 He soon came to <u>embrace</u> their differences and learn from their cultures.
   (a) accept   (b) deny   (c) confuse   (d) select

10 She was <u>occupied</u> with setting the table for dinner.
   (a) familiar   (b) interrupted   (c) busy   (d) upset

정답 1 (d) 2 (e) 3 (a) 4 (c) 5 (b) 6 (d) 7 (b) 8 (d) 9 (a) 10 (c)   **해석** 368P

지텔프 추가학습 단어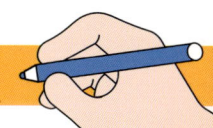

DAY 01

ardent	형	열렬한, 열정적인
bother	동	괴롭히다
chore	명	(늘 하는) 일, 일과
coincidence	명	(우연의) 일치, 동시 발생
definitely	부	분명히, 확실히
desperate	형	필사적인, 절박한
fatigue	명	피로
fortunate	형	운이 좋은
get carried away	숙	흥분하다, 분위기에 취하다
improvise	동	즉흥적으로 하다
in-person	부	직접
intentionally	부	고의적으로
license	명	면허, 자격증
memorize	동	암기하다
mere	형	겨우, 단지
pay off	동	(계획·노력 등이) 성과를 거두다, 결실을 맺다
possible	형	가능한
procrastinate	동	미루다
react	동	반응하다
regardless (of)	부	(~와는) 상관없이
soak	동	담그다
spacious	형	널찍한
stretch one's legs	숙	산책하다
suddenly	부	갑자기
tough	형	힘든, 어려운; 강인한, 질긴
trivial	형	사소한, 하찮은
turn out	동	~라고 판명나다
vanish	동	사라지다, 없어지다
vigor	명	힘, 활력
widen	동	넓히다

DAY 02

기분과 성격

| 표제어와 뜻을 음원으로 듣기 |

PREVIEW

adore	discreet	jealous
agitate	dislike	lonely
annoy	distress	mind
anxious	disturb	obsess
arrogant	doubt	passive
attitude	embarrass	perplex
avid	emotion	polite
awkward	envious	prone
boast	fond	reckless
charm	frustrate	relieve
conscious	generous	reluctant
content	gratitude	sensible
crave	hopeful	sentiment
deliberate	humble	solitary
delicate	impulsive	stubborn
delight	incline	suffer
depression	indifferent	temper
despise	individual	tend
difficult	instinct	trait
diligent	irritate	vulnerable

01
adore

[ədɔ́ːr]

adorable 형 사랑스러운

동 1. 아주 좋아하다 ⊜ love 2. 숭배하다 ⊜ admire

Haley **adores** the way the sun sets in the sky, painting the world in a beautiful array of colors.
헤일리는 태양이 하늘에 지면서 세상을 아름다운 색채로 그리는 방식을 정말 좋아한다.

 단어 학습 꿀팁

adore + -ing ~하는 것을 아주 좋아하다 문법-준동사
→ 목적어 자리에 동명사를 사용한다.

02
agitate

[ǽdʒɪteɪt]

agitated 형 동요하는, 불안해하는
agitation 명 불안, 동요

동 (기분을) 흔들다, 동요하게 하다 ⊜ upset, disturb, stir

John was feeling **agitated** after being stuck in traffic for an hour.
존은 한 시간 동안 교통체증으로 꼼짝 못하게 된 뒤 불안함을 느끼고 있다.

03
annoy

[ənɔ́i]

annoyed 형 짜증이 난

동 짜증나게 하다 ⊜ irritate

Her constant chatter **annoyed** me.
그녀의 끝없는 잡담은 나를 짜증나게 했다.

04
anxious

[ǽŋkʃəs]

anxiety 명 불안

형 1. 걱정하는, 불안해하는 ⊜ concerned, worried
   2. 열망하는 ⊜ eager, keen

Samantha is so **anxious** about her upcoming test.
사만다는 다가오는 시험에 대해 매우 걱정하고 있다.

 단어 학습 꿀팁

be anxious about ~ 걱정하다
be anxious for ~을 열망하다, 갈망하다

05
arrogant

[ǽrəgənt]

arrogance 명 오만

형 오만한, 건방진 ⊜ haughty

He failed the job interview because of his **arrogant** attitude.
그는 오만한 태도 때문에 면접에서 떨어졌다.

06
attitude
[ǽtitjùːd]

명 태도, 자세 ⊜ posture, stance

The way she carries herself, always with her head held high and a smile on her face, shows her positive **attitude**.
항상 고개를 들고 얼굴에 미소를 띠면서 행동하는 방식은 그녀의 긍정적인 태도를 보여준다.

07
avid
[ǽvid]

형 열심인, 열렬한 ⊜ enthusiastic, eager

During the world cup, the soccer stadium was congested with **avid** fans.
월드컵 기간 동안, 축구 경기장은 열렬한 팬들로 가득 찼다.

DAY 02

08
awkward
[ɔ́ːkwərd]

awkwardness 명 어색함

형 어색한, 곤란한 ⊜ embarrassed, difficult

It always feels **awkward** when many people are gathered and nobody is talking.
많은 사람들이 모였는데 아무도 얘기하지 않는 상황은 항상 어색하다.

09
boast
[boust]

동 자랑하다, (자랑할 만한 것을) 가지고 있다 ⊜ show off, possess, exhibit
명 자랑, 과시

James **boasted** about his new car that his parents bought him as a birthday gift.
제임스는 그의 부모님이 생일선물로 사 준 새 차를 자랑했다.

10
charm
[tʃaːrm]

charming 형 매력적인

명 매력 ⊜ fascination
동 매혹하다 ⊜ attract, fascinate

The old castle retains much of its original **charm**.
오래된 성은 본래의 매력을 거의 간직하고 있다.

11
conscious
[kάnʃəs]

consciousness 명 의식

형 의식하는, 자각하는 ⊜ aware

After a few minutes, Tim became **conscious** of the strange noise coming from the basement.
몇 분 뒤, 팀은 지하실에서 들려오는 이상한 소음을 의식하게 되었다.

 단어 학습 꿀팁

be conscious of ~을 의식하다

12
content
[kάːntent]

contented 형 만족해 하는
contentment 명 만족

- 형 만족하는 ⊜ satisfied, pleased
- 동 만족시키다
- 명 내용, 내용물

Even though the head coach has lost the team's most important player, he is **content** with his existing options.
그 감독은 팀의 가장 중요한 선수를 잃었음에도 불구하고, 그의 기존의 선택지에는 만족한다.

13
crave
[kréɪv]

craving 명 욕구, 갈망

- 동 갈망하다, 열망하다 ⊜ long for, yearn for

Fat helps us maintain an adequate body temperature. That's why many people **crave** fattier foods during the winter months.
지방은 우리가 적절한 신체 온도를 유지하도록 돕는다. 그러한 이유로 많은 사람들이 겨울 기간 동안에 지방이 더 많은 음식을 갈망한다.

 단어 학습 꿀팁
have a craving for ~을 간절히 원하다

14
deliberate
[dilíbərət]

deliberately 부 고의로, 의도적으로

- 형 1. 의도적인, 고의의 ⊜ intentional 2. 신중한 ⊜ careful
- 동 숙고하다 ⊜ consider, contemplate, ponder

My coworker spilt water on me by mistake, but I think it was **deliberate**.
동료가 실수로 내게 물을 엎질렀는데, 나는 이것이 고의라고 생각한다.

The judge read out a sentence in a **deliberate** way.
판사는 신중한 태도로 판결문을 읽었다.

15
delicate
[délikət]

delicacy 명 섬세함

- 형 1. 연약한, 여린 ⊜ fragile 2. 섬세한, 우아한 ⊜ subtle

The baby's skin is very **delicate**.
아기의 피부는 아주 연약하다.

This song allows the listener to feel **delicate** emotions.
이 노래는 듣는 사람이 섬세한 감정을 느끼게 한다.

16
delight

[dɪláɪt]

delighted 형 기뻐하는, 즐거워하는
delightful 형 기쁨을 주는, 즐거운

동 기쁘게 하다 = please, satisfy, amuse
명 기쁨, 즐거움 = pleasure

Julia was **delighted** to see her favorite book on the shelf.
줄리아는 선반에 그녀가 좋아하는 책이 있는 것을 보고 기뻐했다.

단어 학습 꿀팁
be delighted to V ~하게 되어 기쁘다

17
depression

[dipréʃən]

depress 동 우울하게 하다
depressive 형 우울한

명 1. 우울증, 우울함 = despair, melancholy
2. 불경기, 불황 = recession

A lack of sleep leads to **depression**.
수면 부족은 우울증을 유발한다.

단어 학습 꿀팁
economic depression 경제 불황, 경기침체

18
despise

[dɪspáɪz]

despisable 형 경멸할 수 있는, 비열한

동 경멸하다 = loathe, detest, scorn

She **despises** people who take advantage of her generosity.
그녀는 자신의 너그러움을 이용해 먹으려는 사람들을 경멸한다.

19
difficult

[dífɪkəlt]

difficulty 명 어려움

형 어려운 = hard, tough, demanding

It can be **difficult** to concentrate in class when there's so much noise outside.
바깥에 소음이 심할 때 수업에 집중하는 것은 어려울 수 있다.

20
diligent

[dílədʒənt]

diligently 부 성실하게, 부지런히
diligence 명 근면, 성실

형 부지런한, 근면한 = hard-working, industrious

She is a very **diligent** student; she never misses a deadline.
그녀는 매우 근면한 학생이며, 마감일을 놓친 적이 없다.

DAY 02

21
discreet
[dɪskríːt]

discretion 명 재량, 신중함

형 1. (사람이) 분별 있는 = careful, tactful, sensible
2. (언행이) 신중한, 조심하는

He was very **discreet** about his private life, and didn't want anyone to know about it.
그는 자신의 사생활에 대해 매우 말을 아끼며, 누구도 그것에 대해 알게 하고 싶지 않았다.

22
dislike
[dɪsláɪk]

동 싫어하다

He really **dislikes** having to work on the weekends.
그는 주말에 일을 해야 하는 것을 정말 싫어한다.

 단어 학습 꿀팁

dislike + -ing ~하는 것을 싫어하다 [문법·준동사]
→ 목적어 자리에 동명사를 사용한다.

23
distress
[distrés]

distressful 형 괴로운

명 고통, 곤란, 고민 = suffering
동 괴롭히다

He often complains to me about his **distress** coming from his boss.
그는 종종 나에게 그의 상사에게서 오는 고통에 대한 불만을 토로한다.

24
disturb
[distə́ːrb]

disturbance 명 방해

동 방해하다, 불편하게 하다 = bother, interrupt

Without earplugs, I would be **disturbed** while studying.
귀마개가 없다면, 나는 공부하는 동안에 방해를 받았을 것이다.

25
doubt
[daʊt]

동 의심하다, 의문을 갖다 = suspect
명 의심, 의혹, 불확실함 = suspicion, uncertainty

I **doubt** that Jonathan will be able to finish the project on time.
나는 조나단이 그 과제를 제시간에 끝마칠 수 있다는 것에 의문이 든다.

26
embarrass
[imbǽrəs]

embarrassment 명 당황, 난처함
embarrassed 형 당황스러운

동 당황하게 하다, 난처하게 하다 = confuse, shame

The mayor was **embarrassed** by the unexpected questions during his speech.
시장은 연설 중 예기치 않은 질문에 당황했다.

27 emotion
[imóuʃən]

emotional 형 감정적인

형 감정, 감동 feeling, sentiment, instinct

Jealousy is a common human **emotion**.
질투심은 일반적인 인간의 감정이다.

28 envious
[énviəs]

envy 명 질투
동 부러워하다, 선망하다

형 부러워하는, 질투하는 jealous

Travis was **envious** of his friend's new car because he wanted one just like it.
트래비스는 친구의 새 차를 부러워했는데, 왜냐하면 딱 그렇게 생긴 차를 원했었기 때문이다.

> 💡 **단어 학습 꿀팁**
> be envious of ~을 부러워하다

29 fond
[fand]

fondness 명 아주 좋아함, 애호

형 좋아하는 affectionate

Germans are **fond** of drinking beer.
독일인은 맥주 마시는 것을 좋아한다.

> 💡 **단어 학습 꿀팁**
> be fond of ~을 좋아하다

30 frustrate
[frʌstreit]

frustration 명 불만

동 좌절시키다 annoy, disappoint

I was so **frustrated** when the rainstorm ruined my special dinner plans.
폭풍우가 나의 특별한 저녁 계획을 망쳤을 때 나는 너무 좌절했다.

> 💡 **단어 학습 꿀팁**
> frustrate A from B A가 B하는 것을 좌절시키다

31 generous
[dʒénərəs]

generously 부 너그럽게, 후하게
generosity 명 관대함, 너그러움

형 관대한, 너그러운 tolerant

In general, volunteers have **generous** hearts.
일반적으로 자원 봉사자들은 관대한 마음을 가지고 있다.

32
gratitude

[grǽtətjùːd]

🟠 감사, 고마움 🟢 appreciation

The refugees expressed their deep **gratitude** to the volunteers.
피난민들은 자원 봉사자들에게 깊은 감사를 표했다.

33
hopeful

[hóʊpfl]

hope 🟠 희망하다

🟠 희망에 찬, 기대하는 🟢 wishful, optimistic

I'm **hopeful** that we will be able to come to an agreement that is beneficial for both of us.
저는 우리가 양측 모두에게 이익이 되는 합의에 도달할 수 있으리라 희망합니다.

34
humble

[hʌmbl]

🟠 겸손한 🟢 modest

The majority of the people praised the president's **humble** attitude.
국민 대다수는 대통령의 겸손한 태도를 칭찬했다.

35
impulsive

[impʌlsiv]

impulse 🟠 충동, 충격, 자극
impulsively 🟠 충동적으로

🟠 충동적인 🟢 instinctive, impetuous

Mark always gets himself into trouble by making **impulsive** decisions.
마크는 충동적인 결정을 해서 항상 자신을 곤경에 빠뜨린다.

36
incline

[inkláin]

inclination 🟠 경향

🟠 1. (마음이) 기울다 🟢 prefer, tend 2. 경사지다 🟢 lean
🟠 경사 🟢 slope

They felt so **inclined** to the view that they decided they want to buy a house with a big yard instead of a condominium.
그들은 아파트 대신 큰 마당이 있는 집을 사는 쪽으로 마음이 기울었다.

The ground **inclined** so gently that we hardly realized we were walking uphill.
땅이 부드럽게 경사져서 우리가 언덕을 걷고 있다는 사실을 잊어버릴 정도였다.

 단어 학습 꿀팁

be inclined to V ~하는 경향이 있다, ~하는 편이다

37
indifferent

[indífərənt]

indifference 명 무관심

형 무관심한 ⬌ unconcerned, aloof

Young people seemed to be **indifferent** to the policy.
젊은이들은 정책에 무관심한 것처럼 보인다.

💡 **단어 학습 꿀팁**
be indifferent to(about) 명사 ~에 무관심하다

38
individual

[ìndəvídʒuəl]

individually 부 개별적으로

명 개인 ⬌ person
형 개개인의 ⬌ independent

Every **individual** deserves to be treated equally and should not be discriminated based on his/her skin color, race, or religion.
모든 개인은 동등하게 대우받을 자격이 있고, 피부색, 인종, 종교에 따라 차별을 받아서는 안 된다.

39
instinct

[ínstiŋkt]

instinctive 형 본능적인
instinctively 부 본능적으로

명 본능 ⬌ intuition, impulse

By **instinct**, Matt knew something happened to his friend as soon as he entered the room.
맷은 본능적으로 방에 들어가자마자 그의 친구들에게 무슨 일이 생겼다는 것을 알았다.

40
irritate

[írətèit]

irritated 형 짜증이 난, 화가 난
irritation 명 짜증

동 짜증나게 하다 ⬌ annoy, bother

It **irritates** me when my roommate doesn't do the dishes.
룸메이트가 설거지를 하지 않으면 짜증이 난다.

41
jealous

[dʒéləs]

jealousy 명 질투

형 질투심 많은 ⬌ envious

Jonathan was **jealous** of his coworker's promotion.
조나단은 승진한 동료를 부러워했다.

💡 **단어 학습 꿀팁**
be jealous of ~을 시기(질투)하다

42
lonely
[lóunli]

loneliness 명 고독, 외로움

형 고독한, 외로운 = lonesome, solitary

The hedgehog that we saved last week will spend the night in a cage by itself. I hope it doesn't get **lonely**.
지난 주에 우리가 구해준 고슴도치는 우리에서 혼자 밤을 보낼 것이다. 그가 외로워하지 않기를 바란다.

43
mind
[maɪnd]

mindful 형 ~에 유념하는

동 꺼리다, 신경을 쓰다 = care, dislike
명 마음, 정신

If the client says that he doesn't **mind**, then you know that he is willing to comply with your request.
만약 고객이 신경쓰지 않는다고 말한다면, 그러면 당신은 그가 기꺼이 당신의 요청에 따를 것임을 알 수 있다.

 단어 학습 꿀팁

mind + -ing ~하는 것을 꺼리다 문법-준동사
→ 목적어 자리에 동명사를 사용한다.

44
obsess
[əbsés]

obsession 명 집착, 강박 관념

동 집착하다, (마음을) 사로 잡다

It seems that nowadays, many teenage girls are **obsessed** with losing their weight and dyeing their hair.
요새 많은 10대 소녀들은 살을 빼고 머리를 염색하는 것에 집착하는 것 같다.

 단어 학습 꿀팁

be obsessed with ~에 집착하다

45
passive
[pǽsiv]

passively 부 수동적으로

형 수동적인, 소극적인 = submissive, compliant, receptive

A **passive** attitude is not conducive to negotiation.
수동적인 태도는 협상에 도움이 되지 않는다.

46
perplex

[pərpléks]

perplexed 형 당황한
perplexity 명 당혹감

동 당황하게 하다 ⊜ puzzle, confuse

The doctors were **perplexed** over the emergence of a new virus.
의사들은 새로운 바이러스의 출현에 당황해 했다.

47
polite

[pəláit]

politely 부 공손하게

형 공손한, 예의 바른 ⊜ courteous

Children should be taught **polite** behavior at home.
아이들은 집에서 공손한 행동을 배워야 한다.

 단어 학습 꿀팁

in a polite manner 공손하게

48
prone

[proun]

형 ~하기 쉬운, ~의 경향이 있는 ⊜ liable, apt, inclined

The cancer is especially **prone** to spread to other organs.
암은 특히 다른 장기에 퍼지기 쉽다.

 단어 학습 꿀팁

be prone to V ~하기 쉽다

49
reckless

[réklis]

recklessly 부 무모하게

형 무모한 ⊜ careless, irresponsible

It is **reckless** to climb mountains without wearing safety equipment.
안전장비 없이 등산하는 것은 무모한 짓이다.

50
relieve

[rilíːv]

relieved 형 안도하는
relief 명 안도

동 완화하다, 안심시키다 ⊜ alleviate, ease

Foot massage helps you **relieve** fatigue and stress.
발 마사지는 피로와 스트레스를 완화하는데 도움을 준다.

51
reluctant
[rilʌ́ktənt]

reluctance 명 꺼려함

형 마음이 내키지 않는 = hesitant, unwilling

Mike seemed **reluctant** to confess his guilt.
마이크는 자백하는 것을 꺼려하는 것처럼 보였다.

 단어 학습 꿀팁
be reluctant to V ~하기를 꺼리다

52
sensible
[sénsəbl]

sensibly 부 분별 있게

형 합리적인 = reasonable, practical, wise

I think moving into another company seems to be a **sensible** decision for him.
내 생각에는 다른 회사로 이직하는 것이 그 사람에게는 합리적인 결정으로 보인다.

53
sentiment
[séntɪmənt]

sentimental 형 정서적인, 감상적인

명 1. 정서, 감정 = emotion, sensibility
2. 감상, 의견, 소감 = feeling, opinion

In the interview, the actress confirmed a close bond with the director. He expressed a similar **sentiment** by saying, "We'll keep making films together."
인터뷰에서, 그 여배우는 감독과의 친밀한 유대를 확인했다. 그는 "우리는 계속해서 영화를 함께 만들 것이다."라고 말하며 비슷한 감상을 표현했다.

54
solitary
[sɑ́lətèri]

solitude 명 고독, 독거
solitarily 부 혼자서, 고독하게

형 혼자 있는, 혼자서 잘 지내는, 고독한 = lonely, reclusive, isolated

Paige dreamed of a **solitary** life in the countryside where she could read, garden, and take walks in the woods.
페이지는 독서를 하고, 정원을 가꾸고, 숲을 산책할 수 있는 시골에서의 혼자 있는 삶을 꿈꾸었다.

55
stubborn
[stʌ́bərn]

stubbornness 명 완고, 완강

형 고집스러운, 완강한 = obstinate, inflexible

My little brother is so **stubborn** that he won't listen to anyone, even if they're trying to help him.
내 남동생은 고집이 너무 세서, 누군가가 도와주려고 해도 듣지 않을 것이다.

56 suffer
[sʌfər]

 시달리다, 고통받다, 겪다 = undergo

I **suffered** from backache for a couple of years.
나는 몇 년간 허리 통증에 시달렸다.

> **단어 학습 꿀팁**
> suffer from ~에 시달리다, ~로 괴로워하다

57 temper
[témpər]

temperament 몡 (타고난) 성격, 기질

몡 화, 성질, 성미 = mood, anger
동 누그러뜨리다 = moderate, alleviate

I felt so bad that I had lost my **temper** with my husband last night, so I apologized to him this morning.
어젯밤에 남편에게 화를 냈던 게 마음이 안 좋아서 오늘 아침에 사과를 했다.

> **단어 학습 꿀팁**
> lose one's temper with ~에게 화를 내다, 성질을 부리다

58 tend
[tend]

tendency 몡 경향, 성향

 ~하는 경향이 있다 = incline

Emily **tends** to be very analytical and detail-oriented.
에밀리는 매우 분석적이면서 세세한 것에 신경 쓰는 경향이 있다.

> **단어 학습 꿀팁**
> tend to V ~하는 경향이 있다 문법-준동사
> → 목적어 자리에 to부정사를 사용한다.

59 trait
[treit]

몡 (성격상의) 특성 = characteristic, attribute, feature

Peter is such a good person and kindness is his most attractive **trait**.
피터는 정말 좋은 사람이고, 친절함은 그의 가장 매력적인 특징이다.

60 vulnerable
[vʌlnərəbl]

vulnerability 몡 취약성

휑 (사람 또는 사물이) 취약한, 상처받기 쉬운 = weak, susceptible

People who are **vulnerable** to anxiety may experience panic attacks.
불안감에 취약한 사람들은 공황장애를 겪을 수 있다.

> **단어 학습 꿀팁**
> be vulnerable to ~에 취약하다

DAY 02

DAY 02 VOCABULARY TEST

주어진 단어에 맞는 뜻을 찾아 서로 연결하세요.

01 perplex   (a) 우울증
02 conscious   (b) 기울다
03 incline   (c) 당황하게 하다
04 depression   (d) 의식하는
05 temper   (e) 성질

밑줄 친 단어의 유의어로 가장 적절한 보기를 고르세요.

06 When she saw the wasps nest, she became <u>agitated</u> and started to scream.
   (a) arrogant   (b) anxious   (c) angry   (d) avid

07 She is <u>prone</u> to getting lost in the city, despite having lived there for years.
   (a) opposed   (b) hesitant   (c) willing   (d) liable

08 I was <u>indifferent</u> to the news that my favorite band was going on tour.
   (a) unconcerned   (b) moved   (c) incoherent   (d) excited

09 He was so <u>stubborn</u> that he refused to listen to his father's advice.
   (a) obstinate   (b) obedient   (c) compliant   (d) reliant

10 The referee called a foul on the player for <u>deliberately</u> tripping the other player.
   (a) accidentally   (b) instinctively   (c) intentionally   (d) recklessly

정답 1 (c) 2 (d) 3 (b) 4 (a) 5 (e) 6 (b) 7 (d) 8 (a) 9 (a) 10 (c)   **해석** 369P

지텔프 추가학습 단어

☐ captivate	동 사로잡다	
☐ close	형 가까운 동 닫다, 폐쇄하다	
☐ conceive	동 1. 생각하다 2. (아이를) 가지다	
☐ cope with	동 대처하다	
☐ cruel	형 잔인한, 무자비한	
☐ dense	형 밀집한, 빽빽한	
☐ desire	명 욕구, 갈망 동 바라다, 원하다	
☐ devoted	형 헌신적인	
☐ effortlessly	부 노력하지 않고, 쉽게	
☐ feminine	형 여성스러운	
☐ grieve	동 슬퍼하다	
☐ hesitant	형 망설이는	
☐ indulge	동 마음껏 하다	
☐ insult	명 모욕 동 모욕하다	
☐ malicious	형 악의적인	
☐ marvelous	형 놀라운, 신기한	
☐ masculine	형 남자다운	
☐ meticulous	형 꼼꼼한, 세심한	
☐ modest	형 겸손한, 신중한; 보통의, 약간의	
☐ mutual	형 서로의, 상호의	
☐ obstinate	형 완고한, 고집 센	
☐ offensive	형 모욕적인 명 공격, 공세	
☐ outrage	명 격노, 분개 동 격노하게 하다	
☐ passionate	형 열정적인	
☐ personal	형 개인의	
☐ puzzling	형 알 수 없는, 당황스러운	
☐ sociable	형 사교적인	
☐ strange	형 이상한	
☐ unscathed	형 다치지 않은, 아무 탈 없는	
☐ weird	형 기이한	

DAY 02

교 육

| 표제어와 뜻을 음원으로 듣기 |

PREVIEW

- absent
- academic
- acquaint
- appropriate
- aptitude
- assess
- assignment
- auditorium
- bachelor
- bully
- complement
- compliment
- comprehend
- concentrate
- course
- degree
- diploma
- discipline
- distract
- document

- educate
- elementary
- endeavor
- enlighten
- enroll
- evaluate
- expert
- faculty
- grade
- grasp
- inquire
- institute
- instructor
- intelligent
- intensive
- knowledge
- learn
- lecture
- major
- mentor

- nurture
- peer
- primary
- principal
- principle
- prodigy
- professor
- proficient
- profound
- proper
- pupil
- register
- revise
- scholarship
- school
- scold
- semester
- senior
- tardy
- tuition

01
absent
[ǽbsənt]

absence 명 결석, 부재

형 결석한, 부재한 = away, unavailable

Several students were **absent** because of the flu.
몇몇 학생들이 독감 때문에 결석하였다.

> 단어 학습 꿀팁
>
> be absent from ~에 결석하다, 부재하다

02
academic
[ækədémik]

academy 명 학교

형 1. 학업의, 학교의 = educational
   2. 학문적인, 학술적인 = scholarly

The school is known for its **academic** excellence and prominent alumni.
그 학교는 학업적 우수성과 우수한 졸업생들로 유명하다.

03
acquaint
[əkwéɪnt]

acquaintance 명 아는 사람, 지인; 알고 있음, 지식

동 1. 알려주다, 숙지시키다 = familiarize
   2. (사람을) 소개하다 = introduce

Renee has become well **acquainted** with how to use the coding tool.
르네는 그 코딩 도구를 사용하는 방법을 잘 숙지하게 되었다.

> 단어 학습 꿀팁
>
> be (well/fully) acquainted with ~를 (잘/완전히) 알고 있다
> meet(=bump into) an acquaintance 아는 사람을 만나다(우연히 마주치다)

04
appropriate
[əpróupriət]

appropriately 부 알맞게

형 적절한, 알맞은 = proper, suitable, fitting
동 도용하다, 횡령하다 = steal

Use **appropriate** language during class discussions.
수업 토론 중에는 적절한 언어를 사용하십시오.

> 단어 학습 꿀팁
>
> be appropriate for ~에 적합하다

05
aptitude
[ǽptətjùːd]

명 적성, 소질 = competence, proficiency, talent

She learns foreign languages easily, because she has a natural **aptitude** for languages.
그녀는 타고난 언어적 소질 덕분에 외국어를 쉽게 배운다.

06
assess
[əsés]

assessment 명 평가

동 평가하다 🟰 evaluate, appraise, value

Your presentations will be **assessed** based on the research and delivery of each one.
여러분의 프레젠테이션은 자료 조사와 전달력을 바탕으로 평가될 것입니다.

07
assignment
[əsáɪnmənt]

assign 동 맡기다, 배정하다

명 과제 🟰 task, job

Karen is working hard on her English **assignment** so that she can get a good grade.
캐런은 좋은 점수를 받을 수 있도록 영어 과제를 열심히 하고 있다.

08
auditorium
[ɔ̀ːditɔ́ːriəm]

명 강당, 객석 🟰 hall

The special lecture will be held at the **auditorium**.
특강은 강당에서 열릴 것 입니다.

09
bachelor
[bǽtʃələr]

명 학사

Anne has a **Bachelor** of Science degree in biology.
앤은 생물학 이학 학사이다.

 단어 학습 꿀팁

bachelor's degree 학사 학위
master's degree 석사 학위
doctor's degree 박사 학위

10
bully
[búli]

bullying 명 괴롭힘

동 괴롭히다, 못살게 굴다 🟰 intimidate, harass
명 불량배

He was dismissed for **bullying** other students.
그는 다른 학생들을 괴롭힌 사유로 퇴학당했다.

11
complement
[kámpləmənt]

complementary 형 상호 보완의

동 보완하다 🟰 supplement, enhance, complete
명 보완, 보충 🟰 supplement

The regular curriculum and the after-school programs will **complement** each other.
정규 교육과정과 방과후 프로그램은 서로를 보완해 줄 것이다.

12
compliment

[kámpləmənt]

complimentary 형 칭찬하는, 무료의

명 칭찬 ⊜ praise
동 칭찬하다 ⊜ praise, applaud, commend

She received **compliments** for her presentation.
그녀는 프레젠테이션에 대한 칭찬을 받았다.

13
comprehend

[kàmprihénd]

comprehension 명 이해(력)
comprehensible 형 이해 가능한
comprehensive 형 포괄적인

동 이해하다 ⊜ understand

I'm having trouble **comprehending** the assignment.
과제를 이해하는데 어려움이 있습니다.

14
concentrate

[kánsəntrèit]

concentration 명 집중, 집중력

동 집중하다 ⊜ focus

Scholarships can help underprivileged students **concentrate** on school instead of work.
장학금은 저소득층 학생들이 일이 아니라 학업에 집중할 수 있게 도와줄 수 있다.

 단어 학습 꿀팁

concentrate on ~에 집중하다

15
course

[kɔːrs]

명 1. 강의, 과목 ⊜ class, lecture 2. 진로, 방향 ⊜ route

I have been attending the language **course** to enhance my French skills.
나는 프랑스어 실력을 늘리기 위해 어학 강좌를 듣고 있다.

The driving **course** was too difficult for beginners.
그 주행 코스는 초보운전자에게 너무 어려웠다.

 단어 학습 꿀팁

over the course of (~의 기간) 동안, ~에 걸쳐

16
degree
[digríː]

명 1. 학위 2. (온도, 각도 등 단위) 도

Michael has a bachelor's **degree** in psychology from Minnesota.
마이클은 미네소타 대학에서 심리학 학사 과정을 마쳤다.

The temperature outside is 30 **degrees** Celsius.
외부 온도는 영상 30도이다.

17
diploma
[diplóumə]

명 졸업장, 수료증 = certificate, credentials

I had to visit my university to get a copy of my **diploma**.
나는 졸업 증명서를 떼기 위해 대학교를 방문해야 했다.

18
discipline
[dísəplɪn]

disciplined 형 훈련된, 단련된, 절제력 있는
disciplinary 형 징계의

명 1. 훈련, 훈육, 절제력 = training, control, regulation
2. 징계, 제재 = punishment
동 1. 훈련하다, 훈육하다 = train, teach, educate
2. 징계하다 = punish, correct, reprimand

I need to learn **discipline** so I don't waste time playing video games.
나는 비디오 게임을 하는 데 시간을 낭비하지 않도록 절제력을 기를 필요가 있다.

The children were **disciplined** to form good study habits.
아이들은 좋은 공부 습관을 형성하기 위해 훈육을 받았다.

 단어 학습 꿀팁

self-discipline 자기 훈련, 수양

19
distract
[distrǽkt]

distraction 명 방해

동 집중을 방해하다 = disturb

He was given detention for **distracting** other students during class.
그는 수업 중에 다른 학생들을 방해해서 방과 후에 남아 벌을 받았다.

 단어 학습 꿀팁

distract A from B A가 B에 집중하지 못하게 방해하다

20
document
[dάkjumənt]

documentary 명 다큐멘터리

- 명 서류, 문서, 자료 ⊜ paper
- 동 기록하다

Many historical **documents** were destroyed when the library was burned.
많은 역사적 자료가 도서관 화재 당시에 파괴되었다.

21
educate
[édʒukèit]

education 명 교육

- 동 교육하다, 가르치다 ⊜ teach, instruct, develop

Some parents choose to **educate** their children at home.
어떤 부모들은 아이들을 집에서 가르치는 방법을 선택한다.

22
elementary
[èləméntəri]

- 형 초급의, 기본적인 ⊜ basic, primary, fundamental

You only need an **elementary** knowledge of physics to enroll in this class.
이 수업을 수강하기 위해서는 기본적인 물리학 지식만 있으면 됩니다.

23
endeavor
[indévər]

- 명 노력 ⊜ effort
- 동 노력하다

Online courses can support one's **endeavors** toward lifelong learning.
온라인 과목들이 평생 학습을 향한 노력을 지원할 수 있다.

24
enlighten
[ɪnláɪtn]

enlightenment 명 이해, 깨우침, 계몽

- 동 이해시키다, 깨우치게 하다 ⊜ illuminate, educate

I had to **enlighten** her as to the fact that she was wrong.
나는 그녀가 틀렸다는 사실을 그녀에게 이해시켜주어야 했다.

25
enroll
[inróul]

enrollment 명 등록

- 동 등록하다, 입학시키다 ⊜ register, sign up

Alex **enrolled** in a community college to pursue a degree.
알렉스는 학위를 얻기 위해 전문대학에 등록했다.

 단어 학습 꿀팁
- enroll in/at (수업·강의 등/학교)에 등록하다

26
evaluate

[ivǽljuèit]

evaluation 명 평가

> 동 평가하다 ⊜ assess, appraise, estimate

Some teachers prefer not to **evaluate** students with letter grades.
어떤 선생님들은 학생들을 학점으로 평가하지 않는 것을 선호한다.

27
expert

[ékspə:rt]

expertise 명 전문 지식

> 명 전문가 ⊜ professional, specialist

She is an **expert** on macroeconomics.
그녀는 거시경제학 전문가이다.

28
faculty

[fǽkəlti]

> 명 1. 능력 ⊜ ability, skill 2. 학부 ⊜ department
> 3. (특정 대학 또는 학부의) 교수진 ⊜ professors, lecturers

Noel has a **faculty** for making people feel relaxed.
노엘은 사람들이 긴장을 풀도록 하는 재능이 있다.

The **faculty** of the economics department is one of the most famous faculties in Cambridge.
경제학부는 케임브리지 대학의 유명한 학부 중 하나이다.

DAY 03

29
grade

[greid]

> 동 성적을 매기다 ⊜ rate
> 명 성적, 학년, 등급

I will **grade** your projects and return them by Monday.
여러분의 과제에 성적을 매기고 월요일까지 돌려드리겠습니다.

30
grasp

[græsp]

> 동 1. 파악하다, 이해하다 ⊜ comprehend, understand
> 2. 꽉 잡다 ⊜ grip, hold

Some students failed to **grasp** basic physics formula.
일부 학생들은 기본적인 물리 공식을 이해하지 못했다.

The singer **grasped** the microphone and started singing.
그 가수는 마이크를 잡고 노래를 시작했다.

31
inquire
[inkwáiər]

inquiry 명 문의, 질문

동 문의하다, 알아보다 = question, ask

Today's lecture will **inquire** the nature of human altruism.
오늘 강의는 인간의 이타심의 본질에 대해 알아 볼 것입니다.

단어 학습 꿀팁
inquire about ~에 대해 문의하다

32
institute
[ínstətjùːt]

institution 명 (대학·은행 등) 기관, 시설, 협회

명 (교육·학술의) 기관, 학회, 연구소 = establishment
동 설립하다, 실시하다 = establish

He has been a lecturer at **institutes** of higher education for 7 years.
그는 고등 교육 기관에서 7년간 강사로 근무해왔다.

33
instructor
[ɪnstrʌ́ktər]

instruct 동 가르치다; 지시하다
instruction 명 가르침, 지시, 설명

명 강사 = teacher

The **instructor** of the class was very knowledgeable and was able to answer all of the students' questions.
그 수업의 강사는 매우 박식하며, 학생들의 모든 질문에 대답할 수 있었다.

34
intelligent
[intéədʒənt]

intelligence 명 지능

형 지적인, 영리한 = clever, smart

The student is obviously very **intelligent**, but she lacks the motivation to study.
그 학생은 매우 똑똑하지만, 공부할 의욕이 없다.

35
intensive
[inténsiv]

intensively 부 집중적으로

형 집중적인, 집약적인 = concentrated, in-depth

If you take an **intensive** language course, your language skill will highly improve.
집중 강좌를 수강한다면, 언어 능력이 많이 향상될 것이다.

36
knowledge

[nάlidʒ]

knowledgeable 형 지식이 많은

명 지식 = understanding, learning

I only have a limited **knowledge** of physics.
나는 물리학에 대해 가지고 있는 지식이 한정되어 있다.

 단어 학습 꿀팁

to one's knowledge 본인이 아는 바로는

37
learn

[lɜːrn]

동 배우다, 알게 되다 = understand

Tommy is eager to **learn** as much as possible while he is in college so that he can be prepared for a successful career.
토미는 성공적인 경력을 대비할 수 있도록 대학교에 있는 동안 가능한 한 많이 배우기를 열망한다.

38
lecture

[léktʃər]

lecturer 명 강사, 교수

명 강의, 강연 = lesson
동 강의하다 = teach

Students have to turn off their laptops during his **lecture**.
학생들은 그의 강의를 들을 때 노트북을 꺼야 한다.

39
major

[méidʒər]

majority 명 다수

명 전공
형 주요한, 중대한 = important, significant

My **major** is French.
내 전공은 불어이다.

Lack of quality sleep is a **major** cause of poor concentration.
제대로 수면을 취하지 못하는 것은 집중력 저하의 주요 원인이다.

 단어 학습 꿀팁

major in ~을 전공하다

40
mentor

[méntɔːr]

명 멘토, 조언자 = adviser, teacher

My brother has been my **mentor** since childhood.
형은 어린 시절부터 나의 멘토였다.

DAY 03

41
nurture
[nə́:rtʃər]

- 동 키우다, 양육하다 = foster, raise
- 명 교육, 양성 = education, upbringing

Beth wants to take a parental leave so she can **nurture** her child at home for a while.
베스는 한동안 그녀의 아이를 키울 수 있도록 육아휴직을 내고 싶어한다.

42
peer
[piər]

- 명 동료, 친구 = colleague
- 동 자세히 보다 = stare

He started drinking in high school because of **peer** pressure.
그는 친구들을 따라 고등학교 때부터 술을 마셨다.

The students all **peered** into the microscope during science class.
과학시간에 학생들은 다 현미경 속을 응시했다.

단어 학습 꿀팁
peer review 동료 평가

43
primary
[práiməri]

primarily 부 주로

- 형 1. 주된 = main 2. 초등의 = elementary

His **primary** concern is making friends at school.
그의 주요 걱정은 학교에서 친구들을 사귀는 것이다.

Primary education in Korea begins at the age of 7.
한국에서 초등 교육은 7살 때부터 시작된다.

44
principal
[prínsəpl]

- 명 교장, 학장 = dean, headmaster
- 형 주요한, 주된 = major, main, leading

The **principal** gave a speech at the graduation.
졸업식에서 교장선생님이 연설을 하였다.

Schools play a **principal** role in the socialization of students.
학교는 학생들의 사회화에 주요한 역할을 한다.

단어 학습 꿀팁
vice-principal 교감

45
principle

[prínsəpl]

명 원리, 원칙, 신념 동 standard, rule

A main **principle** behind organizing a kitchen is to create an efficient workflow.
주방을 구성하는 주요 원칙은 효율적인 작업 흐름을 만드는 것이다.

46
prodigy

[prάdədʒi]

prodigious 형 엄청난, 굉장한

명 영재, 천재 동 genius, talent

The article was about a mathematical **prodigy** who was attending university at the age of 12.
그 기사는 12살의 나이로 대학에 다니고 있는 수학 영재에 대한 기사였다.

47
professor

[prəfésər]

명 교수 동 academician

The **professor** always gave really long lectures, which made it hard for students to stay awake.
그 교수는 언제나 지루한 강의를 하고, 학생들이 깨어 있기 어렵게 만든다.

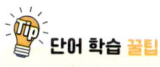
associate professor 부교수

48
proficient

[prəfíʃnt]

proficiency 명 숙달, 능숙

형 능숙한 동 adept, skilled

Henry is **proficient** at piano and always practices every day.
헨리는 피아노에 능숙하며 항상 매일 연습한다.

49
profound

[prəfáund]

profoundly 부 심오하게

형 심오한, 깊은 동 deep

The most **profound** line I have ever read is "To be or not to be, that is the question."
내가 읽었던 구절 중 가장 감명 깊은 구절은 '죽느냐 사느냐, 그것이 문제이다'이다.

50
proper

[prάpər]

properly 부 적절히

형 적절한 동 actual

Instead of junk food, schools should serve **proper** food to children.
학교는 어린이들에게 불량식품이 아닌 제대로 된 음식을 제공해야 한다.

51
pupil
[pjúːpl]

🔵 (초등)학생, 제자, 문하생 🟰 student, learner, novice

Each class has about 25 **pupils**.
각 반에는 25명 정도의 학생이 있다.

52
register
[rédʒistər]

registration 🔵 등록

🔵 등록하다 🟰 enroll, sign up

Students have to **register** for the new course by the end of April.
학생들은 새로운 강좌에 4월 말까지 등록해야 한다.

단어 학습 꿀팁
register for = sign up for ~에 등록하다

53
revise
[riváiz]

revision 🔵 수정, 검토

🔵 수정하다, 검토하다 🟰 edit, change, correct

We were given three days to **revise** our essays.
우리에게 에세이를 수정하는 데 3일이 주어졌다.

54
scholarship
[skάlərʃip]

scholar 🔵 학자

🔵 장학금 🟰 grant

Mary got a 4-year **scholarship** to her university.
메리는 대학 등록금에 대하여 4년 장학금을 받았다.

55
school
[skúːl]

schooling 🔵 학교 교육

🔵 학교
🔵 (아이를) 교육하다, 가르치다 🟰 educate, teach, train

Mike's parents wanted him to have extra math classes, so they hired a tutor to **school** him in advanced mathematics.
마이크의 부모님은 그가 수학 보충 수업을 듣기를 원해서, 그에게 고등 수학을 가르칠 수 있는 개인 지도 교사를 고용했다.

56
scold
[skould]

동 꾸짖다, 야단치다 reprimand, rebuke

Elena's mother **scolded** her for coming home so late.
엘레나의 엄마는 집에 너무 늦게 들어온 것으로 그녀를 야단쳤다.

 단어 학습 꿀팁

scold A for B B를 이유로 A를 꾸짖다

57
semester
[siméstər]

명 학기

The autumn **semester** usually starts in September.
가을 학기는 보통 9월에 시작한다.

58
senior
[síːnjər]

형 고위의, 상위의 older, leading, superior
명 연장자, 상급자

The **senior** student is working on her graduation project.
그 4학년 학생은 졸업 프로젝트를 작업하는 중이다.

59
tardy
[táːrdi]

형 느린, 늦은, 지체된 late, delayed, overdue

tardiness 명 느림, 완만함, 지각

Sandy was penalized for being **tardy** to school.
샌디는 학교에 지각한 것으로 징계를 받았다.

60
tuition
[tjuːíʃən]

명 1. 수업 2. 수업료

All students receive **tuition** in logic and history.
모든 학생은 논리학과 역사 수업을 받는다.

It is hard to afford the **tuition** of $12,000 a semester.
한 학기에 1만2천 달러의 등록금을 부담하는 것은 매우 어렵다.

 단어 학습 꿀팁

tuition fees 학비, 등록금

DAY 03 VOCABULARY TEST

Q 주어진 단어에 맞는 뜻을 찾아 서로 연결하세요.

01 assess • • (a) 동료
02 peer • • (b) 등록하다
03 tuition • • (c) 평가하다
04 proficient • • (d) 수업료
05 enroll • • (e) 능숙한

Q 밑줄 친 단어의 유의어로 가장 적절한 보기를 고르세요.

06 Paul doubted that his students fully <u>comprehended</u> what he had been teaching in his class.

(a) assessed (b) intended (c) concentrated (d) understood

07 Steve <u>endeavored</u> to do his best in school for a better future.

(a) registered (b) strived (c) evaluated (d) complemented

08 All parents are responsible for <u>nurturing</u> their kids with the utmost care and love.

(a) fostering (b) finding (c) strolling (d) inquiring

09 The <u>primary</u> goal for education is to provide students with the knowledge and tools they need for a successful life.

(a) intensive (b) main (c) appropriate (d) superficial

10 In this video, athletes demonstrate three different workouts, each of which focuses on various cycling <u>disciplines</u>.

(a) assignments (b) compliments (c) trainings (d) instructors

정답 1 (c) 2 (a) 3 (d) 4 (e) 5 (b) 6 (d) 7 (b) 8 (a) 9 (b) 10 (c) **해석** 370P

지텔프 추가학습 단어

☐ ace	동 A학점을 받다, 완벽하게 하다 명 숙련자, 고수	
☐ application	명 신청(서), 지원(서), 적용	
☐ be accustomed to	숙 ~에 익숙하다	
☐ class	명 계층, 계급; 분류	
☐ dean	명 학장	
☐ delinquency	명 태만, 불이행, (특히 청소년의) 비행, 범죄	
☐ doctoral	형 박사의	
☐ extracurricular	형 과외의	
☐ genius	명 천재, 천재성	
☐ ingenious	형 기발한, 독창적인	
☐ insight	명 통찰력	
☐ instill	동 스며들게 하다	
☐ lag behind	동 뒤처지다	
☐ logic	명 논리	
☐ master	명 달인; 석사 학위 동 완전히 익히다, 숙달하다	
☐ mathematics	명 수학	
☐ minor	형 작은, 중요하지 않은 명 부전공	
☐ oriented	형 ~을 지향하는	
☐ overall	형 종합적인	
☐ philosophy	명 철학	
☐ reinforce	동 강화하다	
☐ salutatorian	명 (졸업식 개회사를 하는) 차석 졸업생	
☐ savvy	명 지식, 상식, 요령 형 요령(상식)이 있는	
☐ session	명 학기	
☐ superficial	형 피상적인	
☐ theme	명 주제, 테마	
☐ thesis	명 학위 논문	
☐ transcript	명 성적 증명서	
☐ undergraduate	명 학부생	
☐ valedictorian	명 (졸업생 대표로 고별사를 하는) 수석 졸업생	

DAY 03

DAY 04

독해&어휘

PART 1 인물의 일대기 (1)

표제어와 뜻을 음원으로 듣기

PREVIEW

abandon	characterize	engage
abstract	commitment	enthusiastic
abuse	competition	entrepreneur
accident	complete	establish
achieve	confront	evade
affect	continue	eventually
aid	contribute	excel
amaze	crisis	exercise
anthropologist	criticize	expand
astronaut	debut	exploit
athlete	dedicate	expose
attain	devote	famous
attempt	diagnose	favorable
attend	distinguish	figure
attract	divorce	force
author	eager	found
award	earn	gain
beloved	effort	graduate
bury	elevate	grant
career	endure	impact

01
abandon
[əbǽndən]

동 버리다, 떠나다 ⊜ leave, stop, give up

The ship's commander gave the order to **abandon** the ship.
함장은 배를 버리라고 명령했다.

> 💡 **단어 학습 꿀팁**
> abandon + -ing ~을 버리다 [문법-준동사]
> → 목적어 자리에 동명사를 사용한다.

02
abstract
[ǽbstrǽkt]

형 추상적인 ⊜ conceptual, nonfigurative
동 추출하다 ⊜ extract

His paintings were often seen as **abstract** and hard to understand.
그의 그림들은 종종 추상적이며 이해하기 어려운 것으로 보여진다.

03
abuse
[əbjúːz]

abusive 형 모욕적인; 학대하는

동 1. 남용하다, 오용하다 ⊜ misuse
   2. 학대하다 ⊜ mistreat, damage, injure
   3. 욕설을 하다, 모욕하다 ⊜ insult, offend
명 1. 남용, 오용 ⊜ misuse
   2. 학대 ⊜ mistreatment, damage, injury
   3. 욕설, 모욕 ⊜ insults, offense

She was **abused** by her father during her childhood.
그녀는 어린 시절 동안에 그의 아버지에 의해 학대 당했다.

Billy Joel struggled with alcohol **abuse** in his adult life.
빌리 조엘은 성인의 삶 동안 알코올 남용과 사투를 벌였다.

04
accident
[ǽksidənt]

accidental 형 사고로 인한

명 사고 ⊜ misfortune, tragedy

James Dean died in a car **accident** on September 30, 1955.
제임스 딘은 1955년 9월 30일 자동차 사고로 사망했다.

> 💡 **단어 학습 꿀팁**
> by accident 우연히

05
achieve
[ətʃíːv]

achievement 명 성과

동 이루다, 성취하다 ⊜ accomplish, realize

He **achieved** fame as a pop star right after his debut.
그는 데뷔하자마자 팝스타로 명성을 얻었다.

06
affect
[əfékt]

동 영향을 미치다 = influence

John's difficult childhood has **affected** his relationship with his children.
존의 힘겨웠던 어린 시절은 그의 자녀들과의 관계에 영향을 미쳤다.

07
aid
[eɪd]

동 돕다, 원조하다 = help, support, assist
명 도움, 원조

When an earthquake struck the city's capital last year, many foreign countries gave **aid** in the form of food and shelter.
작년에 그 도시의 수도에 지진이 일어났을 때, 많은 해외 국가들은 음식과 피난소의 형태로 원조를 제공했다.

단어 학습 꿀팁
in aid of ~를 돕기 위하여

08
amaze
[əméiz]

amazing 형 놀라운

동 놀라게 하다 = astonish, surprise

The singer was **amazed** by the enthusiasm of the audience for her.
그 가수는 자신을 향한 관중들의 열광에 놀랐다.

09
anthropologist
[æneərəpάlədʒɪst]

anthropology 명 인류학

명 인류학자

Margaret Mead was an American **anthropologist** who studied the cultures of Samoa and New Guinea.
마가렛 미드는 사모아와 뉴기니의 문화를 연구한 미국의 인류학자였다.

10
astronaut
[ǽstrənɔːt]

명 우주비행사

Alan Shepard was an American **astronaut** who was the first person from the United States to travel into space.
앨런 셰퍼드는 미국 출신의 우주 비행사로 미국인으로는 우주를 여행한 최초의 사람이었다.

11
athlete
[ǽθliːt]

athletic 형 운동 경기의

명 운동 선수

Roger Federer is one of the most successful **athletes** in tennis history.
로저 페더러는 테니스 역사에서 가장 성공한 운동 선수들 중 한 명이다.

12
attain
[ətéɪn]

attainable 형 달성할 수 있는

동 1. 이루다, 달성하다 = achieve, accomplish
2. ~에 이르다, 도달하다 = reach

LeBron James is an American professional basketball player who **attained** great success in his career.
르브론 제임스는 그의 경력에서 엄청난 성공을 이룬 미국의 프로 농구선수이다.

13
attempt
[ətémpt]

명 시도
동 시도하다 = try, endeavor

Many famous inventors succeed only after many failed **attempts**.
많은 유명한 발명가들은 여러 시도를 실패한 이후에서야 비로소 성공을 한다.

 단어 학습 꿀팁

attempt + -ing ~하려고 시도하다 문법-준동사
→ 목적어 자리에 to부정사를 사용한다.
in an attempt to V ~하기 위하여, ~하려는 시도로

14
attend
[əténd]

attendance 명 출석
attendee 명 참석자

동 참석하다, 출석하다 = join

As a child, Gandhi **attended** a local school in his village where he learned the basics of reading, writing, and arithmetic.
어린 시절, 간디는 그의 마을에 있는 지역 학교에 다녔으며 그 곳에서 그는 읽기, 쓰기, 그리고 산수의 기초를 배웠다.

15
attract
[ətrǽkt]

attractive 형 매력적인
attraction 명 끌림, 명소

동 끌다, 끌어모으다 = draw, allure

Oprah Winfrey is a powerful woman who has **attracted** a lot of attention throughout her career.
오프라 윈프리는 그녀의 경력 내내 많은 관심을 끌어모아왔던 영향력 있는 여성이다.

16
author
[ɔ́ːθər]

명 작가, 저자 = writer

Albert Camus was a French **author** who wrote the novel *The Stranger*.
알베르 까뮈는 소설 《이방인》을 쓴 프랑스 작가이다.

17
award
[əwɔ́ːrd]

awardee 명 수상자

- 동 수여하다 = grant
- 명 상 = prize

Usain Bolt was **awarded** three gold medals in the 2012 Olympics.
우사인 볼트는 2012년 올림픽에서 금메달 3개를 수여 받았다.

18
beloved
[bɪlʌ́vd], [bɪlʌ́vɪd]

- 형 사랑받는, 인기 많은 = loved, adored, cherished

One of the most recognizable and **beloved** books in American history, *Moby-Dick* is now considered a literary classic.
미국 역사에서 가장 인정받고 사랑받는 책 중 하나인 《모비딕》은 이제 문학의 고전으로 여겨지고 있다.

19
bury
[béri]

burial 명 매장; 장례식

- 동 묻다, 매장하다 = inter, lay to rest

Nelson Mandela was **buried** in his hometown of Qunu, South Africa.
넬슨 만델라는 그의 고향인 남아프리카 공화국의 쿠누에 묻혔다.

20
career
[kəríər]

- 명 경력, 진로 = occupation, job

After high school, she pursued her **career** as a doctor and went to medical school.
고등학교 이후에, 그녀는 의사로서의 경력을 추구하였고 의대에 진학했다.

 단어 학습 꿀팁
pursue one's career as ~로서의 경력을 추구하다

21
characterize
[kǽrɪktəraɪz]

characterization 명 묘사, 정의

- 동 특징이 되다, 특징짓다 = distinguish

Timothy Treadwell is a world-renowned bear expert and conservationist. He is **characterized** by his determination and passion for his work.
티모시 트레드웰은 세계적으로 유명한 곰 전문가이자 환경운동가이다. 그는 자신의 일에 대한 결단력과 열정으로 특징지어진다.

 단어 학습 꿀팁
be characterized by ~로 특징지어지다

22
commitment

[kəmítmənt]

committed 휑 전념하는, 헌신하는

🟢 전념, 헌신 ⊜ dedication, loyalty

John Lewis was awarded the Presidential Medal of Freedom from former President Barack Obama for his lifelong **commitment** to defending civil and human rights.
존 루이스는 시민권과 인권을 수호하는 데 일생을 바쳐 헌신한 덕에 버락 오바마 전 대통령으로부터 대통령 자유 훈장을 수여받았다.

 단어 학습 꿀팁
a commitment to ~에 대한 전념, 헌신

23
competition

[kàmpətíʃən]

compete 동 경쟁하다
competitive 형 경쟁의

🟢 1. 대회 ⊜ contest 2. 경쟁

Serena Williams has won many **competitions**, including Wimbledon and the U.S. Open.
세레나 윌리엄스는 윔블던과 US 오픈을 포함하여 많은 대회에서 우승했다.

Since he was a skilled chess player, the local tournament didn't provide any stiff **competition** for him: it was easy.
그는 숙련된 체스 선수였기 때문에, 지역 토너먼트는 그에게 어떠한 치열한 경쟁을 제공하지 않았다: 그것은 쉬웠다.

 단어 학습 꿀팁
stiff competition 치열한 경쟁

24
complete

[kəmplíːt]

completion 명 완성, 완료

🟢 완성하다, 완료하다 ⊜ finish
🟢 완전한, 완벽한 ⊜ total, whole

The Sistine Chapel ceiling fresco was **completed** by Michelangelo in 1512.
시스티나 성당의 프레스코는 미켈란젤로에 의해 1512년에 완성되었다.

25
confront

[kənfrʌ́nt]

confrontation 명 대립

🟢 직면하다, 맞서다 ⊜ face

J.K. Rowling had to **confront** her fears of failing as a writer in order to achieve success.
J.K. 롤링은 성공을 거두기 위해 작가로서 실패하는 것에 대한 두려움에 직면해야 했다.

 단어 학습 꿀팁
be confronted with ~와 마주치다

26
continue
[kəntínjuː]

동 계속하다, 계속되다 = resume, persist

To this day, his manga **continues** to inspire adaptations such as the *Young Black Jack* TV series.
오늘날까지, 그의 만화는 「영 블랙 잭」 TV 시리즈와 같은 각색에 계속해서 영감을 준다.

27
contribute
[kəntríbjuːt]

contribution 명 기여, 공헌, 기부

동 1. 기여하다, 공헌하다 = lead to, help
2. 기부하다, 기증하다 = donate, provide

Niels Bohr **contributed** greatly to modern physics.
닐스 보어는 현대 물리학에 크게 공헌을 하였다.

 단어 학습 꿀팁

contribute to ~에 기여하다, ~의 원인이 되다
contribute A to B B에게 A를 주다, 기부하다

28
crisis
[kráisis]

명 위기 = disaster, catastrophe, trouble

The **crisis** that Churchill faced during World War II was one of the most difficult periods of his life.
처칠이 제2차 세계 대전 동안 직면했던 위기는 그의 인생에서 가장 어려운 시기들 중 하나였다.

29
criticize
[krítəsàiz]

critical 형 비판적인
criticism 명 비판

동 비판하다, 비난하다 = censure, denounce

Van Gogh's artworks were **criticized** when he was alive.
반 고흐의 작품들은 그의 생전에는 비난 받았다.

30
debut
[deibjúː]

명 데뷔
동 데뷔하다

Edward Albee made his Broadway **debut** with *Who's Afraid of Virginia Woolf?*
에드워드 알비는 《누가 버지니아 울프를 두려워하는가?》로 브로드웨이 데뷔를 했다.

 단어 학습 꿀팁

make a debut 데뷔하다, 첫 선을 보이다

31 dedicate

[dédikèit]

dedication 명 헌정사, 전념

동 바치다, 전념하다 = devote, commit

Fitzgerald **dedicated** his most famous novel, *The Great Gatsby*, to his wife.
피츠제럴드는 자신의 가장 유명한 소설 《위대한 개츠비》를 부인에게 바쳤다.

 단어 학습 꿀팁
be dedicated(= devoted, committed) to -ing
~에 전념하다, 헌신하다

32 devote

[divóut]

devotion 명 헌신

동 헌신하다, 바치다 = dedicate, commit

Nelson Mandela **devoted** his life to defending civil rights in South Africa.
넬슨 만델라는 남아프리카 공화국에서 시민권을 옹호하는데 일생을 바쳤다.

33 diagnose

[dáiəgnòus]

diagnosis 명 진단

동 진단하다 = confirm, recognize

In 1998, after years of struggling with her mental health, Winona Ryder was finally **diagnosed** with depression and anxiety.
1998년에, 그녀의 정신 건강으로 수년간 고생한 끝에, 위노나 라이더는 마침내 우울증과 불안증세 진단을 받았다.

 단어 학습 꿀팁
be diagnosed with ~로 진단받다

34 distinguish

[distíŋgwiʃ]

distinguishable 형 구별할 수 있는
distinguished 형 뛰어난, 유명한

동 구분하다, 구별하다, 식별하다 = differentiate, discern, tell

As a child, she showed great talent and was **distinguished** from her peers.
어렸을 때, 그녀는 엄청난 재능을 보였고 또래들과 차이가 났다.

 단어 학습 꿀팁
distinguish A from B A를 B와 구별하다
distinguish between A and B A와 B를 구별하다

35
divorce

[divɔ́ːrs]

divorcement 명 이혼

- 명 이혼 ⊜ separation, break-up
- 동 이혼하다 ⊜ separate, break up

Chris announced via social media that he had filed for **divorce** from his wife of almost 10 years.
크리스는 소셜 미디어를 통해 거의 10년간 함께 했던 아내에게 이혼 소송을 청구했다고 발표했다.

36
eager

[íːgər]

eagerly 부 열심히

- 형 열망하는, 열렬한 ⊜ enthusiastic, keen

Michael Jordan was always **eager** to improve his game and be the best player on the court. He practiced for hours every day, honing his skills and perfecting his technique.
마이클 조던은 항상 그의 경기를 개선하고 코트 위에서 최고의 선수가 되기를 열망했다. 그는 매일 몇 시간씩 연습했으며, 기량을 연마하고 기술을 완성하였다.

 단어 학습 꿀팁
be eager to V ~하기를 열망하다

37
earn

[əːrn]

earnings 명 소득, 수익, 임금

- 동 얻다, 벌다 ⊜ receive

After years of working hard and making countless sacrifices, she finally **earned** her spot on the Olympic team.
수년간의 노력과 수많은 희생을 치른 뒤에, 그녀는 마침내 올림픽 팀에서 그녀의 자리를 얻었다.

38
effort

[éfərt]

- 명 노력 ⊜ attempt, endeavor

He made a lot of **effort** to pass the bar exam.
그는 변호사 시험에 합격하기 위해 엄청난 노력을 했다.

 단어 학습 꿀팁
in an effort to V ~하기 위한 노력으로

39
elevate

[éləvèit]

elevation 명 승격, 높이, 들어올리기

- 동 승격시키다, 올리다, 높이다 ⊜ promote, increase, raise

She was **elevated** to the position of CEO, acknowledging her exemplary work ethics and achievements.
그녀는 모범적인 직업 윤리와 성과를 인정받아 CEO의 자리에 올랐다.

40
endure
[indjúər]

enduring 형 오래가는, 지속되는
endurance 명 지구력, 내구성

동 1. 참다, 견디다 = bear
2. 지속되다 = continue, last, persist

Even though she lost her arm in a shark attack, she has continued to **endure** and compete in professional surfing competitions.
비록 그녀가 상어의 공격에 의해 팔을 잃었지만, 그녀는 프로 서핑 대회를 계속해서 견뎌냈고 경쟁했다.

Their friendship has **endured** for more than 20 years.
그들의 우정은 20년 이상 되었다.

단어 학습 꿀팁
endure + -ing ~하는 것을 참다, 견디다 문법-준동사
→ 목적어 자리에 동명사를 사용한다.

41
engage
[ingéidʒ]

engagement 명 참여, 고용, 약혼

동 1. 관여하다 = involve 2. 사로잡다 = attract, captivate
3. 고용하다 = hire, employ, approach

Rosalind Franklin was **engaged** in studying the structure of DNA.
로절린드 프랭클린은 DNA의 구조를 연구하는 데 관여했다.

He always **engaged** his audience by walking around and making eye contact when giving presentations.
그는 프레젠테이션을 할 때 항상 돌아다니고 눈을 마주침으로써 청중들을 사로잡았다.

After an extensive search, they finally **engaged** a new CEO from outside the company.
광범위한 조사 후에, 그들은 마침내 회사 외부에서 새로운 CEO를 고용했다.

단어 학습 꿀팁
engage in 참여하다
engage with ~와 관계를 맺다

42
enthusiastic
[inθuːziǽstik]

enthusiasm 명 열정

형 열광적인, 열렬한, 열심인 = excited, eager, passionate

The young players were **enthusiastic** about this match.
어린 선수들은 이번 경기에 열중하고 있었다.

43
entrepreneur
[á:ntrəprənɜ:r]

🟢 사업가, 기업가

Larry Page is an **entrepreneur** and computer scientist who co-founded Google. He is now the CEO of Alphabet, Google's parent company.
래리 페이지는 구글을 공동설립한 기업가이자 컴퓨터 과학자이다. 그는 현재 구글의 모기업인 알파벳의 CEO이다.

44
establish
[istǽbliʃ]

establishment 🟢 설립
established 🟢 인정받는, 확립된

🟢 설립하다, 수립하다 🟠 build

In 1892, Lizzie Borden **establish** the Fall River Historical Society in the home where she grew up.
1892년에, 리지 보든은 그녀가 자란 고향에 폴 리버 역사학회를 설립했다.

45
evade
[ɪvéɪd]

evasion 🟢 도망, 회피, 둘러대기

🟢 피하다, 회피하다 🟠 avoid, elude, conceal

He tried to **evade** answering the reporter's questions about their personal life.
그는 그들의 사생활에 대한 기자의 질문에 대답하는 것을 피하려고 했다.

 단어 학습 꿀팁

evade + **-ing** ~하는 것을 피하다 문법-준동사
→ 목적어 자리에 동명사를 사용한다.

46
eventually
[ɪvéntʃuəli]

🟢 마침내, 결국 🟠 finally, ultimately

She was **eventually** asked to accompany Leakey and his wife in hunting for fossils.
그녀는 결국 화석을 수색하는 데 리키와 그의 아내와 동행해달라고 요청받았다.

47
excel
[iksél]

excellence 🟢 뛰어남
excellent 🟢 뛰어난

🟢 뛰어나다, 탁월하다 🟠 stand out, outperform

Linus Torvalds, the creator of the Linux kernel, has always **excelled** in computer programming.
리눅스 커널의 창시자인 리누스 토르발스는 항상 컴퓨터 프로그래밍에 뛰어났다.

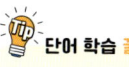 단어 학습 꿀팁

excel at ~에 뛰어나다

48
exercise

[éksərsàiz]

명 운동, 연습 = activity
동 운동하다, 연습하다 = practice

She always **exercised** to stay in shape.
그녀는 몸매를 유지하기 위해 항상 운동했다.

49
expand

[ikspǽnd]

expansion 명 확장

동 확장하다 = extend

As he **expanded** his territory, Genghis Khan began to amass an army that would be second to none.
영토를 확장하면서, 칭기스칸은 누구에게도 뒤지지 않을 군대를 모으기 시작했다.

50
exploit

[iksplɔ́it]

exploitation 명 착취, 개발

동 이용하다, 활용하다 = use, utilize, take advantage of
명 위업, 공적 = feat, achievement, act

James Watt **exploited** the technology of steam engines to create a more efficient means of powering machinery.
제임스 와트는 기계에 동력을 공급하는 더 효율적인 방법을 만들기 위해 증기 기관 기술을 활용했다.

The adventurer recalled his **exploits** to his men, who received his stories with great excitement.
그 모험가는 그의 사람들에게 그의 공적을 떠올려 주었고, 그들은 그의 이야기를 아주 재미있게 받아들였다.

51
expose

[ikspóuz]

exposition 명 박람회
exposure 명 노출, 폭로

동 1. 드러내다, 노출하다 = reveal, uncover
2. 폭로하다

In 2007, Britney Spears' battle with mental health was **exposed** through the media.
2007년에, 브리트니 스피어스의 정신 건강과의 사투가 언론을 통해 노출되었다.

A journalist **exposed** the fact that the man had been taking drugs prior to his death.
한 기자는 그 남자가 죽기 전에 약물을 복용했었다는 사실을 폭로했다.

Tip 단어 학습 꿀팁
be exposed to ~에 노출되다

52
famous

[féɪməs]

형 유명한 ≡ notable, noted, renowned

Frederick John Perry was a **famous** English tennis player.
프레드릭 존 페리는 유명한 영국 테니스 선수였다.

53
favorable

[féɪvərəbl]

형 호의적인, 유리한, 찬성하는 ≡ agreeable, likable

Many people don't know that Bill Gates' success is largely due to his **favorable** attitude.
많은 사람들은 빌 게이츠의 성공이 그의 호의적인 태도에 크게 기인한다는 것을 알지 못한다.

54
figure

[fígjər]

명 1. 수치, 숫자 ≡ number, digit 2. 인물 ≡ individual, character
동 생각하다, 계산하다 ≡ discover

Anna Wintour is a influential **figure** in the fashion industry.
안나 윈투어는 패션 산업에서 영향력 있는 인물이다.

Pythagoras **figured** out the relationship among the three sides of a right triangle.
피타고라스는 직각삼각형의 세 변의 관계를 계산해냈다.

 단어 학습 꿀팁
public figure 공인
figure out 생각해 내다, 이해하다

55
force

[fɔːrs]

동 강요하다 ≡ compel
명 힘 ≡ strength

At the age of 11, he was **forced** to drop out of school to start working in the coal mines to support his family.
11살의 나이에, 그는 가족을 부양하기 위해 탄광 일을 시작하고자 학교를 중퇴해야 했다.

The powerful **force** of a tornado is enough to uproot trees and tear the roof off a house.
토네이도의 강력한 힘은 나무를 뿌리째 뽑고 지붕을 뜯어내기에 충분했다.

 단어 학습 꿀팁
force + A + to V ~A에게 ~하라고 강요하다 문법·준동사
→ 목적어 뒤 목적격 보어 자리에 to부정사를 사용한다.

56
found

[faund]

foundation 명 설립

🟢 동 설립하다 🟡 establish

He **founded** the company in his garage with his friend from college.
그는 대학 친구와 함께 그의 차고에서 그 회사를 설립했다.

 단어 학습 꿀팁
founding father 창시자, 창립자

57
gain

[geɪn]

🟢 동 얻다, 획득하다 🟡 acquire, win
🟢 명 1. 이익 🟡 profit 2. 증가, 증대 🟡 increase

Popeye **gains** his super strength from eating spinach, and he uses it to protect his ladylove, Olive.
뽀빠이는 시금치를 먹어 엄청난 힘을 얻고, 그는 그 힘을 그의 사랑인 올리브를 보호하기 위해 사용한다.

58
graduate

[grǽdʒuèit], [grǽdʒuət]

graduation 명 졸업

🟢 동 졸업하다 🟡 pass
🟢 명 졸업자

She studied acting at the Yale School of Drama, where she **graduated** in 2012.
그녀는 예일 드라마 스쿨에서 공부했으며, 그곳에서 2012년에 졸업했다.

59
grant

[grænt]

🟢 동 수여하다, 승인하다 🟡 award
🟢 명 보조금

Bill Clinton was **granted** the Rhodes Scholarship in 1968.
빌 클린턴은 1968년에 로즈 장학금을 받았다.

60
impact

[ímpækt], [impǽkt]

🟢 명 영향, 충격 🟡 effect
🟢 동 영향을 주다 🟡 influence

Witnessing the cruelty of humanity during the war had a powerful **impact** on the young artist.
전쟁 기간 동안 인간의 잔혹성을 목격한 것은 이 젊은 예술가에게 강렬한 영향을 주었다.

DAY 04 VOCABULARY TEST

Q 밑줄 친 단어의 유의어로 가장 적절한 보기를 고르세요.

01 He <u>abandoned</u> his post as a weaver to pursue a career in sailing.
(a) attempted   (b) stopped   (c) earned   (d) emptied

02 Feeling <u>enthusiastic</u> about his continuously progressing form, he looked forward to the upcoming World Cup.
(a) stressed   (b) composed   (c) invested   (d) excited

03 She has made a significant financial <u>gain</u> from developing her mobile app.
(a) aid   (b) award   (c) grant   (d) profit

04 The award recognized her as a major <u>figure</u> in German cinema.
(a) appearance   (b) number   (c) person   (d) image

Q 아래의 단락을 읽고 밑줄 친 단어와 문맥상 가장 가까운 보기를 고르세요.

05 Gordon Ramsey <u>persisted</u> in his dream to become a chef despite facing many challenges. He started out as a novice chef at Harveys, a Michelin-starred restaurant. From there, he went on to work at several other prestigious restaurants including Aubergine, L'Oranger, and La Tante Claire. It was only after years of hard work and dedication that he finally achieved his goal of becoming a head chef.

In the context of the passage, <u>persisted</u> means _____.

(a) started   (b) continued   (c) excelled   (d) confronted

정답 1 (b) 2 (d) 3 (d) 4 (c) 5 (b)   해석 371P

지텔프 추가학습 단어

☐ advancement	명	발전, 진보
☐ ambitious	형	야심 있는
☐ apprentice	명	수습생, 제자, 도제
☐ astronomer	명	천문학자
☐ award-winning	형	상을 받은, 수상에 빛나는
☐ be inducted into	숙	(명예의 전당 등)에 헌액되다, (군·조직 등)에 들어가다
☐ biology	명	생물학
☐ birth	명	출생, 출산
☐ botanist	명	식물학자
☐ carry out	숙	수행하다, 이행하다
☐ colony	명	식민지
☐ confuse	동	혼란스럽게 하다
☐ conquer	동	정복하다
☐ consequently	부	그 결과로, 따라서
☐ diplomat	명	외교관
☐ disability	명	(신체적 또는 정신적) 장애
☐ discriminate	동	구별하다, 차별하다
☐ drop out	동	중퇴하다
☐ evacuate	동	대피시키다, 떠나다
☐ excellent	형	뛰어난, 훌륭한
☐ extraordinary	형	비범한, 특별한
☐ fervor	명	열정, 열성
☐ fondness	명	좋아함, 애호, 애정
☐ former	형	이전의, 전임의
☐ formidable	형	가공할, 어마어마한
☐ foundation	명	토대, 기초
☐ genre	명	부문, 부류, 장르
☐ give up	동	포기하다
☐ governor	명	통치자, 주지사, 총독
☐ grow up	동	자라다, 성장하다

DAY 04

DAY 05

독해&어휘
PART 1 인물의 일대기 (2)

표제어와 뜻을 음원으로 듣기

PREVIEW

improve	permanent	renowned
incredible	pioneer	reputation
influence	popularity	rescue
injure	potential	respected
inspire	praise	resume
intense	prejudice	retard
interest	professional	retire
intrigue	prolific	risk
legacy	protest	severe
match	prove	sign
medical	pursue	spend
mental	quit	strike
motivate	radical	strive
move	raise	struggle
nominate	realize	succeed
normal	recognize	talent
notable	reform	transition
obstacle	regard	vague
overwhelm	reject	value
own	relationship	violent

01
improve
[imprúːv]

improvement 명 개선

동 개선하다 = better, enhance

Helen Keller strived to **improve** the welfare of people with disabilities.
헬렌 켈러는 장애가 있는 사람들의 복지를 개선하기 위해 노력했다.

02
incredible
[inkrédəbl]

incredibly 부 믿을 수 없을 만큼

형 믿을 수 없는, 놀라운 = amazing, stunning

It is **incredible** that he was able to cross the Delaware River during a blizzard and win the Battle of Trenton.
그가 눈보라가 몰아치는 동안 델라웨어 강을 건너 트렌턴 전투에서 승리할 수 있었다는 것은 놀라운 일이다.

03
influence
[ínfluəns]

influential 형 영향력 있는

명 영향, 영향력 = effect, impact
동 영향을 미치다 = affect, change

Albert Einstein's theories of relativity greatly **influenced** the development of subsequent theories of quantum mechanics.
알베르트 아인슈타인의 상대성 이론은 양자역학의 후속 이론의 발전에 크게 영향을 미쳤다.

04
injure
[índʒər]

injury 명 부상

동 부상을 입히다 = hurt, wound

He got **injured** when an unleashed dog attacked him.
그는 목줄을 하지 않은 개가 달려들어서 부상을 입었다.

05
inspire
[inspáiər]

inspiration 명 영감

동 영감을 주다 = motivate, stimulate

His commencement address **inspired** many college students and made them to think about future.
그의 졸업식 연설은 많은 학생들에게 영감을 주었고 미래에 대해 생각해 보도록 만들었다.

06 intense

[inténs]

intensify 동 심화하다
intensive 형 집중적인

형 1. 강렬한, 격렬한 = acute, extreme 2. 열정적인 = passionate

In 1937, Lawrence invented the cyclotron, a type of particle accelerator that could generate **intense** beams of radiation.
1937년에, 로렌스는 강렬한 방사선을 생성할 수 있는 입자 가속기의 일종인 사이클로트론을 발명했다.

When she was young, she was **intense** about her art and would spend hours painting and drawing.
그녀가 어렸을 때, 그녀는 자신의 예술 행위에 열정적이었고 몇 시간씩 그림 그리는 데 보내곤 했다.

07 interest

[íntərəst]

uninterested 형 무관심한

명 1. 이자, 이익 = profit 2. 흥미, 관심 = attention, curiosity
동 관심을 끌다 = attract, intrigue

Arthur Burns, the former chairman of the Federal Reserve, was responsible for setting **interest** rates.
연방준비제도의 전 의장이었던 아서 번즈는 이자율을 설정하는 데 책임이 있었다.

Young Karan had an **interest** in fashion and often made her own clothes.
어린 캐런은 패션에 관심이 있었으며 종종 그녀 자신의 옷을 만들었다.

When she was just a child, she became **interested** in acting after she saw her first play.
그녀가 단지 어린 아이였을 때, 그녀는 그녀의 첫 연극을 본 후에 연기에 관심을 갖게 되었다.

 단어 학습 꿀팁

be/become interested in ~에 관심이 있다/관심을 갖게 되다

08 intrigue

동 [intríːg]
명 [íntriːg]

intriguing 형 흥미로운

동 흥미를 끌다 = interest, fascinate
명 모의, 음모 = scheme

At a young age, he was already **intrigued** by the stars and planets, wondering what was out there beyond his small town.
어린 나이에, 그는 이미 별과 행성에 흥미를 느꼈고, 그의 작은 마을 너머에 무엇이 있는지 궁금해했다.

09
legacy

[légəsi]

명 유산 ⊜ inheritance, heritage

At present, Tereshkova's **legacy** is widely celebrated in books, museums, and stage productions.
현재, 테레시코바의 유산은 서적, 박물관, 연극 제작에서 널리 기념된다.

10
match

[mætʃ]

명 경기, 시합 ⊜ competition, game
동 ~에 필적하다, 겨루다, 대등하다 ⊜ compete, equal, rival

In the 1996 Summer Olympics, Andre Agassi won the gold medal in the men's singles tennis **match**.
1996년 여름 올림픽에서, 안드레 애거시는 남자 단식 테니스 시합에서 금메달을 땄다.

Maradona's talent was **matched** only by Lionel Messi, who is another professional football player from Argentina.
마라도나의 재능에는 아르헨티나의 또다른 프로 축구선수인 리오넬 메시만이 필적했다.

11
medical

[médikəl]

형 의학의, 의료의 ⊜ medicine

In her later years, she started to experience more **medical** problems, including heart trouble and arthritis.
말년에, 그녀는 심장병과 관절염을 포함한 더 많은 의학적인 문제들을 겪기 시작했다.

 단어 학습 꿀팁
medical treatment 의학 치료

12
mental

[méntl]

mentality 명 지성, 지능

형 정신적인, 마음의 ⊜ psychological

Presley had a long history of drug abuse and may have suffered from a **mental** illness, which likely contributed to his untimely death.
프레슬리는 약물 남용의 오랜 역사를 가지고 있었고 정신 질환을 앓았을 수도 있는데, 이는 그의 이른 죽음에 기여했을 가능성이 있다.

13 motivate

[móutɪveɪt]

motivation 명 동기부여, 자극

동 동기를 부여하다, 자극하다 = inspire, stimulate, drive

Harry Styles was **motivated** to pursue a career in music after watching a documentary about the band Oasis.
해리 스타일스는 오아시스라는 밴드에 관한 다큐멘터리를 본 후 음악계에서 경력을 쌓기 위한 동기를 얻었다.

 단어 학습 꿀팁

motivate A to V A에게 ~하도록 동기를 주다

14 move

[muːv]

movement 명 이동, 운동

동 이동하다, 옮기다 = relocate, resettle
명 1. 이동 2. 변화, 움직임

In 1882, Harper **moved** to Rochester, New York, where she found work as a hair stylist.
1882년에, 하퍼는 뉴욕 로체스터로 건너가 헤어 스타일리스트로서의 일을 발견했다.

15 nominate

[námənèit]

nomination 명 지명, 임명
nominee 명 지명된 사람

동 1. (~의 후보로) 추천하다, 지명하다 = propose
    2. (특정 일을 하도록) 임명하다, 지명하다 = appoint

She was **nominated** in the Best Actress category at the Oscars.
그녀는 오스카 시상식의 여우주연상 후보에 올랐다.

 단어 학습 꿀팁

nominate A for/as B B(지위·역할·수상후보 등)에 A를 지명하다

16 normal

[nɔ́ːrməl]

abnormal 형 비정상적인
normally 부 일반적으로

형 평범한, 정상적인 = usual, common

Mark Zuckerberg's childhood was pretty **normal** for a kid growing up in the suburbs of New York City.
마크 저커버그의 어린 시절은 뉴욕시 근교에서 자란 아이치고 꽤 평범했다.

17
notable
[nóutəbl]

notably 🔸 특히

🟢 주목할 만한, 중요한, 유명한 ⚫ remarkable, important, famous

Clara Zetkin was a German Marxist theorist, who was **notable** for her work on women's rights.
클라라 체트킨은 독일의 마르크스주의 이론가로, 여성 인권에 대한 그녀의 활동으로 유명하다.

 단어 학습 꿀팁
be notable for/as ~로/로서 유명하다

18
obstacle
[ábstəkl]

🟢 방해, 장애 ⚫ barrier

He had to face many **obstacles** throughout his life.
그는 그의 일생 동안 많은 장애물에 맞서야 했다.

19
overwhelm
[òuvərhwélm]

overwhelming 🔸 압도적인

🟢 압도하다 ⚫ overcome, overpower

The film **overwhelmed** the audience with its impressive computer graphics.
이 영화는 인상 깊은 컴퓨터 그래픽으로 관객을 압도했다.

20
own
[oun]

owner 🔸 주인

🟢 소유하다 ⚫ possess
🟢 자기 자신의 ⚫ personal

Rockefeller **owned** a company that produced 90% of the oil in the United States.
록펠러는 미국에서 석유의 90퍼센트를 생산하는 회사를 소유하고 있었다.

21
permanent
[pə́:rmənənt]

permanently 🔸 영구히

🟢 영구적인 ⚫ constant, lasting, perpetual

She applied for **permanent** residence in France.
그녀는 프랑스 영주권을 신청했다.

22
pioneer
[pàiəníər]

🟢 개척자, 선구자 ⚫ explorer, trailblazer
🟢 개척하다 ⚫ explore

Carrier was a **pioneer** in air conditioning and refrigeration, and his company created the first air conditioner unit in 1902.
캐리어는 에어컨과 냉장고 분야의 선구자였고, 그의 회사는 1902년에 최초의 에어컨 장치를 만들었다.

23 popularity
[pɑːpjulǽrəti]

popular 형 인기 있는

명 인기 ⊜ fame, prestige

Lee Kuan Yew gained **popularity** with the public when he helped out a labor group.
리콴유는 노동 단체를 도왔을 때 대중으로부터 인기를 얻었다.

24 potential
[pəténʃəl]

potentiality 명 잠재력
potentially 부 잠재적으로

형 가능성이 있는, 잠재적인 ⊜ possible
명 잠재력, 가능성

Kroc saw **potential** in the McDonald's brothers' restaurant and franchised it across the country.
크록은 맥도날드 형제의 식당에서 가능성을 보았고 그것을 전국에 프랜차이즈화했다.

 단어 학습 꿀팁

see potential in ~에서 가능성을 보다

25 praise
[preɪz]

praiseworthy 형 칭찬할 만한

동 칭찬하다 ⊜ commend, compliment, applaud
명 칭찬 ⊜ commendation, compliment, applause

In February of 2020, Gaetz was **praised** by former President Donald Trump during a rally in Gaetz's home state.
2020년 2월에, 게이츠는 그의 고향 주에서의 집회 기간 동안 도널드 트럼프 전 대통령에 의해 칭찬을 받았다.

26 prejudice
[prédʒudis]

명 편견 ⊜ bias

When she was a child, Parks faced a lot of **prejudice** because she was African American.
그녀가 어렸을 때, 파크스는 그녀가 아프리카계 미국인이었기 때문에 많은 편견에 직면했다.

27 professional
[prəféʃənl]

형 전문적인, 직업의 ⊜ trained, skilled
명 전문가 ⊜ expert

Ian Thorpe was a **professional** swimmer who won numerous Olympic and World Championship gold medals.
이안 소프는 올림픽과 세계선수권대회에서 수많은 금메달을 따낸 프로 수영선수였다.

28
prolific
[prəlífɪk]

- 형 (글·작품·논문 등을) 다작하는, 다산하는, 비옥한
- ⊜ productive, fruitful, fertile

Leonhard Euler was a **prolific** mathematician who made significant contributions to many fields of mathematics.
레온하르트 오일러는 수학의 많은 분야에 상당한 공헌을 했던 다작하는 수학자였다.

29
protest
[prətést]

protestor 명 시위자

- 동 시위하다, 항의하다 ⊜ demonstrate
- 명 시위, 항의 ⊜ demonstration

Citizens took to the streets to **protest** government corruption.
시민들이 부패한 정부에 항의하기 위해 거리로 나갔다.

30
prove
[pru:v]

proof 명 증거

- 동 입증하다, 증명하다 ⊜ evidence, demonstrate, verify

Her work **proved** to be an important stepping stone in the field of education.
그녀의 일은 교육 분야에서 중요한 디딤돌임이 입증되었다.

31
pursue
[pərsúː]

pursuit 명 추구

- 동 추구하다, 쫓다 ⊜ seek, follow

Lady Gaga dropped out of school to **pursue** a career in music.
레이디 가가는 음악을 추구하기 위해 학교를 자퇴하였다.

> **단어 학습 꿀팁**
> pursue a goal 목표를 추구하다

32
quit
[kwit]

- 동 그만두다 ⊜ resign, leave, give up

He **quit** his job to become a freelancer.
그는 프리랜서가 되기 위해 직장을 그만 두었다.

> **단어 학습 꿀팁**
> quit + -ing ~하는 것을 그만두다 [문법·준동사]
> → 목적어 자리에 동명사를 사용한다.

33
radical

[rǽdikəl]

radically 부 근본적으로, 급진적으로

형 급진적인, 과격한 ⊜ fundamental, extreme

Malcolm X was a **radical** black nationalist leader in the 1960s who advocated for the separation of black and white Americans.
말콤 엑스는 흑인과 백인 미국인의 분리를 주창했던 1960년대의 급진적인 흑인 민족주의 지도자였다.

34
raise

[reiz]

동 1. 키우다 ⊜ bring up, foster 2. 올리다 ⊜ increase, lift

Stephen Colbert was **raised** as a Catholic in his family.
스티븐 콜베어는 가정에서 카톨릭 신자로 키워졌다.

She **raised** her hand to ask a question.
그녀는 질문을 하기 위해 손을 들었다.

 단어 학습 꿀팁

raise the bar 기준(기대치)를 높이다

35
realize

[ríːəlàiz]

real 형 실제의
realization 명 자각, 실현

동 1. 깨닫다, 알아차리다 ⊜ recognize, understand
동 2. 실현하다 ⊜ achieve, accomplish

Gomez **realized** that she needed to take a break from the limelight.
고메즈는 그녀가 세상의 관심으로부터 휴식을 취하는 것이 필요했음을 깨달았다.

He finally **realized** his dream of winning an Olympic medal, which he had had since he was a kid.
그는 어렸을 때부터 가졌던 올림픽에서 메달을 따는 꿈을 마침내 이뤘다.

36
recognize

[rékəgnàiz]

동 1. 알아보다 ⊜ identify 2. (공로 등을) 인정하다 ⊜ acknowledge

It is difficult to **recognize** Charlie Chaplin without the makeup.
분장을 안 한 찰리 채플린을 알아보기 어렵다.

She was **recognized** for her work with the homeless and was given the award.
그녀는 노숙자들과의 활동으로 인정받았으며 상을 수상받았다.

37 reform
[rifɔ́:rm]

reformation 명 개혁, 개선

- 동 개혁하다, 개선하다 = improve, change
- 명 개혁, 개선 = improvement

He **reformed** the way that taxes were collected in America during his time as President.
그는 대통령 재임 기간 동안 미국에서 세금이 징수되는 방법을 개혁했다.

38 regard
[rigá:rd]

- 동 여기다, 간주하다 = consider
- 명 관심, 존경, 평가 = respect

William Morton, a dentist from Massachusetts, was **regarded** as a pioneer in the field of anesthesia.
메사추세츠 출신 치과의사였던 윌리엄 모턴은 마취 분야의 선구자로 여겨졌다.

> 단어 학습 꿀팁
>
> regard A as B A를 B라고 여기다
> highly regarded 높이 평가받는, 매우 존경받는

39 reject
[ridʒékt]

rejection 명 거부, 거절

- 동 거부하다 = refuse

When he was first starting out, Picasso was **rejected** by many art galleries and dealers.
그가 처음 시작했을 때, 피카소는 많은 미술관과 딜러들에 의해 거절당했었다.

> 단어 학습 꿀팁
>
> reject -ing ~하기를 거부하다 문법-준동사
> → 목적어 자리에 동명사를 사용한다.

40 relationship
[riléiʃənʃip]

relation 명 관계

- 명 관계 = association, connection

He had a very complicated **relationship** with his father.
그는 그의 아버지와 매우 복잡한 관계를 가지고 있었다.

41 renowned
[rináund]

renown 명 명성

- 형 유명한 = famous, noted, notable

Alexander Wang is a **renowned** fashion designer whose brand is sold in over 700 stores worldwide.
알렉산더 왕은 전세계 700곳이 넘는 가게에서 옷이 팔리는 유명한 패션 디자이너이다.

42
reputation
[rèpjutéiʃən]

reputable 형 평판이 좋은

명 평판, 명성 = name, repute

Axl Rose has a bad **reputation** among fans for being late to many of his concerts.
엑슬 로즈는 공연에 자주 지각하는 것으로 팬들 사이에서 안 좋은 평판이 나있다.

43
rescue
[réskju:]

동 구조하다 = save
명 구조

He was **rescued** by his grandparents, who took him in and raised him as their own.
그는 그의 조부모에 의해 구조되었으며, 그를 데려와 자신들의 친자식처럼 키웠다.

 단어 학습 꿀팁

come to the rescue (of) (~을) 구하러 오다

44
respected
[rispéktid]

respect 명 존경, 존중
동 존경하다

형 훌륭한, 높이 평가되는 = admired, renowned

Respected for his work in the medical field, Smith has made many breakthroughs that have saved countless lives.
의료 분야에서의 그의 업적으로 높이 평가되는, 스미스는 수많은 생명을 구한 많은 획기적 발전을 해냈다.

45
resume
동 [rizú:m]
명 [rézəmeɪ]

동 재개하다, 다시 시작하다 = continue
명 이력서 (résumé)

After taking a break to raise her young children, she **resumed** her career as a successful lawyer.
어린 아이들을 키우기 위해 휴식을 취한 뒤에, 그녀는 성공적인 변호사로서의 그녀의 경력을 재개했다.

In her **resume**, she has detailed her experience as a teacher, a tutor, and a mentor.
그녀의 이력서 안에, 그녀는 교사, 대학 강사, 그리고 멘토로서의 자신의 경험을 상세히 기술했다.

 단어 학습 꿀팁

resume + -ing ~하는 것을 재개하다, 다시 ~하다 문법-준동사
→ 목적어 자리에 동명사를 사용한다.

46
retard

[ritárd]

동 늦추다, 방해하다 = delay, impede

George Washington decided to **retard** the American Revolution in order to gain more support from the people.
조지 워싱턴은 사람들로부터 더 많은 지지를 얻어내기 위해 미국 독립 혁명을 늦추기로 결정했다.

47
retire

[ritáiər]

retirement 명 은퇴

동 은퇴하다, 물러가다 = withdraw

Since he **retired** from acting, he's had more time to focus on his painting.
연기자 생활로부터 은퇴한 이래로, 그는 그림 그리기에 집중할 수 있는 더 많은 시간을 가졌다.

48
risk

[risk]

risky 형 위험한

명 위험 = danger, chance
동 (위험을) 무릅쓰다, 감수하다 = dare, chance

In order to achieve his dream, he took a **risk** and quit his stable job.
그의 꿈을 이루기 위해, 그는 위험을 무릅쓰고 그의 안정적인 직장을 그만두었다.

In 1859, Edwin Drake **risked** everything when he drilled for oil near Titusville, Pennsylvania.
1859년에, 에드윈 드레이크는 펜실베이니아주 티투스빌에서 석유를 채굴했을 때 모든 위험을 감수했다.

단어 학습 꿀팁

risk + **-ing** ~하는 위험을 무릅쓰다 문법-준동사
→ 목적어 자리에 동명사를 사용한다.
take the risk of -ing ~할 위험을 감수하다

49
severe

[sivíər]

형 극심한 = serious, intense

He suffered from **severe** pain during his 27 years in prison.
감옥에서의 27년 동안 그는 극심한 통증에 시달렸다.

50
sign
[saɪn]

- 동 1. 서명하다, 계약하다 ≒ confirm, endorse
- 2. 손짓을 보내다, 신호하다 ≒ gesture, signal, indicate
- 명 징후, 조짐, 표시, 표지판, 몸짓 ≒ indication, gesture, signal

In 2018, professional baseball player Bryce Harper **signed** a 13-year, $330 million contract with the Philadelphia Phillies.
2018년에, 프로 야구선수인 브라이스 하퍼는 필라델피아 필리스와 13년간 3억 3천만 달러의 계약을 맺었다.

Once the drivers were ready, the woman **signed** with her hand and the race began.
경주가 준비되었을 때, 여자가 손으로 신호를 보냈고 경주가 시작되었다.

The **sign** on the door said: "Employees only", so he couldn't enter.
문에 달린 표시는 "직원 전용"이라고 쓰여 있어서, 그는 들어갈 수 없었다.

51
spend
[spend]

- 동 (돈·시간을) 쓰다 ≒ expend, exhaust, finish

She **spent** a lot of time travelling to different countries and giving speeches about her experiences.
그녀는 많은 시간을 여러 나라를 여행하고 그녀의 경험에 대한 강연을 하면서 보냈다.

 단어 학습 꿀팁

spend A (in) -ing A(돈·시간 등)를 ~하는 데 쓰다

52
strike
[straɪk]

- 명 1. 공격, 공습 2. 파업 ≒ protest
- 동 치다, 때리다, 공격하다 ≒ hit, beat

In 2008, James Franco was on a **strike** with the Screen Actors Guild for better working conditions and higher wages.
2008년에, 제임스 프랭코는 더 일하기 좋은 환경과 더 높은 임금을 위해 미국 배우 조합과 함께 파업에 들어갔다.

The archer was so **skilled** that he could strike a target from a great distance.
그 궁수는 기술이 너무 뛰어나서 매우 먼 거리에 있는 목표물도 맞출 수 있었다.

 단어 학습 꿀팁

go on a strike 파업에 들어가다

53
strive

[straiv]

strife 명 갈등, 싸움

 노력하다, 힘쓰다 ≒ endeavor, struggle

As an artist, he **strived** to create pieces that would be remembered long after his death.
예술가로서, 그는 그가 죽고 한참 뒤에도 기억에 남을 작품들을 만드는 데 힘썼다.

> 💡 단어 학습 꿀팁
>
> strive + to V ~하려고 노력하다, 애쓰다 문법-준동사
> → 목적어 자리에 to부정사를 사용한다.

54
struggle

[strʌgl]

 싸우다, 분투하다, 어려움을 겪다 ≒ strive

Abraham Lincoln was known to **struggle** with several chronic health problems including depression, anxiety, and insomnia.
에이브러햄 링컨은 우울증, 불안, 불면증을 포함한 몇 가지 만성적인 건강 문제로 어려움을 겪은 것으로 알려져 있었다.

> 💡 단어 학습 꿀팁
>
> struggle + to V ~하려고 발버둥치다 문법-준동사
> → 목적어 자리에 to부정사를 사용한다.
> struggle with ~와 분투하다

55
succeed

[səksíːd]

success 명 성공
successful 형 성공적인
successive 형 연속적인, 연이은
succession 명 연속, 승계, 계승

 1. 성공하다 ≒ triumph, achieve
2. 뒤를 잇다, 계승하다 ≒ follow, replace

Karl Lagerfeld **succeeded** in creating a unique sense of style that was both elegant and eccentric.
칼 라거펠트는 우아하면서도 기이한 독특한 스타일 감각을 만들어내는 데 성공했다.

Prince Henry is fifth in line to **succeed** his father.
헨리 왕자는 아버지를 계승할 서열 5위이다.

> 💡 단어 학습 꿀팁
>
> succeed in ~에 성공하다
> succeed to ~를 잇다, 계승하다
> succeed A as B A를 이어 B가 되다

56
talent
[tǽlənt]

talented 형 재능이 있는

명 (타고난) 재능 ≒ ability, gift

Jane Austen was a writer of great **talent** who wrote many books, including *Pride and Prejudice*.
제인 오스틴은 《오만과 편견》을 비롯해 많은 작품을 쓴 재능이 뛰어난 작가였다.

57
transition
[trænzíʃən]

명 이동, 변화, 과도기 ≒ change, conversion, shift

Halle Berry, a famous actress in America, has experienced **transition** in her career. She started out as a model and then jumped into acting.
미국의 유명 배우인 할리 베리는 그녀의 경력에서 과도기를 겪었다. 그녀는 모델로 출발하여 이후에는 연기에 뛰어들었다.

 단어 학습 꿀팁

be in transition from A to B A에서 B로의 과도기에 있다

58
vague
[veig]

형 희미한, 모호한 ≒ ambiguous, unclear

Although he is one of the most famous painters of the 20th century, Jackson Pollock's work is often **vague** and difficult to understand.
20세기의 가장 유명한 화가들 중 한 명이지만, 잭슨 폴록의 작품은 종종 모호하고 이해하기 어렵다.

59
value
[vǽljuː]

valuable 형 가치 있는

명 가치 ≒ importance, worth
동 가치 있게 여기다 ≒ appreciate

He **valued** education and believed that it was essential for the success of democracy.
그는 교육을 가치 있게 여겼으며 그것이 민주주의의 성공에 필수적이라 믿었다.

60
violent
[váiələnt]

violence 명 폭력

형 폭력적인, 난폭한 ≒ brutal, aggressive

After a **violent** military coup in 1980, Sirleaf temporarily fled Liberia and worked for various international institutions.
1980년에 있었던 폭력적인 군사 쿠데타 이후, 설리프는 일시적으로 라이베리아를 떠나 여러 국제기구에서 일했다.

DAY 05

DAY 05 VOCABULARY TEST

밑줄 친 단어의 유의어로 가장 적절한 보기를 고르세요.

01 Mariah Carey was praised for her live performances during the 1990s.
(a) complimented (b) thwarted (c) overwhelmed (d) nominated

02 Steve Jobs was the CEO of Apple for 14 years before Tim Cook succeeded him in 2011.
(a) motivated (b) influenced (c) replaced (d) triumphed

03 He made the transition from being an inventor to a successful businessman when he founded his company in 1993.
(a) shift (b) popularity (c) reputation (d) position

04 The politician's radical movement caught the attention of the media.
(a) unconventional (b) professional (c) violent (d) extreme

아래의 단락을 읽고 밑줄 친 단어와 문맥상 가장 가까운 보기를 고르세요.

05 Michael Jordan ended his playing career as a member of the Washington Wizards in 2003. The Naismith Memorial Basketball Hall of Fame recognized him in 2009 as a new inductee. Currently, he is the owner and chairman of the NBA's Charlotte Hornets.

In the context of the passage, recognized means _____.

(a) valued (b) proved (c) welcomed (d) described

정답 1 (a) 2 (c) 3 (a) 4 (d) 5 (c)　해석 372P

지텔프 추가학습 단어

☐ idolize	동 숭배하다, 우상화하다	
☐ illness	명 병, 질병, 질환	
☐ impart	동 주다, 전하다	
☐ literature	명 문학	
☐ memorial	명 기념비 형 기념하기 위한, 추모의	
☐ mixed	형 뒤섞인, (의견 등이) 상반된, 엇갈리는	
☐ notorious	형 악명 높은	
☐ obscure	형 애매한, 모호한; 무명인, 잘 알려져 있지 않은	
☐ offspring	명 자손, (동물의) 새끼	
☐ orphan	동 고아로 만들다 명 고아	
☐ pass away	동 사망하다	
☐ preliminary	형 예비의, 준비의; 예선의 명 예비 단계; 예선전	
☐ race	명 경주, 경쟁; 인종, 민족	
☐ sentence	명 문장; 형벌, 선고 동 선고하다	
☐ sequel	명 속편	
☐ servant	명 하인, 종; 종업원	
☐ setback	명 방해, 차질, 좌절	
☐ settle	동 해결하다, 결정하다; 정착하다	
☐ sibling	명 형제자매	
☐ significantly	부 상당히, 크게, 중요하게	
☐ simultaneously	부 동시에	
☐ solely	부 오로지, 단독으로	
☐ stroke	명 뇌졸중	
☐ thwart	동 좌절시키다	
☐ twist	동 비틀다 명 비틀기, 반전	
☐ unconventional	형 인습에 얽매이지 않는, 틀에 박히지 않은	
☐ unnoticed	형 눈에 띄지 않는, 주목 받지 못하는	
☐ well-known	형 잘 알려진, 유명한	
☐ well-received	형 평가가 좋은, 호평을 받은	
☐ writing	명 글(쓰기), 집필; 저작물	

의사소통

| 표제어와 뜻을 음원으로 듣기 |

PREVIEW

- acknowledge
- advertise
- advocate
- anonymous
- apparent
- aspect
- assert
- broadcast
- comment
- commercial
- communicate
- conceal
- consistent
- consult
- contact
- contrary
- convey
- cover
- debate
- deem
- demonstrate
- editorial
- emphasize
- endorse
- ensure
- exaggerate
- external
- fluent
- formulate
- ignore
- impress
- informed
- interact
- interpret
- mass
- mean
- mention
- neglect
- objective
- obvious
- opinion
- oppose
- perceive
- perspective
- persuade
- poll
- post
- precise
- press
- private
- procedure
- public
- reconcile
- remark
- screen
- significant
- solicit
- subscribe
- transmit
- urge

01
acknowledge
[æknɑ́lidʒ]

acknowledgement 명 인정

동 인정하다, 인지하다 = accept, admit

He **acknowledged** that he made a mistake and apologized.
그는 실수를 인정하고 사과했다.

단어 학습 꿀팁
acknowledge + -ing ~한 것을 인정하다 문법-준동사
→ 목적어 자리에 동명사를 사용한다.

02
advertise
[ǽdvərtaɪz]

advertisement 명 (주로 온라인·신문·지면 상의) 광고
advertising 명 광고(업)

동 광고하다, 홍보하다 = publicize, promote

Companies **advertise** their products on television to reach a large number of people.
회사들은 매우 많은 사람들에게 도달하기 위해 텔레비전에 그들의 제품을 광고한다.

03
advocate
[ǽdvəkèit]

They are **advocating** more government restrictions on gun possession.
그들은 총기 소지에 대한 더 강한 정부의 규제를 옹호하고 있다.

동 옹호하다, 지지하다 = support   명 옹호, 지지

단어 학습 꿀팁
advocate + -ing ~하는 것에 지지하다 문법-준동사
→ 목적어 자리에 동명사를 사용한다.

04
anonymous
[ənɑ́nəməs]

anonymity 명 익명성
anonymously 부 익명으로

형 익명의 = unknown, unnamed

The source requested to remain **anonymous** to protect their identity.
정보원은 자신의 신분을 보호하기 위해 익명으로 남기를 요구했다.

05
apparent
[əpǽrənt]

apparently 부 듣자 하니, 보아 하니, 보다시피

형 분명한, 명백한 = clear, obvious

It was **apparent** to everyone in the room that the candidate did not have the necessary qualifications for the job.
그 지원자가 이 일에 맞는 필수적인 자질을 갖추지 못했다는 것이 이 방의 모든 사람들에게 명백했다.

06
aspect
[ǽspekt]

몡 양상, 관점 ≡ feature

In the **aspect** of communication, nonverbal factors are more powerful than words.
의사소통의 관점에서, 비언어적 요소들이 언어보다 더 효과적이다.

07
assert
[əsə́ːrt]

assertion 몡 주장
assertive 혱 확신에 찬

동 주장하다 ≡ argue, insist

The administration **asserted** that the regulation is essential to protect retirees from inappropriate high-fee investments.
행정부는 부적절한 고액 투자로부터 퇴직자들을 보호하기 위해 그 규정이 필요하다고 주장했다.

08
broadcast
[brɔ́ːdkæst]

broadcaster 몡 방송인, 방송사, 방송국

동 방송하다 ≡ air, show, circulate   몡 방송 ≡ program

Video game enthusiasts are currently **broadcasting** their gameplay to many platforms thanks to the growing popularity of streaming.
비디오 게임 애호가들은 스트리밍의 커지는 인기 덕분에 그들의 게임플레이를 현재 많은 플랫폼에 방송하고 있다.

09
comment
[kάment]

commentator 몡 해설자

몡 의견, 발언 ≡ opinion   동 의견을 말하다 ≡ state

No further **comments** were made by the press secretary.
대변인은 더 이상의 발언을 하지 않았다.

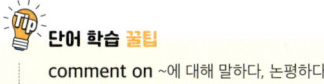

단어 학습 꿀팁

comment on ~에 대해 말하다, 논평하다

10
commercial
[kəmə́ːrʃl]

commerce 몡 무역, 상업
commercialize 동 상업화하다

혱 상업의, 상업적인   몡 (라디오·TV의) 광고, 광고 방송 ≡ advertisement

A **commercial** must be able to grab the attention of its audience and then effectively communicate its message.
광고는 청중의 관심을 끌 수 있어야 하고 광고의 메시지를 효과적으로 전달할 수 있어야 한다.

11
communicate
[kəmjúːnəkèit]

communication 명 의사소통

 연락을 주고받다, 의사소통을 하다 🟰 contact

After falling in love with his writing, Monica wanted desperately to **communicate** with Matthew.
매튜의 글과 사랑에 빠진 모니카는 그와 연락을 주고 받기를 간절히 원했다.

> 단어 학습 꿀팁
> communicate with ~와 소통하다

12
conceal
[kənsíːl]

concealment 명 은폐

동 감추다, 숨기다 🟰 cover, hide

He could barely **conceal** his disappointment in front of the camera.
그는 카메라 앞에서 실망감을 거의 감추지 못했다.

13
consistent
[kənsístənt]

consistency 명 일관성
consistently 부 일관되게, 지속적으로

 일관된, 일치하는 🟰 constant, steady

The newspaper published **consistent** criticism of the new government.
그 신문은 새 정부에 대한 일관된 비판을 게재했다.

> 단어 학습 꿀팁
> consistent with ~와 일치하는

14
consult
[kənsʌ́lt]

consultant 명 자문가

동 1. 상담하다, 상의하다 🟰 ask, discuss
　　2. 찾아보다, 참고하다 🟰 refer to

You must **consult** your doctor or pharmacist before taking any medication.
약을 복용하기 전에는 당신의 주치의나 약사와 상의해야 한다.

If you are unsure how to properly use the dishwasher, please **consult** the instructions.
식기세척기 사용법을 잘 모르시다면, 설명서를 참고하시기 바랍니다.

> 단어 학습 꿀팁
> consult with ~와 상의하다

15
contact
[kɑ́ntækt]

명 연락, 접촉 ⊜ communication, connection
동 연락하다 ⊜ reach, call

I had lost **contact** with my old friends when they went to live abroad, but I started communicating with them again through social media.
내 오랜 친구들이 해외로 떠나 살면서 그들과 연락이 끊겼었지만, SNS를 통해 그들과 다시 연락하기 시작했다.

Please **contact** me as soon as possible to discuss the situation.
그 상황에 대해 논의하기 위해 가능한 한 빨리 연락주시기 바랍니다.

단어 학습 꿀팁
be in contact with = get in touch with ~와 연락하다

16
contrary
[kɑ́ntreri]

contrast 명 대조
contrarily 부 반대로, 이에 반하여

형 반대되는 ⊜ opposite

Contrary to popular belief, coffee should not be stored in a refrigerator.
일반적으로 알려진 것과 반대로, 커피는 냉장고에 보관하면 안 된다.

단어 학습 꿀팁
contrary to ~에 반하여
on the contrary 그와는 반대로

17
convey
[kənvéi]

동 전달하다, 나르다, 운송하다 ⊜ communicate, carry

What I like about his photographs is that they always **convey** the feeling of joy and hope.
내가 그의 사진들을 좋아하는 점은 그것들이 항상 기쁨과 희망찬 감정을 전달한다는 것이다.

18
cover
[kʌ́vər]

coverage 명 보상 범위; 보도
covering 명 덮개, 뚜껑

동 1. 덮다, 가리다 2. 취재하다, 다루다 ⊜ report
명 1. 덮개 2. (책 또는 잡지의) 표지

The top of Mount Fuji is **covered** with snow.
후지산의 정상은 눈으로 덮여 있다.

The reporter went to the scene to **cover** the story.
리포터는 사건을 취재하기 위해 현장에 갔다.

He'll be on the **cover** of next month's magazine.
그는 다음 달 잡지의 표지에 나올 것이다.

19
debate

[dibéit]

debatable ⑱ 논란의 여지가 있는
debater ⑲ 토론자

- ⑲ 토론 ≒ discussion, argument
- ⑧ 토론하다 ≒ discuss

Two groups of students were having a heated **debate** on human cloning yesterday and it impressed the audience.
어제 두 그룹의 학생들 간에 인간복제에 대한 열띤 토론이 있었고 이는 청중들에게 깊은 인상을 남겼다.

20
deem

[di:m]

- ⑧ 여기다, 생각하다 ≒ consider

Even though she is in her early 20s, Gwen is **deemed** to be one of the best American speechwriters.
그웬은 20대 초반이긴 하지만, 미국 최고의 연설문 작성자 중 한 명으로 여겨진다.

21
demonstrate

[démənstrèit]

demonstration ⑲ 입증, 설명, 전시; 시위
demonstrative ⑱ 강하게 드러내는, 논증적인

- ⑧ 1. 입증하다, 설명하다, 시연하다 ≒ prove, describe
- 2. 시위하다 ≒ protest

The data **demonstrates** that the average person is getting taller.
그 자료는 평균적인 사람들이 키가 더 커지고 있다는 것을 입증한다.

Hundreds of students **demonstrated** against the involvement in the war.
수백 명의 학생들이 참전에 반대하는 시위를 했다.

22
editorial

[èdətɔ́:riəl]

edit ⑧ 편집하다
editor ⑲ 편집자

- ⑱ 편집의   ⑲ 사설, 논평 ≒ opinion

The paper made an **editorial** choice to not include photos of the incident.
신문은 사건의 사진은 포함하지 않기로 편집상의 결정을 했다.

23
emphasize

[émfəsàiz]

emphasis ⑲ 강조

- ⑧ 강조하다 ≒ highlight

He criticized how modern media tend to **emphasize** violence and tragedy.
그는 현대 대중매체가 폭력과 비극을 강조하는 경향이 있다고 비판했다.

24
endorse
[indɔ́ːrs]

동 지지하다 ⊜ back, support, advocate

The former president did not **endorse** any candidate in the recent presidential race.
전 대통령은 최근의 대선에서 어떠한 후보도 지지하지 않았다.

25
ensure
[inʃúər]

sure 형 확신하는

동 보장하다 ⊜ guarantee, make sure

The factory where a horrible accident occurred last week is now taking steps to **ensure** safety for workers.
지난 주에 끔찍한 사고가 발생한 공장은 노동자들의 안전을 보장하기 위해 현재 조치를 취하고 있다.

26
exaggerate
[igzǽdʒərèit]

exaggeration 명 과장

동 과장하다 ⊜ amplify

Gossip magazines tend to **exaggerate** celebrity stories.
가십지들은 유명인 소식을 과장하는 경향이 있다.

27
external
[ikstə́ːrnl]

형 외부의, 밖의 ⊜ outside

She is trying to get to the bottom of a story and turns to **external** sources to get information.
그녀는 이야기의 진상을 파악하려고 노력하고 있으며 정보를 얻기 위해 외부 정보원들에 의존한다.

DAY 06

28
fluent
[flúːənt]

fluency 명 유창성, 능숙도

형 유창한, 능통한

We are looking for employees who are **fluent** in Chinese.
우리는 중국어에 능통한 직원을 찾고 있다.

29
formulate
[fɔ́ːrmjuleit]

동 1. 고안해 내다 ⊜ devise, plan
2. (명확하게) 표현하다, 나타내다 ⊜ express, specify

The author sat down with the star football player to **formulate** ideas for the autobiography.
그 작가는 스타 축구선수와 앉아서 자서전에 대한 생각을 고안해 냈다.

30
ignore

[ignɔ́ːr]

ignorance 명 무식
ignorant 형 무지한

동 무시하다 ⊜ neglect, disregard

The customers were angry because their complaints had been **ignored**.
고객들은 자신들의 항의가 무시되어서 화가 났다.

31
impress

[imprés]

impression 명 인상, 감명
impressive 형 인상적인
impressed 형 감명을 받은

동 인상을 남기다, 감명을 주다 ⊜ inspire, move

The performance of the young actors **impressed** the audience.
어린 배우들의 연기가 관객들에게 감명을 주었다.

 단어 학습 꿀팁
be impressed by/with ~에 감명을 받다

32
informed

[infɔ́ːrmd]

inform 동 알리다
informative 형 유익한
information 명 정보

형 많이 아는, 박식한, 정보에 근거한 ⊜ knowledgeable, up-to-date, learned

After reading multiple articles on the topic, Emily felt **informed** enough to have a discussion with her friends about the current political situation in their country.
이 주제에 대한 여러 기사를 읽은 후, 에밀리는 친구들과 그들의 나라의 현재 정치 상황에 대해 토론할 수 있을 만큼 충분히 잘 안다고 느꼈다.

 단어 학습 꿀팁
make an informed decision 정보에 기반한(= 현명한) 결정을 하다

33
interact

[íntərækt]

interaction 명 상호 작용, 소통, 교류
interactive 형 상호적인, 서로 작용하는

동 상호 작용하다, 소통하다, 교류하다 ⊜ communicate, engage, connect

Chris has only been working in the marketing team for one month but it seems like he **interacts** pretty well with his coworkers already.
크리스는 홍보팀에서 한 달 밖에 일하지 않았지만, 벌써 동료들과 꽤 잘 지내는 것 같다.

 단어 학습 꿀팁
interact with ~와 소통하다, 교류하다

34 interpret

[intə́:rprit]

interpretation 명 해석
interpreter 명 통역사

동 1. 이해하다 ≒ understand   2. 해석하다 ≒ translate

There are some clues on how to **interpret** the body language of cats.
고양이들의 몸짓 언어를 해석하는 방법에 몇 가지 힌트가 있다.

35 mass

[mæs]

massive 형 거대한

형 대중의, 대량의   명 대중, 무리 ≒ public

Pop music should appeal to the **mass** audience.
팝음악은 대중에게 매력적이어야 한다.

 단어 학습 꿀팁

mass media 대중 매체

36 mean

[mi:n]

meaning 명 의미

명 1. (-s) 방법, 수단 ≒ method, way   2. (-s) 재력 ≒ wealth
동 의미하다 ≒ indicate
형 못되게 구는 ≒ nasty, unpleasant

97% of 18- to 29-year-olds in the United States use texting as a **means** of communication.
미국의 18세에서 29세 사이의 97%가 의사소통의 수단으로 문자메시지를 사용한다.

Obesity has been linked to lower grades in school, **meaning** that obese students may have difficulty succeeding in school.
비만은 학교에서의 낮은 성적과 연관되어 왔으며, 이는 비만 학생들이 학교에서 성공하는데 어려움을 겪을 수 있다는 것을 의미한다.

 단어 학습 꿀팁

by means of ~에 의하여, ~의 도움으로
by all means 그럼요, 물론이죠, 되고말고요
by no means 결코 ~이 아닌
means of transportation 교통수단

37
mention

[ménʃən]

동 언급하다 ⊜ remark, refer to   명 언급 ⊜ reference

He was surprised when she **mentioned** his name during the speech.
연설 도중에 그녀가 이름을 언급하자 그는 놀랐다.

 단어 학습 꿀팁

mention + -ing ~한 것을 언급하다 [문법·준동사]
→ 목적어 자리에 동명사를 사용한다.
not to mention ~는 말할 것도 없고(물론이고)

38
neglect

[niglékt]

neglectful 형 태만한
negligence 명 부주의

동 1. 무시하다, 소홀히 하다 ⊜ disregard, ignore, overlook
   2. ~하지 않다, 잊어버리다 ⊜ forget
명 방치, 소홀 ⊜ inattention

She was accused of **neglecting** her children when the accident occurred.
사고가 발생했을 때 그녀는 아이들을 방치했다는 이유로 비난받았다.

39
objective

[əbdʒéktiv]

objectivity 명 객관성

형 객관적인 ⊜ impartial, neutral   명 목적 ⊜ aim

Some journalists prefer to be more critical and engaged rather than to be **objective**.
어떤 기자들은 객관적이기 보다는 더 비판적이고 참여적이기를 선호한다.

The **objective** of the documentary is to raise awareness on cyberbullying.
다큐멘터리의 목적은 온라인 폭력에 대한 인식을 높이는데 있다.

40
obvious

[ábviəs]

obviously 부 명백히

형 명백한, 분명한, 뻔한 ⊜ apparent

Critics agree that the final plot twist was too **obvious**.
평론가들은 마지막 반전이 너무 뻔했다고 입을 모았다.

 단어 학습 꿀팁

It is obvious that절 ~라는 것이 명백하다

41
opinion

[əpínjən]

opinionated 형 의견을 고집하는

명 의견, 견해 = view

Joining us now on the telephone is Senator Sanders with his **opinion** on the issue.
이제 샌더스 의원과 전화로 연결하여 의견을 들어보도록 하겠습니다.

💡 단어 학습 꿀팁
in my opinion 제 생각에는

42
oppose

[əpóuz]

opposition 명 반대
opposite 형 반대의

동 반대하다 = disagree

The survey shows that the people in London's technology sector highly **opposed** Britain exiting the EU.
여론 조사에 따르면, 런던의 기술 분야에 종사하는 사람들은 영국의 유럽 연합 탈퇴를 강하게 반대했던 걸로 나타났다.

💡 단어 학습 꿀팁
be opposed to ~에 반대하다

43
perceive

[pərsíːv]

perception 명 인식

동 인지하다, 알아채다 = notice, identify

Germany is **perceived** as a country that has a major economic power in Europe.
독일은 유럽에서 가장 강력한 경제력을 가진 나라로 인식되고 있다.

44
perspective

[pərspéktiv]

명 관점, 견해 = outlook, view

Everyone has a different **perspective** on beauty but I think inner beauty is more important than outer beauty.
모든 사람은 아름다움에 대한 다른 시각을 가지고 있지만 나는 외면보다 내면의 아름다움이 더 중요하다고 생각한다.

45
persuade
[pərswéid]

persuasion 명 설득
persuasive 형 설득하는

- 동 설득하다 ≡ induce, convince

A good salesman **persuades** his customers to buy things they don't really need.
우수한 판매원은 고객들이 꼭 필요하지 않은 물건도 사도록 설득한다.

단어 학습 꿀팁
persuade A to V A가 ~하도록 설득하다

46
poll
[poul]

- 명 1. 여론조사 ≡ survey 2. 투표, 선거 ≡ election, vote
- 동 여론조사를 하다, 투표하다 ≡ ballot

A new **poll** by the news indicates that the president's approval rating is at 40 percent.
뉴스가 진행한 새 여론조사에 의하면 대통령의 지지도는 40 퍼센트이다.

47
post
[poust]

poster 명 포스터

- 동 게시하다 ≡ put up
- 명 게시물, 우편 ≡ notice, mail

He **posted** an advertisement online.
그는 인터넷에 광고를 게시했다.

48
precise
[prisáis]

precisely 부 정확하게
precision 명 정확성

- 형 정확한 ≡ accurate, exact

The newscaster is known for his **precise** pronunciation.
그 뉴스 진행자는 정확한 발음으로 유명하다.

49
press
[pres]

pressure 명 압박, 압력

- 명 언론 ≡ media
- 동 누르다, 압박하다 ≡ push

The local scandal also caught the attention of foreign **press**.
국내 스캔들은 해외 언론의 주목도 사로잡았다.

The reporter **pressed** the politician for answers.
리포터는 대답을 얻기 위해 정치인을 압박했다.

단어 학습 꿀팁
press conference 기자 회견

50
private

[práivət]

privacy 명 사생활

 형 사적인, 개인 소유의, 민간의 ⊜ personal, exclusive

The paparazzi tend to invade the **private** lives of celebrities.
파파라치들은 유명인의 사생활을 침범하는 경향이 있다.

> 💡 단어 학습 꿀팁
> private land 사유지
> private school 사립학교

51
procedure

[prəsí:dʒər]

proceed 동 진행하다

형 절차, 진행, 순서

The doctor calmly explained the surgery **procedure** to the patient's family members who were worrying too much about him.
의사는 환자에 대해서 너무 많이 걱정하고 있는 가족들에게 수술 절차에 대해 차분하게 설명했다.

52
public

[pʌblik]

publicly 부 공개적으로
publicity 명 홍보
publicize 동 알리다, 홍보하다

 형 대중의, 공공의 ⊜ popular, common, general
명 대중, 일반 사람들

The news website created an online survey to gather **public** opinion.
뉴스 웹사이트는 여론을 수집하기 위해 온라인 설문조사를 만들었다.

It is important that communication channels be open to the **public** so that people can easily access information.
사람들이 정보에 쉽게 접근할 수 있도록 소통채널이 대중에게 개방되는 것이 중요하다.

> 💡 단어 학습 꿀팁
> public property 공공 재산

53
reconcile

[rékənsaɪl]

reconciliation 명 조정, 조화, 화해

 동 1. 조화시키다 2. 화해시키다 ⊜ settle

After a long discussion, they were able to **reconcile** their differences.
긴 논의 끝에, 그들은 그들의 차이를 조화시킬 수 있었다.

> 💡 단어 학습 꿀팁
> reconcile A with B A를 B와 조화시키다, 화해시키다

54
remark
[rɪmáːrk]

- 명 발언, 언급 = word, opinion
- 동 발언하다, 언급하다 = comment, mention

The teacher's **remark** about my essay was very helpful.
내 에세이에 대한 그 선생님의 의견은 매우 도움이 되었다.

Mary was going to **remark** on the new painting in the hallway, but she realized it was a copy of the original.
메리는 복도에 있는 새로운 그림에 대해 언급하려고 했지만, 그녀는 그것이 원본의 복제품이었음을 깨달았다.

 단어 학습 꿀팁

closing remarks 맺음말

55
screen
[skriːn]

screening 명 상영

- 동 1. 상영하다 = broadcast, show
  2. 심사하다, 선별하다 = evaluate, filter, scan
- 명 스크린, 화면

That movie theater only **screens** arthouse films.
그 상영관은 예술 영화만 상영한다.

56
significant
[sɪɡnífɪkənt]

significantly 부 상당히

- 형 1. 중요한 = important, critical 2. 상당한 = considerable

The most **significant** event in my life was when I graduated from college.
나의 인생에서 가장 중요한 사건은 내가 대학교를 졸업했을 때였다.

The **significant** increase in sales can be attributed to the new marketing campaign.
매출의 상당한 증가는 새로운 마케팅 캠페인 덕분일 수 있다.

57
solicit
[səlísɪt]

solicitation 명 간청, 요청

- 동 간청하다, 요청하다 = plead, ask, urge

He persuaded his friends and acquaintances to **solicit** donations for the local animal shelter.
그는 그의 친구들과 지인들을 설득해서 지역 동물 보호소를 위한 기부를 요청했다.

58
subscribe

[səbskráib]

subscription 명 구독
subscriber 명 구독자

동 구독하다, 가입하다 = donate, support

I have **subscribed** to The New York Times for more than 10 years.
나는 10년이 넘도록 뉴욕 타임즈를 구독해왔다.

59
transmit

[trænsmít]

transmission 명 전파, 전송

동 전송하다, 송신하다 = communicate, broadcast, convey

Live footage of the police chase was **transmitted** via satellite.
경찰 추격 영상이 위성을 통해 생방송으로 전송되었다.

60
urge

[ɜːrdʒ]

동 촉구하다, 권고하다 = advise, recommend, force

Shareholders have **urged** the company to spend more on research and development.
주주들이 그 회사에게 연구 개발에 돈을 더 쓰라고 촉구했다.

단어 학습 꿀팁

urge + A + to V A가 ~하도록 촉구하나, 권고하다 `문법·준동사`
→ 목적어 뒤 목적격 보어 자리에 to부정사를 사용한다.

urge + that + 주어 + (should) 동사원형
~해야 한다고 촉구하다 `문법·조동사 should 생략`
→ 주장·요구·제안을 나타내는 동사 urge 뒤에 that절이 오면 that절의 동사는 should가 생략된 동사원형을 사용한다.

DAY 06 VOCABULARY TEST

Q 주어진 단어에 맞는 뜻을 찾아 서로 연결하세요.

01 conceal • • (a) 입증하다
02 demonstrate • • (b) 상당한
03 consistent • • (c) 측면
04 aspect • • (d) 숨기다
05 significant • • (e) 일관적인

Q 밑줄 친 단어의 유의어로 가장 적절한 보기를 고르세요.

06 As a tech-savvy person, Jenny always stays <u>informed</u> about the latest technology.
   (a) excellent   (b) knowledgeable   (c) notified   (d) consistent

07 An <u>anonymous</u> source reported that the company is going bankrupt.
   (a) unknown   (b) external   (c) uneasy   (d) excellent

08 My child <u>neglects</u> his homework often to play video games.
   (a) reconciles   (b) remarks   (c) ignores   (d) conceals

09 My father tried hard to <u>persuade</u> me to eat vegetables but I rejected all.
   (a) force   (b) exaggerate   (c) convince   (d) allow

10 A <u>significant</u> increase was found in the number of people who voted
   (a) timely   (b) fluent   (c) precise   (d) considerable

정답 1 (d) 2 (a) 3 (e) 4 (c) 5 (b) 6 (b) 7 (a) 8 (c) 9 (c) 10 (d) **해석** 373P

지텔프 추가학습 단어

☐ allegedly	부	들리는 바에 의하면
☐ cognitive	형	인지의
☐ column	명	칼럼, 기고문; 기둥, 세로단
☐ compelling	형	강렬한, 마음을 끄는
☐ concise	형	간결한
☐ credible	형	믿을 수 있는
☐ edition	명	(간행물 등의) 판, 호
☐ eloquence	명	웅변, 달변
☐ gesture	명 몸짓, 표현	동 손짓하다
☐ groundbreaking	형	획기적인
☐ headline	명 표제, 주요 뉴스	동 표제를 붙이다
☐ in-depth	형	면밀한, 상세한, 심층의
☐ justify	동	정당화하다
☐ leak	명 누설, 유출	동 누설하다, 유출하다
☐ majority	명	(대)다수
☐ manuscript	명	원고
☐ mind-blowing	형	놀라운
☐ oratorical	형	연설의
☐ outlet	명	콘센트; 배출구, 표현 수단; 직판점
☐ quote	동	인용하다
☐ sensitive	형	민감한
☐ shortsighted	형	근시안적인
☐ skim over	동	대강 훑어보다
☐ spotlight	명 스포트라이트, 각광	동 세간의 이목을 집중시키다, 집중 조명하다
☐ statement	명	진술, 성명서
☐ summary	명 요약	형 간략한
☐ timely	형	시기적절한
☐ unbiased	형	편향되지 않은, 편견이 없는
☐ uncover	동	(비밀 등을) 알아내다, 폭로하다
☐ volume	명	용량, 양; 음량; (책의) 권

DAY 06

DAY 07

금융

표제어와 뜻을 음원으로 듣기

PREVIEW

account	exceed	monetary
accurate	exchange	numerous
allocate	expense	output
amount	export	prosper
approximate	extend	recession
asset	fee	reduce
average	finance	rise
balance	fund	shrink
bankrupt	generate	stable
bill	income	strategy
borrow	increase	structure
budget	inflate	sum
calculate	input	surplus
capital	invest	suspend
deal	invoice	tax
debt	lessen	trade
decrease	liable	transact
deposit	loan	wealth
distribute	materialize	withdraw
due	minimize	yield

01
account

[əkáunt]

accountable 형 책임이 있는

명 예금, 계좌
동 (이유를) 설명하다, (부분·비율을) 차지하다 = explain, contribute

Any losses incurred in your **account** will be fully refunded in three working days.
귀하의 계좌에 발생한 손실 금액은 3영업일 내에 환급될 것입니다.

We have to **account** for every expense we make on business trips.
우리는 출장에서 사용한 모든 비용에 대해 보고를 해야 한다.

 단어 학습 꿀팁
account for ~을 설명하다, (부분·비율을) 차지하다

02
accurate

[ǽkjurət]

accurately 부 정확하게
accuracy 명 정확도

형 정확한 = correct, exact, precise

The most **accurate** way to predict future stock prices is by analyzing past trends.
미래의 주가를 예측하는 가장 정확한 방법은 과거의 추세를 분석하는 것이다.

03
allocate

[ǽləkèit]

allocation 명 할당

동 할당하다, 배분하다 = assign, distribute

A large portion of the budget has been **allocated** to the project.
그 프로젝트에 큰 자금이 할당되었다.

 단어 학습 꿀팁
allocate A to B A를 B에 할당하다

04
amount

[əmáunt]

동 총계가 ~에 이르다
명 총액, 양 = sum

The losses of the company due to a system outage **amounted** to two million dollars.
시스템 중단으로 인한 회사의 손실이 이백만 달러에 이르렀다.

05
approximate
[əpráksəmət]

approximately 분 약, 대략

형 대략의, 근사한 ⊜ rough
동 어림잡다

The **approximate** time of sunrise for today was 6 a.m.
오늘 대략적인 일출 시간은 오전 6시였다.

The total production cost for this project will **approximate** USD 200 million.
이 프로젝트의 총 제조원가는 미화 2억 달러 정도가 될 것이다.

 단어 학습 꿀팁

approximate value 근사치

06
asset
[ǽset]

명 1. 자산, 재산 ⊜ fortune, property
　　2. 자산(이 되는 사람) ⊜ benefit, aid

Rachel doesn't want to have a job because she inherited plenty of **assets** from her parents.
레이첼은 부모님으로부터 많은 재산을 상속받아서 직장을 구하고 싶어 하지 않는다.

Ava was a valuable **asset** to the company because of her experience and qualifications.
아바는 그녀의 경험과 자질 때문에 회사에 귀중한 자산이었다.

 단어 학습 꿀팁

A be a great/valuable asset to
A(사람)가 ~(회사 또는 기관)에 훌륭한/귀중한 자산이 되다

07
average
[ǽvəridʒ]

형 평균의, 보통의 ⊜ common
명 평균

The **average** person in the United States spends about $1,500 on housing every year.
미국의 평균적인 사람들은 매년 주택 구입에 약 1,500달러를 쓴다.

According to the **average** of the data collected, the prices of the products have increased significantly in the past year.
수집된 데이터의 평균을 보면, 지난 1년 동안 제품 가격이 크게 올랐습니다.

 단어 학습 꿀팁

average cost 평균 비용
above/below average 평균 이상/이하

DAY 07

08
balance
[bǽləns]

- 명 1. 나머지, 잔액, 잔금 = remainder, rest
- 2. 균형 = stability, equilibrium
- 동 균형 잡다 = stabilize

You can check your account **balance** online.
귀하의 잔고를 온라인으로 확인하실 수 있습니다.

The boy was not able to keep his **balance** on his skateboard.
소년은 스케이트보드 위에서 균형을 잡을 수가 없었다.

09
bankrupt
[bǽŋkrʌpt]

bankruptcy 명 파산

- 형 파산한 = insolvent, broke
- 명 파산자

The firm ended up going **bankrupt** because of bad management.
그 회사는 좋지 못한 경영으로 결국 파산하게 되었다.

단어 학습 꿀팁

go bankrupt 파산하다

10
bill
[bil]

- 명 1. 계산서, 청구서 = check 2. 법안 = act

I didn't have to pay rent, water, and electric **bills** before I moved out of my parents' house.
나는 부모님 집에서 나오기 전까지 집세, 수도세, 전기세를 낼 필요가 없었다.

The new **bill** was passed by the Congress after three failures.
새로운 법안이 3차례의 실패 후에 국회에서 통과되었다.

11
borrow
[bárou]

- 동 빌리다 = rent

The small business owner **borrowed** sizable amounts of money and fled to a foreign country.
중소기업 사장은 막대한 돈을 빌리고 해외로 도피했다.

12 budget

[bʌdʒit]

budgetary 형 예산의

명 예산, 비용
동 예산을 세우다 = allocate

All expenses relating to the new project are included in the **budget**.
새 프로젝트와 관련된 모든 비용이 예산에 포함되어 있다.

The government **budgeted** for the project at about 100 million dollars and faced with public objection.
정부는 그 프로젝트에는 1억 달러의 예산을 책정했고 국민의 반발에 직면했다.

> 단어 학습 꿀팁
>
> tight budget 빠듯한 예산
> budget cut/constraint 예산 삭감/제약

13 calculate

[kǽlkjulèit]

calculation 명 계산, 추정

동 1. 계산하다 = compute, figure   2. 추정하다 = estimate

A salary **calculator** helps you calculate your net salary and income tax.
급여 계산기는 순소득과 소득세를 계산하는 데 도움을 준다.

The observed air pollution in China is **calculated** to contribute to 1.6 million deaths per year.
중국에서의 관찰된 공기 오염은 매해 160만 명의 죽음을 초래하는 것으로 추정된다.

14 capital

[kǽpətl]

capitalism 명 자본주의

명 1. 자본 = fund   2. 수도   3. 대문자

The CEO adopted new measures to prevent **capital** outflow.
최고 경영자는 자금 유출을 막기 위한 새로운 방법을 채택했다.

Seoul, the **capital** of South Korea, is one of the safest cities for travelers in Asia.
대한민국의 수도인 서울은 아시아에서 여행자들이 여행하기 가장 안전한 도시들 중 하나이다.

A sentence must begin with a **capital** letter.
문장은 대문자로 시작해야 한다.

15 deal
[diːl]

dealer 명 거래인

명 거래, 합의 = arrangement, agreement, transaction
동 1. 거래하다, 취급하다 = transact
2. 처리하다, 다루다, 대처하다 = handle, manage

We finally struck a **deal** with the foreign government.
외국 정부와 드디어 거래를 성사했다.

In order to **deal** with the high unemployment rate, the government has implemented a series of policies.
높은 실업률에 대처하기 위해, 일련의 정책을 시행했다.

 단어 학습 꿀팁
deal with (문제 등을) 처리하다, 다루다, 대처하다, (사람을) 대하다

16 debt
[det]

명 빚, 부채 = arrears, due, liability

Some economists say that the interference of the IMF on Italy resulted in very large international **debts.**
일부 경제학자들은 IMF의 개입이 이탈리아에 막대한 양의 외채를 남겼다고 말한다.

17 decrease
[dikríːs]

동 줄어들다, 감소하다 = decline, lessen
명 감소

Due to a slowing demand, the oil prices **decreased** sharply compared to last month.
수요의 둔화로 기름 가격이 지난 달과 비교하여 급락하였다.

18 deposit
[dipázit]

depositary 명 수탁자, 보관소
형 보관의

명 보증금, 예치금 = security
동 예금하다, 입금하다, 맡기다 = bank, store, save

A **deposit** is usually required when renting an apartment.
일반적으로 아파트를 임차할 때 보증금을 내야 한다.

 단어 학습 꿀팁
make a deposit 예금하다, 보증금을 치르다

19
distribute

[distríbjuːt]

distribution 명 분배

동 분배하다 유 spread, dispense

They advocate a system that **distributes** wealth fairly.
그들은 부를 공정하게 분배하는 시스템을 지지한다.

20
due

[djuː]

형 1. 지급 기일이 된, 만기가 된 유 owed
2. ~할 예정인 유 scheduled

According to a recent report, there is approximately $1.5 trillion in student loan debt **due** in the United States.
최근 보고서에 따르면, 미국에서 갚아야 할 학자금 대출 부채로 약 1조 5천억 달러가 있다.

The restaurant is **due** to open in summer.
이 레스토랑은 여름에 개업할 예정이다.

 단어 학습 꿀팁
due date 만기일
due to ~때문에 (= because of)

21
exceed

[iksíːd]

excess 명 초과
excessive 형 지나친

동 초과하다, 넘어서다 유 surpass

The cost that the school had to pay **exceeded** the budget.
그 학교가 지불해야 하는 비용이 예산을 초과했다.

22
exchange

[ikstʃéindʒ]

동 교환하다 유 trade, swap
명 교환 유 trade, commerce, transaction

You can **exchange** your dollars for euros at the airport.
당신은 공항에서 달러를 유로로 바꿀 수 있습니다.

 단어 학습 꿀팁
exchange rate 환율
exchange program 교환학생 프로그램

DAY 07

23
expense
[ikspéns]

expend 동 쓰다
expensive 형 비싼

명 비용, 지출 = cost

Please keep in mind that some **expenses** are not included in the budget.
일부 비용은 예산에 포함되지 않았음을 유의하시기 바랍니다.

> 💡 단어 학습 꿀팁
> at the expense of ~을 희생하여
> travel expenses 출장비

24
export
[ékspɔːrt]

exportation 명 수출

동 수출하다 = ship, sell
명 수출, 수출품

The U.S. mostly **exports** electronics and machinery.
미국은 주로 전자 제품과 기계를 수출한다.

25
extend
[iksténd]

extension 명 확대, 연장

동 (거리 또는 기간을) 늘리다, 연장하다 = expand

Daniel tried to **extend** his visa for another year but was refused by the embassy.
다니엘은 비자를 1년 연장하려고 했지만 대사관에 의해 거절당했다.

26
fee
[fiː]

명 요금 = fare

Payments via Paypal will be charged an additional **fee** of USD $1.00.
페이팔을 통해 지불하시면 1달러 추가 요금이 부과된다.

> 💡 단어 학습 꿀팁
> admission fee = entrance fee 입장료
> registration fee = tuition fee 등록금

27
finance
[fáinæns]

financial 형 금융의

명 금융, 재무, 자금 = fund, capital
동 자금을 제공하다 = fund, capitalize, provide

The **finance** for the welfare of society comes from the taxpayers themselves.
사회 복지를 위한 자금은 납세자로부터 나온다.

28
fund
[fʌnd]

funding 명 자금 제공, 재정 지원
fundraiser 명 모금 행사

명 기금, 돈 ⊜ finance, capital
동 자금을 공급하다, (기금으로) 적립하다 ⊜ finance, capitalize

The organization started raising **funds** to support building schools in Africa.
이 단체는 아프리카에 학교 설립을 지원하기 위해 기금을 모으기 시작했다.

This education program is **funded** by the government.
이 교육 프로그램은 정부로부터 자금을 지원받는다.

29
generate
[dʒénərèit]

generative 형 발생의, 생성의
generation 명 세대

동 생성하다, 발생시키다 ⊜ produce

The mobile game industry is expected to **generate** billions in revenue.
모바일 게임 산업은 몇 십억의 수익을 창출할 것으로 기대된다.

30
income
[ínkʌm]

명 수입, 소득 ⊜ revenue, earnings

It is considered impolite to ask someone's **income.**
타인의 수입에 대해 묻는 것은 무례한 것으로 생각된다.

31
increase
[inkríːs]

동 증가하다 ⊜ rise, boost
명 증가 ⊜ growth, gain

She is expecting her income to **increase** by 20 percent.
그녀는 수입이 20 퍼센트 오를 것이라고 기대하고 있다.

32
inflate
[infléit]

inflation 명 부풀리기; 인플레이션, 물가 상승

동 부풀리다, 과장하다, (가격을) 올리다 ⊜ swell, exaggerate, increase

The raw materials for the project are very expensive, so the final price is **inflated.**
그 프로젝트를 위한 원자재가 매우 비싸서, 최종 구매가가 인상되었다.

33
input
[ínpùt]

명 투입(량), 입력 ⊜ data
동 입력하다

Increased labor **input** boosted the economic growth rate.
증가된 노동력 투입이 경제 성장률을 신장시켰다.

DAY 07

34
invest
[invést]

investment 명 투자
investor 명 투자자

동 투자하다 = spend, put

The company is planning to **invest** millions of dollars in developing new products.
이 기업은 새로운 상품 개발을 위해 수백만 달러를 투자할 계획이다.

 단어 학습 꿀팁
invest in ~에 투자하다
invest A in B A를 B에 투자하다

35
invoice
[ínvɔis]

명 송장, 청구서 = bill

The customer got so angry about the incorrect **invoice** that overcharged her by over $200.
그 고객은 200달러 이상 과다 청구된 잘못된 청구서 때문에 무척 화가 났다.

36
lessen
[lésn]

동 줄어들다 = decrease, diminish

The government tried to **lessen** the damage caused by the oil spill.
정부는 기름 유출로 인한 피해를 줄이려고 노력했다.

37
liable
[láiəbl]

liability 명 책임

형 (법적) 책임이 있는 = responsible

The insurance company is **liable** for the cost.
비용에 대한 법적 책임은 보험 회사에 있다.

 단어 학습 꿀팁
be liable for ~에 대해 책임이 있다

38
loan
[loun]

명 대출, 대여 = credit, mortgage
동 빌려주다 = lend

You must read a **loan** agreement carefully and understand what exactly you are agreeing to do before signing it.
서명하기 전에 차용계약서를 주의 깊게 읽고 동의하는 내용을 잘 이해해야 한다.

39 materialize
[mətíriəlaɪz]

동 1. 구체화되다, 실현되다 = occur, realize
2. 나타나다 = appear, emerge

The cumulative effect of higher interest rates on consumers will **materialize** soon.
소비자들에게 미치는 금리 인상의 누적 효과는 곧 구체화될 것이다.

40 minimize
[mínəmàɪz]

minimal 형 최소한의

동 최소화하다, 축소하다 = decrease, reduce

The management that is suffering from a long-term economic recession is focusing on **minimizing** cost.
장기 경기침체로 시달리고 있는 경영진은 비용을 최소화하는데 집중하고 있다.

41 monetary
[mánətèri]

monetarily 부 화폐로, 금전상으로

형 화폐의, 금융의 = financial, budgetary, fiscal

The euro is the **monetary** unit of the European Union.
유로화는 유럽 연합의 화폐 단위이다.

 단어 학습 꿀팁

monetary policy 통화 정책

42 numerous
[njúːmərəs]

numeral 명 숫자, 수사
형 수를 나타내는

형 수많은 = many, countless

On her 18th birthday, Emma received **numerous** birthday presents, including perfume.
엠마는 18번째 생일에 향수를 포함해 수많은 생일 선물을 받았다.

43 output
[áutput]

명 생산(량), 출력 = production, yield

The factory's **output** increased after the renovation.
보수를 거친 이후에 공장의 생산량이 증가하였다.

44 prosper
[práspər]

prosperity 명 번영, 성공
prosperous 형 번영한

동 번영하다, 성공하다 = thrive

The solar power industry **prospered** under the green energy initiative.
태양 에너지 산업은 녹색 에너지 계획 하에서 번영하였다.

45
recession

[riséʃən]

recessionary 형 불황의

명 불황, 경기 침체 ≡ depression

He lost his job during the **recession**.
그는 경기침체 동안에 직업을 잃었다.

46
reduce

[rɪdúːs]

동 줄이다, 낮추다 ≡ lessen, lower

To **reduce** the budget, the government decided to cut down on expenses.
예산을 줄이기 위해, 정부는 경비를 삭감하기로 결정했다.

47
rise

[raɪz]

명 증가, 상승 ≡ increase
동 1. 오르다, 상승하다 ≡ grow, increase 2. 일어나다 ≡ lift

The **rise** in the cost of living has caused many people to change their spending habits.
생계비의 증가는 많은 사람들이 그들의 소비 습관에 변화를 주는 것을 야기했다.

The Dow Jones Industrial Average **rose** sharply on Tuesday after the release of the Federal Reserve's minutes from its last meeting.
다우존스산업평균지수가 연준의 지난 회의의 회의록이 발표된 뒤에 화요일에 급격하게 상승했다.

단어 학습 꿀팁

on the rise 오르는, 증가하는

48
shrink

[ʃrɪŋk]

shrinkage 명 위축, 감소

동 감소하다, 줄어들다 ≡ decrease

The coal industry has been **shrinking**.
석탄 산업이 줄어들고 있었다.

49
stable

[stéibl]

stabilize 동 안정시키다
stability 명 안정성

형 안정적인 ≡ reliable, steady

Her financial situation is not **stable** because of frequent job changes.
그녀의 잦은 이직으로 인해 재정 상태는 안정적이지 않다.

50 strategy
[strǽtədʒi]

strategic 형 전략적인

- 명 전략, 계획 = plan

The fast food industry needs a new marketing **strategy**.
패스트푸드 산업은 새로운 마케팅 전략을 필요로 한다.

51 structure
[strʌ́ktʃər]

structural 형 구조적인

- 명 구조, 조직 = form
- 동 구조화하다 = organize

Korea's economic **structure** has changed rapidly.
한국의 경제 구조가 급속히 바뀌었다.

52 sum
[sʌm]

- 명 합계, 총액 = total
- 동 합계가 ~이 되다 = total

In the United States, the **sum** of all retail sales for the month of June was $505.7 billion.
미국에서, 6월 한 달 모든 소매 매출의 총액은 5,057억 달러였다.

> 단어 학습 꿀팁
> sum up 합산하다 (=add up)
> 요약하다, 요약해서 설명하다 (= summarize)

53 surplus
[sə́:rpləs]

- 명 여분, 과잉, 흑자 = excess
- 형 여분의, 과잉의 = extra, redundant

According to the fiscal report, a first-ever government budgetary **surplus** is on the horizon.
재정 보고서에 따르면, 사상 최초의 정부 예산 흑자가 머지 않았다.

54 suspend
[səspénd]

suspension 명 정지, 보류
suspense 명 긴장감, 불안

- 동 1. 중단하다 = postpone, discontinue, interrupt
- 2. 매달다 = hang

Your account was **suspended** due to payment failure.
비용이 지불되지 않아 귀하의 계좌가 중단되었습니다.

A chandelier that was **suspended** from the ceiling suddenly dropped.
천장에 달려있던 샹들리에가 갑자기 떨어졌다.

55 tax
[tæks]

- 명 세금
- 동 세금을 부과하다 = levy, impose, charge

The president promised to cut the income **tax** rate but his proposal was turned down by the opposition.
대통령은 소득세 비율을 낮추겠다고 약속했지만 반대에 부딪혀 거절당했다.

 단어 학습 꿀팁
receive a tax refund 세금을 환급받다

56 trade
[treid]

- 명 거래, 교역, 무역 = commerce, transaction
- 동 거래하다, 교역하다 = deal, exchange

The government is regulating illegal gun **trades**.
정부가 불법 무기 거래를 규제하고 있다.

57 transact
[trænsǽkt]

transaction 명 거래

- 동 거래하다 = deal, trade

Recently, people have preferred **transacting** online over going to the bank.
요즘 사람들은 은행에 가는 것보다 온라인으로 거래하는 것을 선호한다.

58 wealth
[welθ]

wealthy 형 부유한, 재산이 많은

- 명 부, 재산 = affluence, property

He accumulated his **wealth** by investing in many successful companies.
그는 많은 성공적인 회사에 투자함으로써 부를 축적했다.

59 withdraw
[wiðdrɔ́ː]

withdrawal 명 인출, 철수

- 동 1. (돈을) 빼내다, 인출하다 = remove, extract, draw out
  2. 물러나다, 철수하다 = leave, quit, retreat
  3. 철회하다 = abolish, revoke

I need to **withdraw** money from my account to pay her back.
그녀에게 돈을 갚으려면 계좌에서 돈을 인출해야 한다.

The foreign company that is chronically strapped for cash decided to **withdraw** its factory from Korea.
만성적인 재정난에 시달리던 그 외국 기업은 한국에서 공장을 철수하기로 결정했다.

60
yield
[jiːld]

(동) 1. 산출하다 ⊜ produce, generate 2. 넘겨주다, 항복하다
(명) 산출, 수익 ⊜ output

The investment **yielded** 1,000 dollars in profit.
투자는 1,000달러의 이익을 내었다.

They were forced to **yield** the town to their enemy.
그들은 적군에게 마을을 내줄 수 밖에 없었다.

DAY 07   VOCABULARY **TEST**

주어진 단어에 맞는 뜻을 찾아 서로 연결하세요.

01 surplus   •   • (a) 할당하다
02 bankrupt   •   • (b) 파산한
03 allocate   •   • (c) 안정적인
04 stable   •   • (d) 인출하다
05 withdraw   •   • (e) 흑자

밑줄 친 단어의 유의어로 가장 적절한 보기를 고르세요.

06 The statistics you have sent me are not <u>accurate</u>.
   (a) correct   (b) absurd   (c) stable   (d) reliable

07 The company's financial situation has <u>yielded</u> an increase in sales of 23% and a profit of 15%.
   (a) budgeted   (b) reduced   (c) generated   (d) calculated

08 The tenant was given a notice to pay the <u>balance</u> of the rent or move out.
   (a) income   (b) remainder   (c) tax   (d) fee

09 This savings account allows people to <u>deposit</u> up to $500 each month over the course of 12 months.
   (a) transact   (b) export   (c) allocate   (d) save

10 Samuel, I heard you are <u>liable</u> for the extensive damage to our intranet. What happened?
   (a) responsible   (b) ignorant   (c) innocent   (d) essential

 1 (e) 2 (b) 3 (a) 4 (c) 5 (d) 6 (a) 7 (c) 8 (b) 9 (d) 10 (a)   374P

지텔프 추가학습 단어

ample	형 충분한, 풍부한
billion	명 10억 형 10억의
boom	명 호황, 유행 동 호황을 맞다, 번창하다
countless	형 무수히 많은
deficiency	명 부족, 결핍
diminish	동 줄다, 감소하다
dwindle	동 점점 줄어들다
entire	형 전체의, 전부의
forthcoming	형 곧 있을, 다가오는
heighten	동 높이다, 증가시키다
immense	형 거대한, 막대한
import	명 수입, 수입품 동 수입하다
lucrative	형 수익성이 좋은
infinite	형 무한한
multiple	형 다수의, 다양한
plenty	명 풍부함, 많음 형 풍부한, 충분한
plummet	동 급락하다
promising	형 유망한, 장래성이 있는
propel	동 추진하다
proportion	명 비율
range	명 범위, 폭 동 범위가 ~이다
rate	명 비율, 요금, 속도
relative	형 상대적인, 관련 있는 명 친척
scale	명 규모, 등급, 단계, 저울 동 ~을 저울에 달다, 비교하다
several	형 몇몇의, 여럿의 명 몇몇
sluggish	형 부진한
soar	동 치솟다, 날아오르다
steep	형 가파른
transparent	형 투명한
unlikely	형 ~일 것 같지 않은

DAY 07

DAY 08

법과 정치

| 표제어와 뜻을 음원으로 듣기 |

PREVIEW

abolish	council	legitimate
accuse	criminal	liberal
act	critical	national
affair	dominate	oblige
allegation	election	penalty
apprehend	enforce	petition
arrest	entitle	policy
authority	escalate	political
backlash	excuse	provoke
blame	execute	rally
cabinet	fine	represent
chase	fraud	rule
cheat	government	scheme
commit	guilty	scrutinize
concrete	impose	situation
condemn	innocent	sue
confess	investigate	trial
congress	judge	violate
conservative	legal	vote
controversial	legislate	witness

01 abolish
[əbɑ́liʃ]
abolishment 명 폐지

동 폐지하다 = eliminate

The monarchy in France was **abolished** by its own citizens.
프랑스의 군주제는 시민에 의해 폐지되었다.

02 accuse
[əkjúːz]
accusation 명 혐의

동 고발하다, 기소하다, 비난하다 = charge, blame

The politician was **accused** of taking bribes from special interests.
그 정치인은 특별 이익 단체들로부터 뇌물을 받은 혐의로 기소되었다.

> 단어 학습 꿀팁
> accuse A of B A를 B의 혐의로 고소하다

03 act
[ækt]
active 형 활동적인
activity 명 활동

명 1. 행동 = action 2. 법령 = law, bill
동 행동하다 = do, perform, behave

The **act** was brought in to try and reduce the amount of litter being dropped in the streets.
그 법령은 거리에 떨어져 있는 쓰레기의 양을 애써 줄여보기 위해 도입되었다.

The president has **acted** to improve relations with other countries.
그 대통령은 다른 국가들과의 관계를 개선하기 위해 행동해왔다.

04 affair
[əféər]

명 일, 사건 = matter

The new reporter is an expert on foreign **affairs**.
새 리포터는 해외 사건 전문가이다.

05 allegation
[æligéiʃən]
allege 동 주장하다

명 의혹, 혐의 = claim

The president has been accused of the violation of the constitution, but he has denied all of the **allegations**.
대통령은 헌법 위반 혐의를 받고 있지만, 혐의를 모두 부인하고 있다.

06
apprehend

[æprihénd]

apprehension 명 체포, 불안

동 1. 체포하다 ≒ arrest 2. 이해하다 ≒ understand

After weeks of investigation, the police **apprehended** the criminal.
몇 주간의 수사 끝에 경찰은 범인을 체포했다.

07
arrest

[ərést]

arrestment 명 체포

동 체포하다 ≒ apprehend, capture

The politician was **arrested** for taking bribes.
그 정치인은 뇌물을 받은 혐의로 체포되었다.

08
authority

[əθɔ́ːrəti]

authoritative 형 권위적인

명 1. 권한, 직권 ≒ power 2. (-s) 정부 당국 ≒ government

Ambassadors have the **authority** to represent the government overseas.
대사들은 해외에서 정부를 대변할 권한이 있다.

Local **authorities** are investigating the accident.
지역 당국이 사고를 조사하고 있다.

 단어 학습 꿀팁

have the authority to ~할 권한이 있다

09
backlash

[bǽklæʃ]

명 반발, 저항 ≒ criticism, opposition, resistance

The new law legislation received a **backlash** from the public.
그 새로운 법안은 대중으로부터 반발을 받았다.

10
blame

[bleim]

동 탓하다, 비난하다 ≒ accuse
명 비난, 책임 ≒ responsibility

The police **blamed** the accident on the intoxicated state of the delinquent.
경찰은 운전자의 만취 상태로 인해 사고가 발생했다고 판단했다.

 단어 학습 꿀팁

blame A for B B를 A의 탓으로 돌리다

11 cabinet
[kǽbənit]

명 1. 내각 = administration, council
2. 진열장, 장식장 = closet

The president held his first **cabinet** meeting.
대통령이 첫 내각회의를 열었다.

All of his awards and medals are displayed in a **cabinet**.
그의 모든 상장과 메달은 장식장에 전시되어 있다.

12 chase
[tʃeis]

chaser 명 추격자

동 쫓다, 추격하다 = pursue
명 추격 = pursuit

The police cars **chased** the criminal on the highway.
경찰차들이 고속도로에서 범인을 추격했다.

> 단어 학습 꿀팁
> chase after ~를 뒤쫓다

13 cheat
[tʃiːt]

cheater 명 사기꾼

동 사기 치다, 속이다 = deceive
명 사기

The company is accused of **cheating** on their taxes.
그 회사는 세금으로 사기를 친 혐의를 받았다.

14 commit
[kəmít]

commitment 명 헌신

동 1. 저지르다, 범하다 = perpetrate 2. 전념하다

The banker **committed** fraud.
그 은행가는 사기를 범했다.

He has **committed** himself to studying Criminology.
그는 범죄학을 공부하는데 전념했다.

> 단어 학습 꿀팁
> commit oneself to -ing = be committed to -ing ~하는 데 전념하다

15 concrete
[kánkriːt]

형 구체적인, 명확한 = specific

Although there was lots of circumstantial evidence, the judges needed a **concrete** evidence for conviction.
정황 증거가 많았다 하더라도, 유죄 판결을 위해서 판사들은 구체적인 증거가 필요했다.

16
condemn

[kəndém]

condemned 형 비난받은, 유죄 선고를 받은

동 1. 선고를 내리다 = sentence 2. 규탄하다 = denounce

Many women were **condemned** to death for witchcraft in the 17th century.
17세기에 많은 여성들이 마녀라는 혐의로 사형 선고를 받았다.

The government **condemned** the terrorist attacks.
정부가 테러 공격을 규탄했다.

 단어 학습 꿀팁

condemn A for B A를 B의 이유로 비난하다

17
confess

[kənfés]

confession 명 고백, 자백

동 자백하다, 고백하다 = admit, acknowledge

She **confessed** that she had committed the crime.
그녀는 범행을 저질렀다고 자백했다.

18
congress

[káŋgris]

congressional 형 의회의

명 의회, 국회 = parliament

She was elected as a member of **congress**.
그녀는 국회의원으로 당선이 되었다.

19
conservative

[kənsə́:rvətiv]

conservation 명 보존, 유지

형 보수적인
명 보수주의자, 보수당원

The **conservative** party holds the majority of the seats.
보수정당이 의석의 과반을 보유하고 있다.

20
controversial

[kàntrəvə́:rʃəl]

controversy 명 논란

형 논란이 많은, 논쟁의 여지가 있는 = contentious, debatable

The new cabinet appointment was very **controversial**.
새 내각의 임명은 다분히 논란의 여지가 있었다

21
council

[káunsəl]

명 의회, 위원회 = committee

The city **council** decided to fund the project.
시의회는 그 프로젝트를 지원하기로 결정했다.

DAY 08

22
criminal

[krímənl]

crime 명 범죄

명 범죄자, 범인 ≒ convict
형 범죄의

The **criminals** met online and planned the attack.
범죄자들은 온라인에서 만나서 공격을 계획했다.

> 단어 학습 꿀팁
> criminal record 전과, 범죄 기록

23
critical

[krítikəl]

criticize 통 비판하다
criticism 명 비판, 비평

형 1. 비판적인, 비난하는 ≒ derogatory
   2. 중요한, 위기의 ≒ crucial, pivotal, vital

This newspaper article is **critical** of the government's new policy.
이 신문 기사는 정부의 새로운 정책에 비판적이다.

After the car accident, she is still in a **critical** condition.
교통 사고 후에 그녀는 아직도 위급한 상태이다.

> 단어 학습 꿀팁
> it is + critical + that + 주어 + (should) 동사원형
> ~하는 것은 중요하다 문법-조동사 should 생략
> → 당위를 나타내는 형용사 critical 뒤에 that절이 오면 that절의 동사는 should가 생략된 동사원형을 사용한다.

24
dominate

[dámənèit]

domination 명 지배
dominance 명 우위, 우세
dominant 형 우세의, 우위의

통 지배하다, 장악하다 ≒ control, rule

The three telecommunications companies formed an oligopoly, **dominating** the industry in the country.
그 세 통신 회사는 과점을 형성하여, 그 나라의 산업을 지배했다.

25
election

[ilékʃən]

elect 통 투표로 선출하다

명 선거 ≒ vote, referendum

The general **election** is held every four years.
총선거는 4년마다 열린다.

26
enforce

[infɔ́:rs]

enforcement 명 시행, 집행

통 (법률을) 시행하다, 집행하다 ≒ carry out, execute

He believes that the death penalty should be **enforced**.
그는 사형제가 집행돼야 한다고 믿는다.

27
entitle

[intáitl]

entitlement 명 자격, 권리

동 1. 자격을 주다 ≒ authorize   2. 제목을 붙이다

All employees are **entitled** to childcare support.
모든 직원들에게는 육아 지원을 받을 자격이 주어진다.

The book is **entitled** *Ulysses*.
그 책에는 《율리시스》라는 제목이 붙여졌다.

 단어 학습 꿀팁

be entitled to ~의/~할 자격이 있다

28
escalate

[éskəleɪt]

escalation 명 확대, 증가, 상승

동 (단계적으로) 확대되다, 증가하다, 상승하다 ≒ grow, increase

A natural gas dispute between Berlin and New Delhi has **escalated** into a diplomatic skirmish.
베를린과 뉴델리 간의 천연가스 분쟁이 외교적 충돌로 확대되었다.

29
excuse

[ikskjúːz] [ikskjúːs]

동 1. 변명하다 ≒ justify, apologize, explain
   2. 용서하다 ≒ forgive, pardon
   3. 면제해 주다 ≒ free, exampt, relieve
명 변명, 해명, 핑계, 구실 ≒ justification, explanation

He tried to **excuse** his tardiness, but his boss was not willing to listen.
그는 그의 지각에 대해 변명해 보려고 했지만, 그의 상사는 들으려 하지 않았다.

She was **excused** from jury duty.
그녀는 배심원 의무에서 면제되었다.

 단어 학습 꿀팁

excuse A for B B에 대해 A를 용서하다
be excused from ~로부터 면제되다

30
execute

[éksikjùːt]

execution 명 실행, 수행; 처형

동 1. 실시하다, 실행하다 ≒ implement, perform
   2. 처형하다 ≒ kill

The investigation was **executed** to find the cause of the fire.
화재의 원인을 찾기 위해 조사가 실시되었다.

31
fine

[fain]

- 명 벌금 = penalty
- 형 좋은, 훌륭한, 뛰어난 = good

The driver was given a **fine** for speeding.
운전자는 과속으로 벌금을 냈다.

The United States is a **fine** example of a country that was built on the backs of immigrants.
미국은 이민자들을 등에 업고 세워진 국가의 좋은 예이다.

32
fraud

[frɔːd]

fraudulent 형 사기의

- 명 사기, 가짜 = deceit

The couple was arrested for credit card **fraud**.
커플은 신용카드 사기죄로 체포되었다.

33
government

[gʌ́vərnmənt]

govern 동 통치하다, 다스리다
governor 명 통치자, 주지사

- 명 정부, 정권 = regime

There were many changes since the inauguration of a new **government**.
새 정부 출범 이후 많은 변화가 있었다.

34
guilty

[gílti]

guilt 명 유죄, 죄책감

- 형 유죄의, 죄책감을 느끼는 = convicted, culpable, blameworthy

The politician pleaded **guilty** in court.
정치인은 법정에서 본인의 유죄를 인정하였다.

> 💡 **단어 학습 꿀팁**
> guilty of ~에 대해 유죄인

35
impose

[impóuz]

imposing 형 인상적인, 눈길을 끄는

- 동 부과하다, 강요하다 = levy

Congress voted to **impose** a new tax on cigarettes.
국회가 담배에 새로운 세금을 부과하기로 투표했다.

> 💡 **단어 학습 꿀팁**
> impose A on B A를 B에 부과하다

36
innocent

[ínəsənt]

innocence 명 결백

형 무죄의, 순결한 ≡ blameless

Researchers found that a substantial number of **innocent** people are sentenced to death.
연구자들은 수많은 무고한 사람들이 사형 선고를 받는다는 사실을 발견했다.

37
investigate

[invéstəgèit]

investigation 조사, 수사

동 조사하다, 수사하다 ≡ inspect

The police are **investigating** the death of the journalist.
경찰이 기자의 죽음을 수사하고 있다.

38
judge

[dʒʌdʒ]

judgment 명 판단, 판단력

명 판사, 심판 ≡ magistrate
동 판단하다, 판결하다 ≡ adjudicate

The **judge** sentenced him to five years in prison.
판사는 그에게 5년형을 선고했다.

> 단어 학습 꿀팁
> judging by/from ~로 판단하건대

39
provoke

[prəvóuk]

provocative 형 도발적인, 자극적인

동 1. 자극하다, 도발하다 ≡ aggravate, irritate
　　2. (특정 반응을) 유발하다 ≡ evoke, trigger, cause

The mayor's recent comments **provoked** heated debate between the two major political parties.
그 시장의 최근 언급은 두 주요 정당 간에 열띤 논쟁을 유발했다.

40
legal

[líːgəl]

legally 부 합법적으로
legalize 동 합법화하다

형 합법적인, 법적인 ≡ judicial

The government provides free **legal** support to those who can't afford it.
정부는 형편이 안 되는 사람들에게 무료 법적 지원을 제공한다.

41
legislate

[lédʒislèit]

legislation 명 법률, 법안

동 법률을 제정하다 ≡ enact, pass

Strict laws on online shopping malls are yet to be **legislated**.
온라인 쇼핑몰에 관한 엄격한 법률이 아직 제정되지 않았다.

DAY 08

42
legitimate

[lidʒítəmət]

legitimately 🔹 합법적으로, 정당하게

형 합법의, 정당한, 타당한 = lawful, valid, reasonable

He was operating a business that was not **legitimate**.
그는 합법적이지 않은 사업 운영 중이었다.

💡 단어 학습 꿀팁
legitimate self-defense 정당방위

43
liberal

[líbərəl]

형 진보적인 = progressive
명 진보주의자

Younger voters tend to be more **liberal**.
젊은 유권자들이 더 진보적인 편이다.

44
national

[nǽʃənl]

nation 명 국가

형 국가의, 전국의, 국영의 = domestic, nationwide

Children's day is a **national** holiday in Korea.
한국에서 어린이날은 국가 공휴일이다.

💡 단어 학습 꿀팁
national border 국경

45
oblige

[əbláidʒ]

obligation 명 의무
obligatory 형 의무적인

동 의무를 부과하다, 강요하다 = obligate, require

Norwegians are **obliged** to serve in the military.
노르웨이인들에게는 국방의 의무가 부과된다.

💡 단어 학습 꿀팁
be obliged to V ~할 의무가 있다

46
penalty

[pénəlti]

penalize 동 처벌하다

명 처벌, 벌금 = punishment

The **penalty** for jaywalking is around 100 dollars.
무단횡단 벌금은 100달러 정도이다.

47
petition

[pətíʃən]

- 동 탄원하다, 청원하다
- 명 탄원서, 청원서 ≒ entreaty

Citizens **petitioned** against animal cruelty.
시민들은 동물 학대 반대를 탄원했다.

48
policy

[pάləsi]

- 명 정책, 제도 ≒ measure, plan

The government introduced new **policies** on gun control.
정부는 총기규제에 대한 새로운 정책을 도입했다.

49
political

[pəlítikəl]

politically 부 정치적으로
politician 명 정치인
politics 명 정치

- 형 정치적인, 정치의 ≒ governmental

In the past, many people have been unaware of the **political** issues in their country and have not voted in elections.
과거에, 많은 사람들은 그들의 국가의 정치적 문제에 대해 알지 못했고 선거에서 투표하지 않았다.

50
rally

[rǽli]

- 명 1. (정치적·종교적 목적의) 집회, 대회 ≒ gathering, assembly
  2. 회복, 반등 ≒ recovery, rebound
- 동 1. (군대가) 집결하다 ≒ muster, mobilize
  2. (공통의 목적을 위해) 모이다 ≒ gather, unite
  3. (건강) 회복하다, (경기가) 반등하다 ≒ recover, rebound

More than 3,000 nurses **rallied** at the city hall to demand better pay and working conditions.
3천 명이 넘는 간호사들이 더 나은 임금과 근무 환경을 요구하기 위해 시청에 모였다.

51
represent

[rèprizént]

representation 명 대의제, 대표제, 묘사, 표현
representative 명 대표(자), 하원 의원 형 대표하는, 나타내는

- 동 1. 대표하다, 대변하다 ≒ speak for
  2. 나타내다, 상징하다, ~의 전형이 되다 ≒ exemplify, symbolize

Senator Elizabeth Warren **represents** the State of Massachusetts.
엘리자베스 워렌 의원은 매사추세츠 주를 대표한다.

The stars on the American flag **represent** the 50 states.
미국 국기에 있는 별들은 50개의 주를 상징한다.

 단어 학습 꿀팁

be representative of ~을 대표하다, 나타내다

DAY 08

52
rule

[ru:l]

ruler 명 통치자, 지배자

- 동 통치하다, 지배하다 = govern, control
- 명 1. 통치, 지배 2. 규칙

Queen Elizabeth I **ruled** England from 1558 to 1603.
엘리자베스 1세 여왕은 1558년부터 1603년까지 영국을 통치하였다.

Please follow these **rules** during the White House tour.
백악관 투어 중에는 이 규칙들을 지켜주세요.

53
scheme

[ski:m]

- 명 1. 계획 = plan   2. 음모, 책략, 계략 = plot, conspiracy
- 동 계획하다, 음모(책략)를 꾸미다 = plot, conspire, intrigue

The thieves devised an elaborate **scheme** to steal valuable artwork from the museum.
그 도둑들은 박물관에서 가치가 높은 미술품을 훔치기 위한 정교한 계략을 꾸몄다.

54
scrutinize

[skrú:tənàiz]

scrutiny 명 정밀조사

- 동 면밀히 조사하다, 세심히 살피다 = examine, inspect, audit

The company's bank account was **scrutinized** by the prosecutor.
회사의 은행 계좌가 검사에 의해 면밀히 조사받았다.

55
situation

[sìtʃuéiʃən]

situate 동 위치시키다

- 명 상황, 환경 = circumstance, condition, state

There has been no significant progress with regard to the South China Sea **situation**.
남중국해 상황에 관련하여 큰 진전이 없는 상태다.

56
sue

[su:]

- 동 고소하다 = prosecute

She **sued** him for breach of contract.
그녀는 계약 위반 소송을 청구했다.

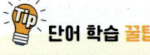
단어 학습 꿀팁

sue A for B B로 A를 고소하다

57
trial

[tráiəl]

try 동 시도하다

명 1. 재판 ⊜ case, hearing 2. 시험, 시도 ⊜ test

The **trial** was delayed for a while due to strong resistance of the accused.
피고인의 거센 반발로 재판이 잠시 지연됐다.

 단어 학습 꿀팁

trial and error 시행착오
free trial 무료 체험판

58
violate

[váiəlèit]

violation 명 위반, 침해

동 위반하다 ⊜ disobey

I was pulled over for **violating** a traffic light.
나는 신호 위반으로 길 옆에 차를 세워야 했다.

59
vote

[vout]

voter 명 유권자

동 투표하다 ⊜ elect, choose, support
명 표, 투표, 표결 ⊜ ballot, suffrage

I did not **vote** for the current president.
나는 현직 대통령에게 투표하지 않았다.

The candidate won 55 percent of the **votes**.
후보는 총 투표수의 55퍼센트를 얻었다.

 단어 학습 꿀팁

vote for(against) ~에 찬성(반대) 투표를 하다

60
witness

[wítnis]

명 목격자, 증인 ⊜ bystander, observer
동 목격하다, 증언하다 ⊜ observe

When I **witnessed** a man being robbed, I called the police and gave them a description of the criminal.
한 남자가 강도를 당하는 것을 목격했을 때, 나는 경찰에 전화를 걸어 범인의 인상착의를 전했다.

DAY 08

DAY 08 VOCABULARY TEST

주어진 단어에 맞는 뜻을 찾아 서로 연결하세요.

01 scheme   • (a) 책략
02 enforce   • (b) 청원
03 concrete   • (c) 지배하다
04 petition   • (d) 구체적인
05 dominate   • (e) 집행하다

밑줄 친 단어의 유의어로 가장 적절한 보기를 고르세요.

06 The government may decide to <u>abolish</u> the tax on cigarettes
(a) uphold   (b) sustain   (c) eliminate   (d) consider

07 The company avoided <u>backlash</u> by releasing a statement.
(a) allegation   (b) criticism   (c) fraud   (d) scheme

08 The city will <u>levy</u> a fine on any vehicles that violate the parking regulations.
(a) remove   (b) impose   (c) execute   (d) accuse

09 The auditor has <u>scrutinized</u> the books to find any irregularities.
(a) examined   (b) apprehended   (c) petitioned   (d) inquired

10 The mayor introduced legislation to support <u>legitimate</u> street vending businesses.
(a) controversial   (b) innocent   (c) authoritative   (d) lawful

정답 1 (a) 2 (e) 3 (d) 4 (b) 5 (c) 6 (c) 7 (b) 8 (b) 9 (a) 10 (d)   해석 375P

지텔프 추가학습 단어

☐ attorney	명	변호사
☐ bribe	명 뇌물 동	뇌물을 주다
☐ campaign	명 캠페인 동	캠페인을 벌이다
☐ case	명	경우, 사건
☐ coalition	명	연합, 연합체, 연립정부
☐ conform	동	순응하다
☐ constitution	명	헌법
☐ democracy	명	민주주의
☐ detective	명	형사, 탐정
☐ domestic	형	1. 국내의, 국산의 2. 가정의
☐ enact	동	제정하다
☐ equal	형	동일한, 동등한
☐ forbid	동	금지하다
☐ imperial	형	제국의
☐ interrogate	동	심문하다
☐ jury	명	배심원
☐ juvenile	형	청소년의
☐ lawsuit	명	소송
☐ mayor	명	시장
☐ moderate	형	보통의, 중도의
☐ moral	형	도덕적인
☐ privilege	명	특권
☐ punishment	명	처벌
☐ reprimand	동	질책하다
☐ right	형 옳은 명	권리
☐ senate	명	상원
☐ suffrage	명	투표권, 선거권, 참정권
☐ tenure	명	재임 기간
☐ testimony	명	증언
☐ uphold	동	지지하다, 찬성하다

DAY 08

DAY 09

독해&어휘
PART 2 잡지 기사 (1)

표제어와 뜻을 음원으로 듣기

PREVIEW

address	claim	experiment
advance	combine	explain
advantage	compare	extinct
advise	complex	extreme
aggressive	conclude	facilitate
agree	conduct	facility
aim	conflict	factor
alternative	contagious	fail
analyze	counterpart	focus
ancient	crucial	harm
argue	depend	household
article	disclose	ideal
ascribe	discover	identify
associate	disease	immune
assume	enable	indicate
avoid	enhance	induce
benefit	enormous	infect
cause	estimate	initial
certain	evidence	insist
civilization	examine	inspect

01
address
[ədrés]

> 동 1. 연설하다 ⊜ speech 2. (문제 등을) 다루다 ⊜ confront
> 명 1. 연설 ⊜ speech 2. 주소 ⊜ location

In order to **address** the issue, researchers looked at a variety of different factors that could contribute to the problem.
이 사안을 다루기 위해, 연구원들은 이 문제에 기여할 수 있는 다양한 요소들을 조사했다.

They recommend that you notify them at least three days in advance of your change of **address**.
그들은 당신이 주소 변경하기 최소 3일 전에 그들에게 알려야 한다고 권장한다.

02
advance
[ædvǽns]

advanced 형 선진의, 상급의
advancement 명 진보, 발전; 승진

> 동 나아가다, 발전하다 ⊜ progress, improve
> 명 진전, 발전 ⊜ progress, improvement

We have **advanced** greatly with our knowledge of medicine.
우리는 의학 지식을 크게 발전시켜왔다.

 단어 학습 꿀팁

   in advance (of) (~보다) 미리, 앞서

03
advantage
[ædvǽntidʒ]

advantageous 형 이로운

> 명 이점, 유리
> 동 이롭게 하다 ⊜ exploit, leverage

They took **advantage** of the fact that the participants were all right-handed to test their hypothesis.
그들은 그들의 가설을 검증하기 위해 참가자들이 모두 오른손잡이라는 사실을 이용했다.

 단어 학습 꿀팁

   take advantage of ~을 이용하다

04
advise

[ədváɪz]

advisable 형 권할 만한, 바람직한

 충고하다, 조언하다 = recommend, suggest

Researchers **advise** that a plant-based diet can help lower blood pressure and reduce the risk of heart disease.
연구원들은 야채 위주의 식단이 혈압을 낮추고 심장병의 위험을 줄이는 데 도움을 줄 수 있다고 조언한다.

단어 학습 꿀팁

advise + -ing ~하는 것을 조언하다 `문법-준동사`
advise + A + to V A에게 ~하라고 조언하다 `문법-준동사`
→ 목적어 자리에는 동명사를, 목적격 보어 자리에는 to부정사를 사용한다.
advise + that + 주어 + (should) 동사원형
~해야 한다고 충고하다 `문법-조동사 should 생략`
→ 주장·요구·제안을 나타내는 동사 advise 뒤에 that절이 오면 that절의 동사는 should가 생략된 동사원형을 사용한다.

05
aggressive

[əgrésɪv]

aggression 명 공격성

 공격적인 = offensive, hostile, violent

It was discovered that male lions who were more **aggressive** towards other lions had more successful mating seasons.
다른 사자들에게 더 공격적인 수컷 사자들은 더 성공적인 짝짓기 철을 지낸다는 것이 밝혀졌다.

06
agree

[əgríː]

agreement 명 합의
agreeable 형 받아들일 수 있는, 알맞은

동 동의하다, 합의하다 = approve, consent

The researchers all **agreed** that more studies were needed on the matter before any real conclusions could be drawn.
연구원들은 그 문제에 대해 실질적인 결론을 내리기 전에 더 많은 연구가 필요하다는 데에 모두 동의했다.

단어 학습 꿀팁

agree + to V ~하기로 합의하다 `문법-준동사`
→ 목적어 자리에 to부정사를 사용한다.
agree that절 ~라는 데에 동의하다, 합의하다
agree on/about 사물 ~에 동의하다
agree with 사람 ~(의 생각·의견)에 동의하다

07
aim
[eim]

- 동 목표하다, 겨냥하다 = intend
- 명 목표, 겨냥, 조준 = goal, target

The study was **aimed** to investigate the relationship between social media use and mental health in teenagers.
그 연구는 10대의 소셜 미디어 사용과 정신 건강 사이의 관계를 조사하기 위한 것이었다.

The **aim** of the study was to improve understanding of the disease process.
그 연구의 목적은 질병의 발병 과정에 대한 이해도를 높이는 것이었다.

 단어 학습 꿀팁

aim + <u>to V</u> ~하는 것을 목표로 하다 `문법-준동사`
→ 목적어 자리에 to부정사를 사용한다.
aim at ~를 겨냥하다

08
alternative
[ɔːltə́ːrnətiv]

alternatively 부 대신에
alternation 명 교체

- 명 대안 = option, substitute
- 형 대안의, 대신의 = different, alternate

There are ongoing efforts to discover **alternative** treatments for AIDS.
에이즈의 대안 치료법을 발견하기 위한 노력이 계속되고 있다.

 단어 학습 꿀팁

alternative to ~에 대한 대안

09
analyze
[ǽnəlàiz]

analysis 명 분석
analyst 명 분석가

- 동 분석하다 = inspect, evaluate

After they **analyzed** the data, they found that there was a correlation between the two variables.
그들은 데이터를 분석한 후에 두 변수간에 상관관계가 있다는 것을 발견했다.

10
ancient
[éinʃənt]

- 형 고대의 = archaic, primeval

A group of experts discovered **ancient** pottery while excavating a site.
한 전문가 집단은 유적지를 발굴하는 동안에 고대 도자기를 발견했다.

11
argue

[ɑ́ːrgjuː]

argument 명 논쟁
arguable 형 논란의 소지가 있는

동 논쟁하다, 주장하다 = debate, discuss, dispute

Some people **argue** that there is a link between playing video games and developing ADHD.
어떤 사람들은 비디오 게임을 하는 것과 주의력결핍 과잉행동장애에 걸리는 것 사이에 관련성이 있다고 주장한다.

12
article

[ɑ́ːrtikl]

명 기사, 논문 = essay, story

According to the **article**, new research has shown that listening to classical music can help improve memory and focus.
기사에 따르면, 새로운 연구는 클래식 음악을 듣는 것이 기억력과 집중력을 향상시키는 데 도움을 줄 수 있다는 것을 보여주었다.

13
ascribe

[əskráib]

동 (원인을) ~에 돌리다, (결과를) ~의 탓으로 하다 = attribute

They **ascribed** their achievement to extensive research on the physiological and behavioral adaptations of the bird species.
그들은 그들의 성취를 그 조류의 생리적 및 행동적 적응에 대한 광범위한 연구 덕분으로 돌렸다.

 단어 학습 꿀팁

ascribe A to B A의 원인을 B에 돌리다, A를 B의 탓으로 하다

14
associate

[əsóuʃièit]

association 명 협회, 연합, 제휴

동 1. 연상하다, 연관짓다 = connect, relate
2. 연합시키다, 참가시키다 = affiliate, join
명 (직장 등의) 동료 = colleague

The color red is **associated** with increased levels of aggression in male chimpanzees.
적색은 수컷 침팬지의 높아진 수준의 공격성과 관련이 있다.

Mr. Smith and his **associates** are known for their work in the field of environmental engineering.
스미스 씨와 그의 동료들은 환경공학 분야에서의 그들의 공적으로 잘 알려져 있다.

 단어 학습 꿀팁

be associated with ~와 관련이 있다

DAY 09

15
assume
[əsúːm]

assumption 명 추정

- 동 가정하다, 추정하다 = presume, believe

It is **assumed** that by 2050 half of the world's energy supply will be generated by renewable energy.
2050년에는 세계 에너지 공급의 반절이 재생 가능한 에너지로 발전될 것으로 추정된다.

16
avoid
[əvɔ́id]

- 동 피하다, 회피하다 = shun, keep away from

Scientists recommend that you **avoid** looking at your phone at least 15 minutes before sleeping.
과학자들은 당신이 잠자기 15분 전에 핸드폰을 보는 것을 피해야 한다고 권장한다.

 단어 학습 꿀팁

avoid + -ing ~하는 것을 피하다 문법-준동사
→ 목적어 자리에 동명사를 사용한다.

17
benefit
[bénəfit]

beneficial 형 이로운

- 명 혜택, 이익 = profit, advantage, gain
- 동 이익이 되다 = profit, favor

The discovery of new medicine brought many **benefits** to the company.
신약의 개발은 회사에 많은 이익을 가져다 주었다.

 단어 학습 꿀팁

benefit from ~로부터 이익을 얻다

18
cause
[kɔːz]

- 동 야기하다, 일으키다 = induce, trigger
- 명 원인, 이유 = reason

Too much stress can **cause** illnesses such as headaches and insomnia.
과도한 스트레스는 두통과 불면증과 같은 질병을 야기할 수 있다.

Scientists are trying to find the **cause** of genetic hair loss and develop treatment for it.
과학자들은 유전적 탈모의 원인을 찾고 치료법을 개발하려고 노력하고 있다.

 단어 학습 꿀팁

cause + A + to V A가 ~하도록 야기하다 문법-준동사
→ 목적어 뒤 목적격 보어 자리에 to부정사를 사용한다.

19 certain
[sə́ːrtn]

certainty 명 확신

형 1. 확실한, 확신하는 = confident, sure
2. 특정한 = particular

They are **certain** about the efficacy of the new cancer treatment.
그들은 새로운 암 치료의 효능에 대해 확신한다.

A recent study found that **certain** demographics are more likely to develop anxiety disorders.
최근의 한 연구는 특정한 인구 통계학적 특징들이 불안 장애를 일으킬 가능성이 더 높다는 것을 발견했다.

20 civilization
[sìvəlizéiʃən]

civil 형 시민의
civilize 동 문명화하다

명 문명 = society, culture

Recently, there have been many new findings about the ancient Roman **civilization**.
최근에, 고대 로마 문명에 관한 새로운 연구 결과들이 있었다.

21 claim
[kleim]

동 주장하다, 요구하다 = assert, insist, declare
명 주장, 요구

People who **claimed** to have read educational magazines were found to be more likely to vote in local elections.
교육 잡지를 읽었다고 주장하는 사람들은 지역 선거에서 투표할 가능성이 더 높은 것으로 밝혀졌다.

22 combine
[kəmbáin]

combination 명 결합

동 결합하다 = mix, blend

When two different strains of bacteria are **combined**, they can create a new type of bacteria that is resistant to antibiotics.
두 종류의 다른 박테리아가 결합될 때, 그들은 항생제에 내성을 가진 새로운 종류의 박테리아를 만들 수 있다.

23 compare
[kəmpéər]

comparison 명 비교
comparable 형 비슷한, 비교할 만한
comparative 형 비교의

동 비교하다 = contrast

Compared to most other animals, humans have a unique ability to think abstractly.
대부분의 다른 동물들에 비해, 인간은 추상적으로 생각하는 독특한 능력을 가지고 있다.

 단어 학습 꿀팁

compare A with/to B A를 B와 비교하다

24
complex
[kəmpléks]

complexity 명 복잡성

형 복잡한, 복합의 = complicated
명 1. 합성물 2. 복합 건물, 단지

Scientists have found that the more **complex** the structure of a protein is, the more difficult it is for the protein to function properly.
과학자들은 단백질의 구조가 더 복잡할수록, 그 단백질이 제대로 기능하는 것이 더 어렵다는 것을 발견했다.

25
conclude
[kənklú:d]

conclusive 형 결정적인
conclusion 명 결론

동 결론짓다 = finish, close, complete

The report **concluded** that drinking coffee in moderation can be healthy for the heart.
보고서는 적당량의 커피 섭취는 심장 건강에 도움이 될 수 있다고 결론지었다.

 단어 학습 꿀팁

come to a conclusion 결론이 나다, 결론을 짓다

26
conduct
[kándʌkt]

conducting 명 지휘

동 1. 실시하다, 수행하다 = carry out, perform
　　2. 지휘하다 = direct, lead
명 1. 행위, 행실 = behavior 2. 지휘 = direction

A team of researchers **conducted** a study on how blue light can have an impact on our sleep patterns.
한 연구팀은 푸른빛 조명이 우리의 수면 패턴에 어떻게 영향을 미칠 수 있는지에 대한 연구를 수행했다.

Anne has been **conducting** the orchestra since 2012.
안나는 2012년부터 오케스트라를 지휘하고 있다.

27
conflict
[kánflíkt]

명 갈등, 충돌, 분쟁 = dispute, clash
동 충돌하다 = clash

There have been many religious **conflicts** throughout history.
역사상 많은 종교 분쟁이 있었다.

 단어 학습 꿀팁

be in a conflict with ~와 갈등이 있다

28
contagious
[kəntéidʒəs]

contagion 명 전염, 전염병

형 전염성의 = infectious

Not all **contagious** diseases spread through direct physical contact.
모든 전염병이 직접적인 물리적 접촉으로 퍼지는 것은 아니다.

29
counterpart
[káuntərpà:rt]

명 상대방, 대응(관계에 있는 것) = equal

The black truffle has a more intense flavor than its white **counterpart**.
검은 송로버섯은 흰 송로버섯보다 더 강렬한 맛을 가지고 있다.

30
crucial
[krú:ʃəl]

형 결정적인, 중대한, 중요한 = important, vital

Reducing our reliance on fossil fuels is **crucial** in the fight against climate change.
화석 연료에 대한 우리의 의존도를 줄이는 것은 기후 변화와의 싸움에서 매우 중요하다.

 단어 학습 꿀팁

it is + crucial + that + 주어 + (should) 동사원형
~하는 것은 중요하다 문법-조동사 should 생략
→ 당위를 나타내는 형용사 crucial 뒤에 that절이 오면 that절의 동사는 should가 생략된 동사원형을 사용한다.

31
depend
[dipénd]

dependent 형 의존적인

동 의존하다, ~에 달려 있다 = count on, rely on

The life expectancy of a lithium-ion battery **depends** on how well it's maintained.
리튬이온 배터리의 수명은 그것이 얼마나 잘 유지되느냐에 달려 있다.

 단어 학습 꿀팁

depend on ~에 의존하다

32
disclose
[disklóuz]

disclosure 명 공개, 폭로

동 밝히다, 폭로하다 = reveal

A new study has **disclosed** that a previously unknown species of monkey is living in the forests of South America.
한 새로운 연구는 이전에 알려지지 않은 원숭이 종이 남아메리카의 숲에 살고 있다는 것을 밝혀냈다.

 단어 학습 꿀팁

disclose + -ing ~한 것을 밝히다 문법-준동사
→ 목적어 자리에 동명사를 사용한다.

33
discover
[diskʌ́vər]

discovery 명 발견

동 발견하다 = find out, learn

Finally, scientists **discovered** a fossil of the Archaeopteryx species.
마침내, 과학자들은 시조새의 화석을 발견했다.

34
disease
[dizíːz]

명 질병 = illness

Malaria is one of the most widespread **diseases** in the world.
말라리아는 세계에서 가장 광범위하게 퍼진 질병들 중 하나이다.

35
enable
[inéibl]

동 (~을) 할 수 있게 하다 = allow, permit

The new 5G technology **enables** us to connect to the internet at much faster speeds than ever before.
새로운 5G 기술은 우리가 이전보다 훨씬 더 빠른 속도로 인터넷에 연결할 수 있게 해준다.

 단어 학습 꿀팁

enable A to V A가 ~할 수 있게 하다
enable은 5형식 동사로 쓰일 때 목적격 보어 자리에 to부정사를 사용

36
enhance
[inhǽns]

enhancement 명 고양, 상승

동 높이다, 향상시키다 = improve, strengthen

3D printing technology is used to **enhance** the design of objects by creating a three-dimensional model of the object.
3D 프린팅 기술은 사물의 3차원 모델을 만듦으로써 사물의 설계를 향상시키는 데 사용된다.

37
enormous
[inɔ́ːrməs]

enormously 부 엄청나게, 막대하게

형 거대한, 막대한 = huge, large

The **enormous** amount of plastic produced every year is having a devastating effect on the environment.
매년 생산되는 막대한 양의 플라스틱은 환경에 파괴적인 영향을 미치고 있다.

38
estimate
동 [éstəmèit]
명 [éstəmət]

동 추정하다 = calculate, guess, predict
명 추정, 추산, 견적서

It is **estimated** that by 2025, AI will have created nearly 133 million jobs.
2025년쯤 되면 AI가 약 1억 3,300만 개의 일자리를 창출해오고 있을 것으로 추정된다.

39
evidence
[évədəns]

evident 형 분명한

명 증거, 흔적 = proof

The Amazon rainforest fires, which are the **evidence** of climate change, have created a global crisis.
기후변화의 증거인 아마존 열대우림 화재는 세계적 위기를 불러일으켰다.

40
examine
[igzǽmin]

examination 명 시험, 조사

동 조사하다 = inspect, analyze

The research **examined** the effects of alcohol on a person's liver.
그 실험은 알코올이 간에 미치는 영향을 조사했다.

41
experiment
[ikspérəmənt]

experimental 형 실험적인

명 실험
동 실험하다 = test, trial

The **experiment** showed that the new drug was effective in reducing the symptoms of the disease.
그 실험은 신약이 병의 증상을 줄이는 데 효과적이라는 것을 보여주었다.

42
explain
[ikspléin]

explanation 명 설명

동 설명하다 = describe

Many experts **explain** that climate change is caused by an increase of greenhouse gases in the atmosphere.
많은 전문가들은 기후 변화가 대기 중의 온실가스 증가에 의해 야기되었다고 설명한다.

DAY 09

43
extinct

[ikstíŋkt]

extinction 명 멸종

- 형 1. (동식물 등이) 멸종된 = dead, lost, vanished
- 2. 활동이 멈춘 = inactive

The Siberian tiger is in danger of becoming **extinct**.
시베리아 호랑이는 멸종 위기에 처해 있다.

44
extreme

[ikstríːm]

extremely 부 극도로

- 형 극단적인, 극심한 = intense, dangerous
- 명 극단, 극도

In **extreme** weather conditions, the air can become very dry, making it difficult to breathe.
극한 기후 조건에서는, 공기가 매우 건조해져 숨쉬는 것을 어렵게 만들 수 있다.

45
facilitate

[fəsílɪteɪt]

- 동 용이하게 하다, 촉진하다 = further, promote, ease

The new e-commerce platform will **facilitate** the buying and selling of goods and services online.
이 새로운 전자상거래 플랫폼은 온라인에서 재화와 서비스를 사고 파는 것을 용이하게 할 것이다.

46
facility

[fəsíləti]

- 명 시설 = institution, establishment, premises

The **facility** where the experiment was conducted had a control room, where the scientists monitored the experiment.
실험이 행해졌던 이 시설에는 과학자들이 실험을 감시하는 통제실이 있었다.

47
factor

[fǽktər]

- 명 1. 요인 = element, part   2. 인수, 인자

These cells are affected by genetic **factors**.
이 세포들은 유전적인 요인에 영향을 받는다.

48
fail

[feil]

- 동 실패하다, 떨어지다

The new medication **failed** to reduce levels of anxiety.
그 신약은 불안 수준을 줄이는 데 실패했다.

 단어 학습 꿀팁

fail + to V ~하는 데 실패하다 문법-준동사
→ 목적어 자리에 to부정사를 사용한다.

49
focus
[fóukəs]

- 동 집중하다, 초점을 맞추다 = concentrate
- 명 초점, 중점 = center

In the study, researchers **focused** on the long-term effects of the treatment.
그 연구에서, 연구원들은 그 치료법의 장기적 효과에 집중했다.

 단어 학습 꿀팁
focus on ~에 집중하다

50
harm
[hɑːrm]

harmful 형 해로운

- 동 해치다 = hurt, injure
- 명 피해, 손해 = damage, injury

Some medications that are taken during pregnancy might **harm** the unborn baby.
임신 중에 어떤 약을 복용하면 태아를 해칠 수도 있다.

51
household
[háushòuld]

- 명 가정, 가구, 세대 = family, home

The average size of **households** in the United States has been slowly declining over the past few decades.
미국의 평균 가구 규모가 지난 수십 년동안 서서히 감소해왔다.

52
ideal
[aidíːəl]

idealize 동 이상화하다

- 형 이상적인 = fitting, optimal, perfect

There are many benefits of chamomile tea that make it **ideal** to treat symptoms of anxiety and insomnia.
불안감과 불면증의 증상을 치료하는 데 이상적이게 만드는 카모마일차의 많은 이점들이 있다.

53
identify
[aidéntəfài]

identification 명 신원 확인

- 동 (신원을) 확인하다, 알아내다 = recognize

Scientists have **identified** several possible reasons why the Andromeda galaxy is spiral shaped.
과학자들은 안드로메다 은하가 나선형 모양인 몇 가지 가능한 이유를 알아냈다.

54
immune

[imjúːn]

immunity 명 면역력

형 면역의 = protected, invulnerable

Even though people can wear sunscreen to protect themselves, they are not totally **immune** to damage from the sun.
비록 사람들이 스스로를 보호하기 위해 선크림을 바를 수 있지만, 그들은 태양으로부터 받는 피해에 완전히 면역된 것은 아니다.

55
indicate

[índikèit]

indication 명 암시, 조짐

동 나타내다, 가리키다 = show, suggest

A recent study **indicated** that a majority of people are in favor of stricter gun control laws.
최근의 연구는 대다수의 사람들이 더욱 엄격한 총기 규제법안에 찬성한다는 것을 보여주었다.

56
induce

[indjúːs]

inducement 명 장려책

동 유발하다, 유도하다, 설득하다 = cause, encourage

The new advertisement was designed to **induce** consumers to try the company's new product.
그 새로운 광고는 소비자들로 하여금 회사의 신제품을 사용해 보도록 유도하기 위해 고안되었다.

 단어 학습 꿀팁

induce A to V A가 ~하도록 설득하다

57
infect

[infékt]

infection 명 감염, 전염병
infective 형 전염성이 있는

동 감염시키다 = contaminate, taint, affect

Some people can be **infected** with the flu virus, but experience no symptoms.
어떤 사람들은 독감 바이러스에 감염되고도 아무런 증상이 없을 수 있다.

 단어 학습 꿀팁

be infected with ~에 감염되다

58
initial

[iníʃəl]

initially 부 처음에, 초기에
initiate 동 시작하다

형 초기의, 처음의 = first, original

Through regular checkups, cancer can be detected in its **initial** stages.
정기 검진을 통해서 암을 초기 단계에서 발견할 수 있다.

59
insist

[insíst]

insistence 명 고집, 주장
insistent 형 고집하는

동 1. 주장하다 = assert   2. 요구하다, 고집하다 = demand

Immigrant Rights activist José Gonzalez **insisted** that too often the voices of immigrants are left out of the conversation.
이민권 운동가 호세 곤잘레스는 이민자들의 목소리가 대화에서 너무 자주 무시당한다고 주장했다.

The researchers **insisted** on more time to study the data before coming to a conclusion.
연구원들은 결론에 도달하기 전에 데이터를 연구할 더 많은 시간을 요구했다.

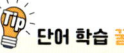

단어 학습 꿀팁

insist + that + 주어 + (should) 동사원형
~해야 한다고 주장하다   문법·조동사 should 생략
→ 주장·요구·제안을 나타내는 동사 insist 뒤에 that절이 오면 that절의 동사는 should가 생략된 동사원형을 사용한다.

60
inspect

[inspékt]

inspection 명 점검, 검사

동 점검하다, 조사하다 = examine

The overpass needs to be **inspected** for any damage that may have occurred during the earthquake.
그 고가도로는 지진 중에 생겼을지도 모를 피해가 있는지 점검되어질 필요가 있다.

DAY 09 VOCABULARY TEST

Q 밑줄 친 단어의 유의어로 가장 적절한 보기를 고르세요.

01 Recent research has <u>facilitated</u> the application of machine learning to forecast customer behavior.
(a) analyzed   (b) furthered   (c) examined   (d) compared

02 The African elephant is now <u>extinct</u> in many parts of Africa.
(a) dead   (b) ideal   (c) exhausted   (d) aggressive

03 Paleontologists <u>ascribed</u> their findings to the fossil record, which provides evidence of the evolutionary history of life on Earth.
(a) experimented   (b) assumed   (c) indicated   (d) attributed

04 Quantum dots can be an <u>alternative</u> to traditional semiconductor manufacturing.
(a) benefit   (b) counterpart   (c) option   (d) factor

Q 아래의 단락을 읽고 밑줄 친 단어와 문맥상 가장 가까운 보기를 고르세요.

05 There are many benefits to flexible work schedules. For one, it allows employees to <u>shun</u> the traditional nine-to-five work day. This can be a huge benefit for employees who have families or other responsibilities outside of work. It also allows employees to take advantage of the hours when they are most productive. For example, some people may be more productive in the morning, while others may be more productive in the evening.

In the context of the passage, <u>shun</u> means _____.
(a) enhance   (b) avoid   (c) create   (d) fail

정답 1 (b) 2 (a) 3 (d) 4 (c) 5 (b)   해석 376P

지텔프 추가학습 단어

☐ acute	형 급성의
☐ ancestor	명 조상, 선조
☐ antibiotic	명 항생제
☐ archaeology	명 고고학
☐ artery	명 동맥
☐ bestow	동 수여하다, 부여하다
☐ cell	명 세포; 독방
☐ chemical	형 화학적인, 화학의 명 화학물질, 화합물
☐ chronic	형 만성의
☐ component	명 요소, 성분 형 구성하는
☐ cure	명 치료 동 치료하다
☐ deadly	형 치명적인, 매우 심한
☐ dehydration	명 탈수, 건조
☐ detect	동 찾아내다
☐ discard	동 버리다, 처분하다
☐ dose	명 복용량
☐ downside	명 불리한 면, 단점
☐ element	명 요소, 성분
☐ emergency	명 비상 상황
☐ endangered	형 멸종 위기에 처한
☐ epidemic	명 전염병, 유행병 형 유행성의
☐ fault	명 단점, 결점
☐ find out	동 알아내다
☐ findings	명 연구 결과, 조사 결과
☐ gravity	명 중력; 중대함
☐ hospitalize	동 입원시키다
☐ ignite	동 점화하다; 촉발시키다
☐ impair	동 손상시키다
☐ imply	동 암시하다
☐ indigenous	형 토착의, 고유의

DAY 09

DAY 10

독해&어휘

PART 2 잡지 기사 (2)

표제어와 뜻을 음원으로 듣기

PREVIEW

instruct	physical	security
introduce	plan	seek
jumpstart	population	skeptical
laboratory	pose	solve
limit	predict	species
material	prehistoric	specimen
mature	prolong	spread
measure	proof	state
method	publish	statistics
modify	record	study
monitor	relate	subject
nerve	report	substitute
note	reproductive	suggest
notion	require	survey
observe	research	suspect
opposite	response	sustain
optimistic	result	theory
participant	reveal	undergo
patient	ruin	verify
perform	search	warn

01
instruct
[insíst]

instruction 명 지시사항
instructor 명 교사, 강사

동 지시하다, 교육하다 ≒ inform, teach

The subjects were **instructed** to sit in a chair and not move for the duration of the experiment.
실험 대상자들은 실험 기간 동안 의자에 앉아 움직이지 말라고 지시 받았다.

 단어 학습 꿀팁

instruct + A + to V A가 ~하도록 지시하다 문법-준동사
→ 목적어 뒤 목적격 보어 자리에 to부정사를 사용한다.

instruct + that + 주어 + (should) 동사원형
~해야 한다고 지시하다 문법-조동사 should 생략
→ 주장·요구·제안을 나타내는 동사 instruct 뒤에 that절이 오면 that절의 동사는 should가 생략된 동사원형을 사용한다.

02
introduce
[intrədjúːs]

introduction 명 소개, 서론

동 소개하다, 도입하다 ≒ present

Archaeologists **introduced** a new technique for unearthing and studying artifacts that are buried underground.
고고학자들은 지하에 묻힌 유물을 발굴하고 연구하는 새로운 기술을 도입했다.

03
jumpstart
[dʒʌ́mpstɑ̀rt]

동 1. 촉진하다, 박차를 가하다 ≒ spark, spur, prompt
2. 북돋우다, 활성화하다 ≒ improve, boost, galvanize

The researchers hope to **jumpstart** conservation in areas where leopards are most threatened.
연구원들은 표범들이 가장 많이 위협받고 있는 지역의 보존을 촉진할 것을 바라고 있다.

04
laboratory
[lǽbərətɔ̀ːri]

명 실험실

The **laboratories** are equipped with chemical sensors.
그 실험실은 화학물질 센서를 갖추고 있다.

05
limit
[límit]

limitation 명 제약, 규제

동 제한하다 ≒ restrict
명 제한, 한계 ≒ restriction

Environmental activists are hoping for stricter laws to **limit** industrial pollution.
환경 운동가들은 산업 공해를 제한하는 더 엄격한 법을 바라고 있다.

06
material
[mətíəriəl]

- 명 1. 물질, 재료, 자재 ≒ substance, matter
- 2. 자료 ≒ information, document
- 형 물질적인 ≒ physical

In 1935, Wallace Hume Carothers created nylon, a synthetic **material** that launched a new revolution in the fashion industry.
1935년, 월러스 흄 캐러더스는 패션 산업에 새로운 혁명을 연 합성 소재인 나일론을 만들었다.

The professor gave her students tons of reading **material**.
그 교수는 학생들에게 엄청난 양의 읽을 자료들을 주었다.

07
mature
[mətjúər]

maturity 명 성숙함

- 형 성숙한 ≒ grown
- 동 성숙해지다, 다 자라다 ≒ grow up, age

As kangaroos **mature**, they develop more muscle and less fat.
캥거루는 다 자라면서 근육이 더 발달하고 지방은 덜 쌓인다.

08
measure
[méʒər]

measurement 명 측정, 측량

- 동 측정하다 ≒ estimate, calculate
- 명 1. 척도 ≒ standard 2. 수단, 조치, 대책 ≒ action

Satellite images are frequently used to **measure** environmental changes.
위성 이미지는 환경의 변화를 측정하기 위해 빈번하게 사용된다.

 단어 학습 꿀팁

take measures to V   ~하기 위해 조치를 취하다

09
method
[méθəd]

methodology 명 방법론

- 명 방식 ≒ way, approach

The store devised a new payment **method** for their online store.
그 매장은 그들의 온라인스토어를 위한 새로운 결제 방식을 고안했다.

10
modify
[mάdəfài]

modification 명 수정, 변경

- 동 수정하다, 변경하다 ≒ alter, adjust, change

He **modified** the details of his plan for the experiment.
그는 실험 계획의 세부사항을 수정했다.

11
monitor

[mάnətər]

monitoring 명 감시, 관찰

- 명 화면, 모니터, 감시 장치 = screen
- 동 감시하다, 감독하다 = watch, observe

The software is designed to **monitor** workers in the office and provide data that can be used to improve efficiency.
이 소프트웨어는 사무실의 직원들을 감독하고 효율성을 향상시키는 데 사용될 수 있는 데이터를 제공하기 위해 설계되었다.

12
nerve

[nə:rv]

nervous 형 불안해하는

- 명 1. 신경 2. 긴장, 불안 = anxiety, tension

Electrical signals are communicated between **nerve** cells in order for the body to move.
전기 신호는 신체가 움직이기 위해 신경 세포들 사이에서 소통된다.

Yoga can also be beneficial for your mental health, helping to reduce stress and calm your **nerves**.
요가는 또한 당신의 정신 건강에도 유익하며, 스트레스를 줄이고 긴장을 완화하는 데에도 도움을 줍니다.

13
note

[noʊt]

notable 형 주목할 만한, 눈에 띄는

- 명 메모, 쪽지
- 동 주목하다, 언급하다 = notice, mention

Archaeologist **note** that many ancient civilizations had some form of writing.
고고학자들은 많은 고대 문명들이 어떤 형태의 글쓰기 활동을 가지고 있었다는 데에 주목한다.

 단어 학습 꿀팁

make a note of ~을 메모하다, 기록하다
take a note of ~에 주목하다

14
notion

[nóʊʃən]

- 명 개념, 생각 = opinion, view

Artists challenge the **notion** that art must realistically depict the world.
예술가들은 예술이 사실적으로 세계를 묘사해야 한다는 개념에 도전한다.

15 observe

[əbzə́:rv]

observation 명 관찰
observatory 명 관측소
observance 명 준수

동 1. 관측하다, 관찰하다, 주시하다 ⊜ monitor, watch, notice
2. 따르다, 준수하다 ⊜ follow, comply with
3. 축하하다, 기념하다 ⊜ celebrate, commemorate

In order to **observe** the effects of the experiment, they set up a camera to record the data.
실험의 효과를 관찰하기 위해, 그들은 데이터를 기록할 카메라를 설치했다.

One should always **observe** the safety health protocols to avoid any accidents.
어떠한 사고라도 피하기 위해서는 안전보건수칙을 준수해야 한다.

16 opposite

[á:pəzət]

oppose 동 반대하다
opposition 명 반대, 반발

형 반대의 ⊜ reverse, contrary
명 반대(되는 것 또는 사람) ⊜ reverse, contrary

In a world that is becoming increasingly digitized, some people are choosing to live **opposite** lifestyles by disconnecting from technology and living off the grid.
디지털화 되어가는 세상에서, 일부 사람들은 기술과 단절되고 공공설비와 연결을 끊고 사는 정반대의 생활 방식을 선택하고 있다.

More and more people are turning to the **opposite** of fast food: slow food.
점점 더 많은 사람들이 패스트푸드의 반대인 슬로우 푸드로 눈을 돌리고 있다.

17 optimistic

[a:ptɪmístɪk]

optimism 명 낙관주의
optimist 명 낙천주의자

형 낙관적인 ⊜ hopeful, positive

In a recent study, it was found that people who are **optimistic** about the future are more likely to live longer, healthier lives.
최근의 한 연구에서, 미래에 대해 낙관적인 사람들이 더 오래, 더 건강한 삶을 살 가능성이 더 높다는 것이 밝혀졌다.

18 participant

[pɑ:rtísɪpənt]

participate 동 참가하다
participation 명 참가

명 참가자 ⊜ contestant, candidate, member

During the game show, the **participants** needed to score at least 500 points to proceed to the next round.
게임 쇼 동안, 참가자들은 다음 라운드로 가기 위해 최소 500점을 득점해야 했다.

DAY 10

19
patient
[péiʃənt]

patience 명 인내심

명 환자
형 참을성 있는, 인내심 있는 = tolerant

A new treatment for cancer was successful in reducing tumor size in 70% of **patients**.
암에 대한 새로운 치료법은 환자의 70퍼센트에서 종양의 크기를 줄이는 데 성공적이었다.

The researcher said that it is important to be **patient** about the results because it takes time to accurately gather data.
이 연구원은 데이터를 정확하게 수집하는 데 시간이 걸리기 때문에 결과에 대해 인내심을 갖는 것이 중요하다고 말했다.

20
perform
[pərfɔ́:rm]

performance 명 공연, 연기
performer 명 공연자

동 1. 공연하다 = act, stage, present
2. 수행하다 = do, conduct, carry out, execute

Shakespeare's *Romeo and Juliet* was first **performed** in 1595.
셰익스피어의 '로미오와 줄리엣'은 1595년에 처음으로 공연되었다.

The research was **performed** by a team of scientists from around the world.
그 연구는 전 세계의 과학자 팀에 의해 수행되었다.

21
physical
[fízikəl]

physics 명 물리학

형 1. 육체적인, 신체의 = bodily
2. 물질의, 물리적인 = material, tangible

Swimming is a good exercise that helps maintain **physical** balance.
수영은 신체적인 균형을 유지시킬 수 있도록 도와주는 좋은 운동이다.

22
plan
[plæn]

명 계획 = scheme
동 계획하다

Researchers are **planning** to study the effects of climate change on the endangered Arctic fox.
연구원들은 멸종 위기에 처한 북극여우에게 미치는 기후 변화의 영향을 연구할 계획입니다.

 단어 학습 꿀팁

plan + to V ~할 계획을 하다 문법-준동사
→ 목적어 자리에 to부정사를 사용한다.

23
population
[pɑ̀pjuléiʃən]

populate 동 ~에 거주하다, (어떤 장소)를 차지하다

명 인구, (동물의) 개체 수 = inhabitant

The world's **population** of tigers has been declining for many years.
호랑이들의 전 세계 개체 수가 수년 동안 감소해오는 중이다.

24
pose
[pouz]

동 1. (위협·문제 등을) 제기하다 = raise, propose
2. 자세를 취하다 = position
명 태도, 자세 = posture, stance, position

The California newt **poses** a serious threat to the ecosystem of the Sierra Nevada mountains.
캘리포니아영원은 시에라 네바다 산맥의 생태계에 심각한 위협을 가한다.

The photographer asked the models to **pose** for a group photo.
사진사는 모델들에게 단체 사진을 위해 포즈를 취해달라고 요구했다.

25
predict
[pridíkt]

prediction 명 예측

동 예측하다 = foresee

The experts **predict** that the environment will continue to change rapidly in the next few years.
전문가들은 앞으로 몇 년 동안 환경이 계속해서 급변할 것이라고 예측한다.

26
prehistoric
[prìhistɔ́:rik]

prehistory 명 선사 시대

형 선사 시대의 = ancient, primeval, earliest

Fossils of a 30-foot **prehistoric** marine lizard have been discovered in North Texas.
30피트 높이의 선사 시대 바다이구아나의 화석이 북텍사스에서 발견되었다.

27
prolong
[prəlɔ́:ŋ]

prolonged 형 오래 계속되는

동 연장하다 = lengthen

Making and maintaining eye contact can help **prolong** interactions in a positive way.
눈을 맞추고 유지하는 것은 긍정적인 방식으로 상호작용을 연장시키도록 돕는다.

28
proof
[pru:f]

명 증거 = evidence

The results of a lie detector test are not considered solid **proof**.
거짓말 탐지기 결과는 탄탄한 증거로 인정받지 않는다.

29
publish
[pʌbliʃ]

publisher 명 출판사

동 출판하다 = issue

The experiment, which was **published** in the journal Science, found that the drug was effective in reducing levels of the disease-causing protein in the brains of mice.
《사이언스》지에 게재된 그 실험은 그 약물이 쥐의 뇌에서 질병을 유발하는 단백질 수치를 감소시키는 데 효과적이라는 것을 알아냈다.

30
record
명 [rékərd]
동 [rikɔ́:rd]

명 기록 = document, evidence
동 기록하다, 녹음하다 = write down, register

They **recorded** the height of the plants at the end of each week to see if there is a difference in growth between the two groups.
그들은 두 그룹 사이에서 생육에 차이가 있는지 확인하기 위해 매 주말마다 식물의 높이를 측정했다.

31
relate
[riléit]

relative 형 비교상의, 상대적인 명 친척, 동족
relatively 부 비교적
relation 명 관계, 연관성; 친척
relationship 명 (사람들 간의 감정적) 관계

동 1. 관련시키다 = connect, affiliate
    2. 공감하다 = empathize with

A recent study found that melting glaciers are **related** to rising sea levels.
최근의 한 연구는 녹아 내린 빙하가 해수면 상승과 관련이 있다는 것을 알아냈다.

According to the latest findings, people who **relate** to others are more likely to be happy and successful.
최근의 연구 결과에 따르면, 다른 이들과 마음이 통하는 사람들은 더 행복하고 성공할 가능성이 높다.

> 단어 학습 꿀팁
> be related to ~와 연관되어 있다
> relate to ~에 공감하다

32
report
[ripɔ́:rt]

reportedly 부 들리는 바에 의하면, 소문에 의하면

동 알리다, 보고하다, 보도하다 = inform, announce
명 보고(서), 보도, 기사, 기록 = article

Several magazines have **reported** that the new diet pill is set to be released on the market.
몇몇 잡지들은 새로운 다이어트 약이 시장에 출시될 예정이라고 알렸다.

A new **report** shows that Americans are not getting enough omega-3 fatty acids in their diet.
한 새로운 보고서는 미국인들이 그들의 식사에서 충분한 오메가-3 지방산을 얻지 못하고 있음을 보여준다.

33
reproductive

[ri:prədʌktiv]

reproduction 명 번식

- 형 번식의, 생식의 = progenitive

The octopus has a complex **reproductive** system.
문어는 복잡한 번식 체계를 가지고 있다.

34
require

[rɪkwáɪər]

requirement 명 요구, 필요조건
required 형 요구되는, 필수의

- 동 요구하다 = ask, demand, insist

Subjects are **required** to wear gloves.
피실험자들은 장갑을 끼는 것이 요구되었다.

> **단어 학습 꿀팁**
>
> require + -ing ~하는 것을 필요로 하다 `문법-준동사`
> require + A + to V A에게 ~하라고 요구하다 `문법-준동사`
> → 목적어 자리에는 동명사를, 목적격 보어 자리에는 to부정사를 사용한다.
>
> require + that + 주어 + (should) 동사원형
> ~해야 한다고 요구하다 `문법-조동사 should 생략`
> → 주장·요구·제안을 나타내는 동사 require 뒤에 that절이 오면 that절의 동사는 should가 생략된 동사원형을 사용한다.

35
research

[rɪsə́:rtʃ]

researcher 연구원

- 명 연구, 조사, 탐구 = examination, study
- 동 연구하다, 조사하다 = examine, study

This **research** was finished with government aid.
이 조사는 정부의 지원을 받아 완성됐다.

36
response

[rɪspá:ns]

respond 동 응답하다, 대답하다, 반응하다
responsive 형 즉각 반응하는

- 명 응답, 대답, 반응 = answer, reaction

The **response** to the study was mixed, with some people finding the results surprising and others feeling that they were expected.
이 연구에 대한 반응은 엇갈렸는데, 어떤 사람들은 그 결과가 놀랍다고 느꼈고 다른 사람들은 예상되었던 바라고 느꼈다.

> **단어 학습 꿀팁**
>
> in response to ~에 응하여

37
result

[rizʌlt]

명 결과 ➡ consequence
동 결과로서 생기다

The prevalence of corruption in banks is the **result** of lax regulation and ineffective enforcement mechanisms.
은행의 부패가 만연한 것은 느슨한 규제와 비효율적인 집행 구조의 결과이다.

Beagles are a breed of dog that **resulted** from the mating of two different types of hounds in England in the 1830s.
비글은 1830년대 영국에서의 두 다른 사냥개 종의 짝짓기에서 기인한 개의 품종이다.

 단어 학습 꿀팁
result from ~(원인)에서 기인하다
result in ~(결과)을 야기하다
as a result 결과적으로

38
reveal

[rivíːl]

revelation 명 폭로

동 드러내다, 폭로하다 ➡ disclose

The survey **revealed** that most people spend more time on their phones than they do talking to other people.
그 조사는 대부분의 사람들이 다른 사람들과 대화하는 것보다 전화기에 더 많은 시간을 들인다는 것을 밝혀냈다.

39
ruin

[rúːin]

명 유적, 폐허
동 파괴하다, 해치다 ➡ destroy, devastate

Mexican archaeologists recently discovered the **ruins** of an ancient Mayan city.
멕시코 고고학자들은 최근에 고대 마야 도시의 유적을 발견했다.

Sleep deprivation can **ruin** your health by causing weight gain, high blood pressure, and heart disease.
수면 부족은 체중 증가, 고혈압, 심장병을 유발하여 당신의 건강을 해칠 수 있다.

40
search

[səːrtʃ]

동 찾다, 탐색(수색)하다, 살피다 ➡ seek, examine, inspect
명 수색, 탐색

The expedition team explored the cave to **search** for the ore.
그 탐사대는 광석을 찾기 위해 동굴을 탐험했다.

 단어 학습 꿀팁
search for ~을 찾다
in search of ~을 찾아서

41
security
[sikjúərəti]

secure 형 안전한

명 보안, 안보 = safety, protection

Security check is getting stricter in Europe.
유럽에서 보안 검사가 엄격해지고 있다.

42
seek
[siːk]

동 1. 찾다, 구하다 = search, explore
2. (~하려고) 시도하다, 노력하다 = attempt, endeavor, try

Business owners should **seek** to build a strong relationship with their customers.
사업주들은 그들의 고객들과의 강력한 관계를 형성하려고 노력해야 한다.

43
skeptical
[sképtikəl]

형 회의적인 = doubtful

Many people are **skeptical** about the effectiveness of the proposed solution to end electricity crisis.
많은 사람들은 전기 위기를 끝내기 위해 제안된 해결책의 효과에 대해 회의적이다.

44
solve
[salv]

solution 명 해결, 결의안

동 해결하다 = resolve

Tomato growers can **solve** the problem of pests by planting resistant varieties.
토마토 재배자들은 저항성 품종을 심음으로써 해충 문제를 해결할 수 있다.

45
species
[spíːʃiːz]

명 (동식물의) 종, 종류 = breed, classification

There are over 60,000 **species** of trees on earth.
지구상의 나무는 60,000 종이 넘는다.

46
specimen
[spésəmən]

명 견본, 표본 = sample, example

The biologists collected a live plant **specimen** for the study.
생물학자들은 연구를 위한 살아있는 식물 표본을 수집했다.

DAY 10

DAY 10 | 181

47 spread
[spred]

- 동 퍼지다, 퍼뜨리다 = scatter
- 명 확산, 전파 = expansion, increase

Beer output in Poland has been on the rise in recent years, due in part to the **spread** of craft breweries across the country.
부분적으로 수제맥주 양조장의 확산 때문에, 폴란드의 맥주 생산량은 최근 몇 년 동안 증가해왔다.

48 state
[steit]

- 동 말하다 = declare, say
- 명 1. 상태 = condition 2. 나라, 국가, (미국·호주의) 주(州)

A nutritionist **stated** that people who eat breakfast every day tend to be thinner than those who skip breakfast.
한 영양사는 매일 아침을 먹는 사람들이 아침을 거르는 사람들보다 더 마른 경향이 있다고 말했다.

The current **state** of the economy is causing many people to rethink their spending habits.
경제의 현재 상태는 많은 사람들로 하여금 그들의 소비 습관에 대해 다시 생각해보도록 만들고 있다.

49 statistics
[stətístiks]

statistical 형 통계의, 통계상의

- 명 통계학, 통계 = data

Statistics show that the average person blinks around 15 times per minute.
통계는 평균적인 사람이 1분에 15번 정도 눈을 깜빡인다는 것을 보여준다.

50 study
[stʌ́di]

- 동 배우다, 연구하다, 검토하다 = examine
- 명 1. 연구 = investigation, research 2. 서재

He **studied** the object carefully and concluded that it was at least 20 years old.
그는 그 물체를 주의 깊게 연구했고 그것이 적어도 20년 된 것이라고 결론을 내렸다.

According to a recent **study**, people who sleep for less than six hours a night are more likely to catch a cold than those who sleep for seven hours or more.
최근 연구에 따르면, 하룻밤에 6시간 미만으로 잔 사람들은 7시간 이상 잔 사람들보다 감기에 걸릴 확률이 더 높다.

51
subject
[sʌ́bdʒikt]

subjective 형 주관적인

명 과목, 주제 ⊜ course, issue

One recent **subject** of scientific discovery is the Higgs boson.
과학적 발견의 최근 주제 중 하나는 힉스 입자이다.

52
substitute
[sʌ́bstətjùːt]

substitution 명 대리, 대용

동 대신하다, 교체하다 ⊜ replace, exchange
명 (명)대리인, 대체물, 대용품 ⊜ replacement, backup

Substituting vegetable oil for animal oil makes people healthier.
동물성 기름 대신 식물성 기름을 쓰면 건강에 더 이롭다.

> 단어 학습 꿀팁
> substitute A for B B를 대신하여 A로 교체하다

53
suggest
[səgdʒést]

suggestion 명 제안, 암시

동 1. 제안하다 ⊜ propose   2. 암시하다 ⊜ imply

Experts **suggest** that solving puzzles regularly will improve your memory.
전문가들은 정기적으로 퍼즐을 푸는 것이 기억력을 향상시킬 거라고 제안한다.

Several news reports **suggested** a connection between the two events.
몇몇 뉴스 기사는 두 사건의 관련성을 암시했다.

> 단어 학습 꿀팁
> **suggest + -ing** ~하는 것을 제안하다 문법·준동사
> → 목적어 자리에 동명사를 사용한다.
> **suggest + that + 주어 + (should) 동사원형**
> ~해야 한다고 제안하다 문법·조동사 should 생략
> → 주장·요구·제안을 나타내는 동사 suggest 뒤에 that절이 오면 that절의 동사는 should가 생략된 동사원형을 사용한다.

54
survey
[sərvéi]

명 조사 ⊜ poll
동 조사하다

During an in-depth **survey**, two-thirds of Americans said that they're in very good health.
심층 조사 동안, 미국인의 3분의 2가 건강 상태가 매우 좋다고 말했다.

55
suspect

[sʌspekt]

- 명 용의자 ≒ accused
- 동 1. 의심하다 ≒ doubt, distrust, mistrust
  2. 생각하다, 추측하다 ≒ assume, believe, guess

The **suspect** was arrested by the police this afternoon and sent to the county jail.
그 용의자는 오늘 오후에 경찰에 의해 체포되었고 지역 교도소로 보내졌다.

They **suspect** that the increase in carbon dioxide levels is responsible for the melting of the polar ice caps.
그들은 이산화탄소 수치의 증가가 극관얼음이 녹는 것에 책임이 있다고 추측한다.

56
sustain

[səstéin]

sustainability 명 지속 가능성
sustainable 형 지속 가능한

- 동 지속하다, 유지하다 ≒ continue, maintain

In order to **sustain** responsible consumption habits, people need to be aware of the impact their choices have on the environment.
책임감 있는 소비 습관을 유지하기 위해서, 사람들은 그들의 선택이 환경에 미치는 영향을 인식할 필요가 있다.

57
theory

[θíːəri]

theoretical 형 이론적인

- 명 이론, 학설 ≒ hypothesis

There are countless **theories** about black holes.
블랙홀에 관한 수많은 이론이 있다.

58
undergo

[ʌndərgóu]

- 동 1. 받다, 겪다, 경험하다 ≒ experience, go through
  2. 견디다 ≒ endure

Some foods **undergo** a fermentation process in which bacteria converts carbohydrates into organic acids.
어떤 음식들은 박테리아가 탄수화물을 유기산으로 바꾸는 발효 과정을 거친다.

59
verify

[vérəfài]

verification 명 확인

- 동 증명하다 ≒ confirm, authenticate

Scientists have been trying to **verify** the existence of dark matter for years.
과학자들은 수년 동안 암흑 물질의 존재를 증명하려고 노력해 왔다.

60
warn

[wɔːrn]

warning 몡 경고

동 경고하다, 주의를 주다 유 notify, alert

The software can be installed to **warn** drivers about unsafe speed levels.
그 소프트웨어는 운전자들에게 안전하지 않은 속도 수준에 대해 경고하기 위해 설치될 수 있다.

단어 학습 꿀팁

warn A of/about B A에게 B에 대해 알리다, 주의를 주다
warn A against B A에게 B하지 말라고 경고하다
warn A to V A에게 ~하라고 주의를 주다

DAY 10 VOCABULARY TEST

Q 밑줄 친 단어의 유의어로 가장 적절한 보기를 고르세요.

01 The professor <u>observed</u> the behavior of the students in his class.
(a) monitored (b) planned (c) revealed (d) solved

02 The ancient Greeks were able to <u>foresee</u> the future by looking at the stars.
(a) record (b) verify (c) measure (d) predict

03 This study <u>raised</u> a question about the dangers of social media addiction.
(a) noted (b) posed (c) inspected (d) modified

04 Scientists believe that the fossils found in the area are from <u>prehistoric</u> times.
(a) original (b) reproductive (c) physical (d) ancient

Q 아래의 단락을 읽고 밑줄 친 단어와 문맥상 가장 가까운 보기를 고르세요.

05 Researchers have found that the ancient Egyptian civilization was a highly advanced society, with a complex political system, a thriving economy, and impressive architectural feats. Initially <u>skeptical</u> of the claim that the Egyptians were such a highly-developed civilization, researchers have been forced to reconsider their opinion in light of the evidence that has been uncovered. The ancient Egyptians were clearly a highly-skilled and sophisticated people, and their civilization was one of the most impressive of its time.

In the context of the passage, <u>skeptical</u> means _____.

(a) optimistic (b) doubtful (c) noteworthy (d) practical

정답 1 (a) 2 (d) 3 (b) 4 (d) 5 (b)   해석 377P

지텔프 추가학습 단어

☐ layer	명 막, 층 동 겹겹이 놓다(쌓다)	
☐ lead to	동 ~로 이어지다, ~를 초래하다	
☐ leave out	동 빼다, 배제시키다	
☐ look into	동 조사하다	
☐ mandatory	형 의무적인	
☐ mechanical	형 기계의, 기계적인	
☐ medicine	명 의학; 약	
☐ molecule	명 (화학, 물리) 분자	
☐ noteworthy	형 주목할 만한	
☐ pain	명 통증, 고통	
☐ pharmaceutical	형 약학의, 제약의 명 (조제)약	
☐ physician	명 의사, 내과의사	
☐ practical	형 실제적인, 실용적인	
☐ precisely	부 바로, 정확히	
☐ psychological	형 정신의, 심리(학)적인	
☐ remedy	명 치료	
☐ sanitation	명 위생, 위생 시설	
☐ scientific	형 과학의, 과학적인	
☐ strain	명 긴장, 부담, 압박	
☐ stumble upon	동 ~을 우연히 발견하다	
☐ subside	동 가라앉다, 진정되다	
☐ substance	명 물질, 재질	
☐ symptom	명 증상	
☐ synthetic	형 합성의, 인조의	
☐ technical	형 기술의, 기술적인	
☐ therapy	명 치료	
☐ trace	동 추적하다 명 자취, 흔적	
☐ treatment	명 치료	
☐ unprecedented	형 전례 없는	
☐ vein	명 정맥	

DAY 10

자연과 환경

| 표제어와 뜻을 음원으로 듣기 |

PREVIEW

absorb	environment	natural
adjust	flow	offset
atmosphere	fossil	plant
ban	foster	pollution
climate	freeze	precaution
complicated	garbage	preservation
condition	habitat	protect
contaminate	harsh	recycle
current	hazardous	remove
decay	horizon	resource
deforest	humid	rot
deplete	hygiene	scatter
destroy	inhabit	sewage
deteriorate	intact	source
dispose	length	steady
dormant	liquid	stream
drastic	litter	sustainability
ecology	melt	transplant
emit	moist	wane
entail	narrow	waste

01
absorb

[əbzɔ́ːrb]

absorption 명 흡수

동 흡수하다 = receive, soak up

When it is raining, the roots of trees can **absorb** water from the soil.
비가 오면 나무의 뿌리는 흙에서 물을 흡수할 수 있다.

> 단어 학습 꿀팁
> absorb A from B A를 B로부터 흡수하다

02
adjust

[ədʒʌ́st]

adjustment 명 적응, 조절
adjustable 형 조절할 수 있는

동 1. 적응하다 = adapt, accustom 2. 조절하다, 고치다 = alter, modify

It takes time for animals in zoos to **adjust** to their new environment.
동물원에 있는 동물들이 새 환경에 적응하기까지 시간이 걸린다.

> 단어 학습 꿀팁
> adjust to A A에 적응하다
> adjust A (to B) (B에 맞게) A를 조절하다

03
atmosphere

[ǽtməsfìər]

atmospheric 형 대기의, 분위기 있는

명 1. 대기, 공기 = air 2. 분위기 = ambience

Scientists discovered that the **atmosphere** of Mars is similar to that of Earth.
과학자들은 화성의 대기가 지구의 대기와 비슷하다는 것을 발견했다.

The restaurant has a cozy **atmosphere**.
이 레스토랑의 분위기는 아늑하다.

04
ban

[bæn]

동 금지하다 = prohibit, restrict
명 금지 = prohibition, restriction

The government has **banned** hunting sharks for food since 1997.
정부는 1997년 이래로 식용을 위한 상어 사냥을 금지했다.

> 단어 학습 꿀팁
> ban A from -ing A가 ~하는 것을 금지하다

05
climate

[kláimit]

climatic 형 기후의

형 기후 ⊜ weather

California has the proper **climate** for growing oranges.
캘리포니아는 오렌지를 기르기에 적합한 기후를 가지고 있다.

06
complicated

[kɑ́mpləkèitid]

형 복잡한 ⊜ complex

International **environmental** issues are complicated because many countries are usually involved.
보통 여러 나라가 관여하고 있기 때문에 국제적인 환경 이슈는 복잡하다.

> 💡 **단어 학습 꿀팁**
> adjust to A A에 적응하다
> adjust A (to B) (B에 맞게) A를 조절하다

07
condition

[kəndíʃən]

conditional 형 조건부의

동 1. (사람·사물의) 상태, (주위의) 상황 ⊜ state, circumstance, situation
2. 조건 ⊜ term

Jane Goodall spent over 50 years observing chimpanzees in their natural **condition**.
제인 구달은 50년 넘게 자연 상태의 침팬지를 관찰했다.

> 💡 **단어 학습 꿀팁**
> be in good/bad condition 상태가 좋다/나쁘다

08
contaminate

[kəntǽmənèit]

contamination 명 오염

동 오염시키다 ⊜ pollute

The city's drinking water has been **contaminated** by lead.
도시의 식수가 납에 의해 오염되었다.

09
current

[kə́ːrənt]

currently 부 현재

형 현재의 ⊜ contemporary
명 흐름, 기류 ⊜ tide

She gave a presentation on the **current** status of the ozone layer.
그녀는 오존층의 현재 상태에 관한 발표를 했다.

Sea turtles navigate their way back to the shores using ocean **currents**.
바다 거북이들은 해류를 이용해 해안가로 돌아가는 길을 찾는다.

DAY 11 | 191

10
decay
[dikéi]

- 명 부패, 부식
- 동 부패하다 = rot, decompose

This mushroom feeds on wood **decay**.
이 버섯은 나무 부식물을 먹고 자란다.

11
deforest
[di:fɔ́:rist]

deforestation 명 삼림 벌채

- 동 삼림을 없애다

More than 10 percent of the Amazon rainforest has been **deforested**.
아마존 우림 지역의 10퍼센트 이상이 벌채되었다.

12
deplete
[diplí:t]

depletion 명 고갈

- 동 고갈시키다, 감소시키다 = exhaust, consume, use up

After a long drought, the water supply has significantly **depleted**.
긴 가뭄 뒤에, 물 수급이 현저하게 감소했다.

13
destroy
[distrɔ́i]

destruction 명 파괴

- 동 파괴하다 = ruin, demolish

The unlawful hunting of wild animals is **destroying** the ecosystem.
야생동물 불법 사냥이 생태계를 파괴하고 있다.

14
deteriorate
[dɪtìriərèɪt]

- 동 (질이) 악화되다, 나빠지다 = worsen, decline, degenerate

A barrier composed of slabs of concrete and other pebbles started to **deteriorate** quickly in recent years.
콘크리트와 자갈로 구성된 방벽이 최근 몇 년 동안 빠르게 악화되기 시작했다.

15 dispose
[dɪspóʊz]

disposable ⓗ 처분할 수 있는, 일회용의
disposal ⓝ 처리
disposition ⓝ 성향, 기질

ⓥ 1. 처리하다, 처분하다 ≒ throw out, discard
2. 배치하다, 배열하다 ≒ arrange
3. 경향을 갖게 하다 ≒ incline

The company has been fined for **disposing** of hazardous waste in an illegal manner.
그 회사는 유해 폐기물을 불법으로 처리한 것으로 벌금을 부과받았다.

> 단어 학습 꿀팁
> dispose of ~을 처리하다, 처분하다
> dispose A to V A에게 ~할 마음을 갖게 하다
> at one's disposal ~가 원하는 대로, ~의 재량으로

16 dormant
[dɔ́ːrmənt]

ⓗ 휴면의 ≒ asleep, inactive

The volcano has been **dormant** for over 100 years.
그 화산은 백 년 넘게 휴면 상태이다.

> 단어 학습 꿀팁
> dormant account (은행의) 휴면 계좌

17 drastic
[drǽstik]

drastically ⓑ 과감하게

ⓗ 과감한, 급격한, 극단적인 ≒ extreme, radical

Drastic measures should be taken to stop illegal poaching.
불법 밀렵을 막기 위해 과감한 조치가 취해져야 한다.

18 ecology
[ikάlədʒi]

ecologist ⓝ 생태학자

ⓝ 생태, 생태학

She is studying the **ecology** of rainforests.
그녀는 열대 우림의 생태를 공부하는 중이다.

19 emit
[imít]

emission ⓝ 배출

ⓥ 내다, 내뿜다 ≒ give off, release

A typical vehicle **emits** about five tons of carbon dioxide per year.
일반적인 승용차는 연간 약 5톤의 이산화탄소를 내뿜는다.

20
entail
[ɪntéɪl]

🔵 수반하다 🟰 involve

The new environmental regulations will **entail** a lot of changes for factories.
새로운 환경 규제는 공장들을 위한 많은 변화가 수반될 것이다.

💡 **단어 학습 꿀팁**

entail + -ing ~하는 것을 수반하다 `문법-준동사`
→ 목적어 자리에 동명사를 사용한다.

21
environment
[ɪnváɪərənmənt]

environmental 🟢 환경의

🟢 환경 🟰 habitat, territory, surroundings

Reducing your carbon footprint is one of the most important ways to preserve the **environment**.
탄소 발자국을 줄이는 것은 환경을 보존하는 가장 중요한 방법 중 하나이다.

22
flow
[flou]

🟢 흐름 🟰 stream, tide
🔵 흐르다, 흘러다, 이동하다 🟰 run

The river **flow** was so strong that it uprooted trees and carried them downstream.
강물의 흐름이 너무 강해서 나무를 뿌리째 뽑아 하류로 실어 보냈다.

23
fossil
[fásəl]

fossilize 🔵 화석화하다

🟢 화석

Fossil fuels are found in almost every product we use daily.
화석 연료는 우리가 일상에서 쓰는 거의 모든 제품에서 찾아볼 수 있다.

💡 **단어 학습 꿀팁**

fossil fuel 화석 연료

24
foster
[fɔ́:stər]

fosterage 명 양육, 수양

동 1. 양육하다, 수양하다 = raise 2. 조성하다 = encourage, promote

We **foster** rescued animals while they wait for adoption.
우리는 구조된 동물들이 입양되기 전까지 수양해서 키운다.

 단어 학습 꿀팁
foster parent 양부모

25
freeze
[fri:z]

frozen 형 얼어붙은

동 1. 얼다, 얼리다 = frost, refrigerate 2. 정지시키다 = fix, halt, suspend
명 1. 동결, 한파 2. (물가·임금 등의) 동결

Water becomes ice when it **freezes**.
물이 얼면 얼음이 된다.

This year, many employers are opting for a wage **freeze** to cut costs.
올해에는, 많은 고용주들이 비용을 절감하기 위해 임금 동결을 선택하고 있다.

26
garbage
[gá:rbidʒ]

명 쓰레기 = rubbish, trash

It is encouraged to install **garbage** disposals for environmental reasons.
음식물 쓰레기 처리기는 환경적인 이유로 설치가 권장된다.

27
habitat
[hǽbitæt]

habitant 명 거주자
habitation 명 거주, 주거
inhabit 동 거주하다

명 서식지, 거주지 = dwelling, home, residence

The main effect of **habitat** destruction is a reduction in biodiversity.
서식지 파괴의 주된 영향은 생물의 다양성 감소이다.

28
harsh
[ha:rʃ]

harshness 명 가혹함

형 가혹한, 혹독한 = severe

Polar bears have fur that protects them from **harsh** weather.
북극곰은 혹독한 겨울로부터 보호를 해주는 털이 있다.

DAY 11

29
hazardous

[hǽzərdəs]

hazard 명 위험, 위험 요소

형 위험한 ⊜ dangerous, risky

Radon gas is a **hazardous** substance that is produced when uranium decays.
라돈가스는 우라늄이 부패할 때 생성되는 유해물질이다.

30
horizon

[həráizn]

horizontal 형 수평의, 가로의

명 지평선, 수평선

We watched the sun set on the **horizon**.
우리는 태양이 수평선에 지는 모습을 지켜보았다.

 단어 학습 꿀팁

on the horizon = imminent 곧 일어날(발생할) 것 같은

31
humid

[hjúːmid]

형 습한 ⊜ damp, moist, wet

It's mostly hot and **humid** in Southeast Asia.
동남아시아는 주로 덥고 습하다.

32
hygiene

[háidʒiːn]

hygienic 형 위생의

명 위생 ⊜ sanitation

Public health education can simply improve health and **hygiene** in India.
민간 보건 교육만으로도 인도의 보건과 위생을 증진시킬 수 있다.

33
inhabit

[inhǽbit]

inhabitation 명 거주, 서식
inhabitable 형 살기에 적합한

동 거주하다, 서식하다 ⊜ live in, dwell in

Dinosaurs **inhabited** the earth before humans.
인간들 이전에 공룡들이 지구에 서식하였다.

34
intact

[ɪntǽkt]

intactly 부 원래대로, 그대로

형 온전한, 변함없는

An ancient human skull was remarkably **intact** when it was unearthed at the excavation site.
고대의 인간 두개골은 발굴지에서 발견되었을 때 놀랍도록 온전했다.

35
length

[leŋkə]

lengthy 형 긴, 장황한
lengthen 동 길어지다

명 1. 길이, 거리 ⊜ width, distance 2. (시간의) 길이 ⊜ duration

The average **length** of an anaconda is between 15 and 30 feet.
아나콘다의 평균 길이는 보통 15에서 30피트 사이이다.

36
liquid

[líkwid]

liquidize 동 액화하다

명 액체 ⊜ fluid
형 액체의 ⊜ fluid

Scientists are searching for other planets with **liquid** water.
과학자들은 액체 상태의 물이 있는 다른 행성을 찾고 있다.

37
litter

[lítər]

동 (쓰레기 등을) 버리다 ⊜ throw out
명 쓰레기 ⊜ rubbish, waste

Do not **litter** on the streets, or else you will be fined.
길거리에 쓰레기를 버리면 벌금을 내게 될 것이다.

38
melt

[melt]

동 녹다 ⊜ thaw, dissolve

Glaciers are **melting** at an accelerated rate.
빙하가 가속화된 속도로 녹고 있다.

39
moist

[mɔist]

moisture 명 습기

형 촉촉한 ⊜ humid, wet

Moist air is less dense than dry air at the same temperature.
촉촉한 공기는 같은 온도일 때 건조한 공기보다 밀도가 낮다.

40
narrow

[nǽrou]

narrowness 명 좁음, 협소함

형 좁은 ⊜ thin, limited
동 좁히다 ⊜ reduce, tighten, limit

It is easy to catch fish in a **narrow** creek.
좁은 개울에서 물고기를 잡기 쉽다.

 단어 학습 꿀팁

narrow down (선택 가능한 범위를) 좁히다

41
natural
[nǽtʃərəl]

nature 명 자연

형 1. 자연의, 천연의 = primitive, raw, unaffected
2. 천부적인, 타고난 = native, innate

Deforestation is threatening the **natural** habitat of animals.
벌채가 동물들의 자연 서식지를 위협하고 있다.

He had a **natural** talent for music, which enabled him to quickly become an excellent pianist.
그는 음악에 천부적인 재능이 있었고, 이는 그가 훌륭한 피아니스트로 빠르게 될 수 있게 했다.

42
offset
[ɔ́:fsèt]

동 상쇄하다 = balance, compensate, make up for

The losses were **offset** by the gains of the next quarter.
손해는 다음 분기의 이익으로 상쇄되었다.

43
plant
[plænt]

plantation 명 농장

명 1. 식물 2. 공장 = factory, mill
동 1. (식물 등을) 심다 = seed, sow 2. 설치하다, 심다 = place, insert, establish

Broccoli and kale come from **plants** of the same species.
브로콜리와 케일은 같은 식물종에서 온다.

He is planning to **plant** tomatoes in his backyard.
그는 그의 뒤뜰에 토마토를 심는 것을 계획 중이다.

44
pollution
[pəlú:ʃən]

pollute 동 오염시키다
pollutant 명 오염 물질, 오염원

명 오염 = contamination

Air **pollution** is reportedly killing about 4,000 people a day in China.
대기 오염은 중국에서 매일 4천여 명의 사람들을 죽음에 이르게 한다고 보고되었다.

45
precaution
[prɪkɔ́:ʃn]

precautionary 형 예방의, 경계의

명 예방책, 예방 조치, 사전 대책 = safeguard

We must take **precautions** against climate change by reducing our reliance on fossil fuels.
우리는 화석 연료에 대한 의존도를 줄임으로써 기후 변화에 맞서 예방 조치를 취해야 한다.

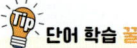 단어 학습 꿀팁

take precautions (against) (~에 대해) 예방 조치를 취하다, 주의하다

46
preservation

[prezərvéɪʃn]

preserve 동 보존하다, 보호하다
preservative 형 보존하는
명 방부제

명 보존 ⊜ conservation, protection

The Australian government has launched a $2 billion plan for the **preservation** of the Great Barrier Reef.
호주 정부는 그레이트 배리어 리프 보존을 위한 20억 달러 계획을 시작했다.

47
protect

[prətékt]

protection 명 보호
protective 형 보호하는

동 보호하다 ⊜ defend

It is important to **protect** animals facing extinction.
멸종 위기에 처한 동물을 보호하는 것은 중요하다.

> 단어 학습 꿀팁
> protect A from B A를 B로부터 보호하다

48
recycle

[riːsáikl]

recyclable 형 재활용 가능한

동 재활용하다 ⊜ reuse

Many companies **recycle** old clothes into new clothes, a process called upcycling. This reduces waste and creates new, stylish clothing from old ones.
많은 회사들이 낡은 옷을 새 옷으로 재활용하는데, 이는 업사이클링이라고 불리는 과정이다. 이것은 쓰레기를 줄이고 오래된 옷에서 새롭고 멋스러운 옷을 만들어 낸다.

49
remove

[rimúːv]

removal 명 제거

동 1. 제거하다, 없애다 ⊜ get rid of, eliminate, erase
2. 내쫓다, 해고하다 ⊜ dismiss, discharge
3. 떼어내다, 치우다, 벗다 ⊜ take away, take off, take out

Coastal development has **removed** many natural habitats and ecosystems, leading to a loss of biodiversity and various environmental issues.
해안 개발은 많은 자연 서식지와 생태계를 없애버렸고, 생물 다양성의 손실과 다양한 환경 문제들로 이어졌다.

50
resource

[ríːsɔːrs]

resourceful 형 자원이 풍부한

명 자원, 재원

Brazil is rich with natural **resources** such as timber and rare metals.
브라질은 목재나 희금속과 같은 천연자원이 풍부하다.

51
rot
[rɑt]

rotten 형 썩은, 부패한

- 동 썩다 ≡ decay, decompose
- 명 부패, 부패물 ≡ decay, decomposition

Earthworms play a vital role in converting **rotting** plants into nutritious soil.
지렁이들은 썩는 식물들을 영양분 많은 토양으로 바꾸는데 중요한 역할을 한다.

52
scatter
[skǽtər]

- 동 뿌리다, 흩어지다 ≡ spread, disperse

Plants have developed diverse methods to **scatter** their seeds.
식물들은 씨앗을 퍼트릴 다양한 방법들을 만들어 냈다.

 단어 학습 꿀팁

scatter A on B A를 B 위에 뿌리다

53
sewage
[súːidʒ]

- 명 하수, 오물

The **sewage** is currently being enhanced to prevent floods.
하수는 홍수를 예방하기 위해 현재 개선되고 있다.

54
source
[sɔːrs]

- 명 원천, 근원 ≡ origin

The major **source** of natural rubber is the Hevea brasiliensis, commonly known as rubber trees.
천연 고무의 주요 근원은 고무 나무로 흔히 알려진 헤베아 브라질리엔시스이다.

55
steady
[stédi]

steadiness 명 견실함

- 형 지속적인 ≡ continuous, constant

Children need **steady** supplies of essential nutrients to avoid health problems while growing up.
아이들은 자라면서 건강상의 문제를 피하기 위해 필수 영양분의 지속적인 공급이 필요하다.

56
stream
[striːm]

streaming 명 흐름

- 명 개울, 시내 ≡ river
- 동 줄줄 흐르다 ≡ flow, run

A small **stream** flows through the forest.
작은 개울이 숲을 통해 흐른다.

57
sustainability

[səsteɪnəbílɪti]

sustain 동 지속하다, 유지하다
sustainable 형 (환경 피해 없이) 지속 가능한

명 지속 가능성

As the industrial trend increasingly shifts towards **sustainability**, companies are investing more in environmentally friendly solutions and practices that reduce their impact on the planet.
산업의 흐름이 지속 가능성으로 점점 더 이동함에 따라, 기업들은 지구에 미치는 영향을 줄이는 환경 친화적인 해결책과 관행에 더 많은 투자를 하고 있다.

58
transplant

동 [trǽnzplænt]
명 [trǽnzplænt]

동 옮겨 심다, 이식하다 = transfer, implant, relocate
명 옮겨 심음, 이식

The tree was **transplanted** to a different garden.
나무는 다른 정원으로 옮겨 심어졌다.

59
wane

[weɪn]

동 약해지다, 시들다, 감소되다 = decline, dwindle, fade

The vibrant colors of the wildflowers in the meadow were beginning to **wane** as the season changed.
계절이 바뀌면서 목초지에 있는 야생화들의 화사한 빛깔이 시들해지기 시작했다.

60
waste

[weɪst]

wasted 형 헛된

명 낭비, 쓰레기 = trash
동 낭비하다, 소모하다 = squander, misuse

You may wonder how you can make better use of all the food **waste** your family creates in a day.
여러분은 여러분의 가족이 하루에 만들어내는 모든 음식물 쓰레기를 어떻게 더 잘 활용할 수 있을지에 대해 궁금하시겠죠.

In the United States, it is estimated that people **waste** about 40 percent of the food that they produce each year.
미국에서, 사람들은 매년 생산되는 음식의 약 40퍼센트를 낭비하는 것으로 추정된다.

DAY 11 VOCABULARY TEST

주어진 단어에 맞는 뜻을 찾아 서로 연결하세요.

01 sustainability •   • (a) 처분하다
02 hazardous   •   • (b) 지속적인
03 dispose   •   • (c) 위험한
04 absorb   •   • (d) 지속 가능성
05 steady   •   • (e) 흡수하다

밑줄 친 단어의 유의어로 가장 적절한 보기를 고르세요.

06 Gary <u>adjusted</u> his tone of voice to better suit his audience.
(a) narrowed   (b) checked   (c) modified   (d) protected

07 Most people cannot live in the Arctic due to its <u>harsh</u> climate.
(a) severe   (b) difficult   (c) challenging   (d) unfavorable

08 Meat production <u>entails</u> the use of large amounts of land, water, and energy.
(a) inquires   (b) fosters   (c) involves   (d) depletes

09 The three countries formally agreed to cooperate on the rainforest <u>preservation</u> project.
(a) operation   (b) application   (c) conservation   (d) presentation

10 Elephants live in a <u>habitat</u> of grassy plains with trees.
(a) residence   (b) atmosphere   (c) horizon   (d) ecology

정답 1 (d) 2 (c) 3 (a) 4 (e) 5 (b) 6 (c) 7 (a) 8 (c) 9 (c) 10 (a)   해석 378P

지텔프 추가학습 단어

DAY 11

☐ break down	동 고장 나다, 실패하다, (분석하기 위해) 나누다
☐ breakthrough	명 획기적 발전, 돌파구
☐ breathe	동 숨을 쉬다
☐ breed	명 품종 동 번식하다, 교배하다, 사육하다
☐ coastal	형 해안의
☐ conservation	명 보존
☐ constellation	명 별자리
☐ corrupt	형 부패한 동 오염시키다
☐ decompose	동 분해하다
☐ drought	명 가뭄
☐ electric	형 전기의
☐ explosive	형 폭발의, 폭발적인
☐ fertilizer	명 비료
☐ flood	명 홍수
☐ give off	동 풍기다, 내다, 발산하다
☐ hemisphere	명 반구
☐ lifespan	명 수명
☐ marine	형 해양의
☐ orbit	명 궤도 동 궤도를 돌다
☐ perish	동 소멸되다
☐ purify	동 정화하다
☐ renewable	형 재생 가능한
☐ solid	명 고체 형 고체의
☐ stem	명 줄기 동 생기다, 유래하다; (흐름을) 막다
☐ surrounding	형 둘러싼 명 (-s) 주변 환경
☐ tremendous	형 엄청난, 굉장한
☐ tropical	형 열대의
☐ vast	형 방대한
☐ vertical	형 수직의
☐ widespread	형 널리 퍼진

DAY 12

식음료

표제어와 뜻을 음원으로 듣기

PREVIEW

absolute	edible	nutrition
addicted	enrich	organic
adhere	exact	peel
advisable	excess	poison
appetite	feed	prepare
artificial	ferment	produce
beverage	fertile	rare
blend	follow	reap
boost	fundamental	recipe
cater	grocery	refrain
commence	harvest	refresh
complimentary	healthy	review
compound	include	serve
contain	ingredient	standardize
conventional	inhibit	supplement
crop	intake	taste
cuisine	irrigate	visit
cultivate	juicy	vital
dietary	manage	weight
digest	nourish	wrap

01
absolute

[ǽbsəlùːt]

absolutely 图 절대적으로

형 절대적인, 완전한 ❀ complete, total

She has **absolute** trust in her co-worker to get the job done.
그녀는 그 일을 해내기 위해 그녀의 동료에 대한 절대적인 신뢰를 가지고 있다.

02
addicted

[ədíktɪd]

addict 명 중독자
addiction 명 중독, 열중, 탐닉
addictive 형 중독적인

형 중독된, 푹 빠진 ❀ dependent, obsessed

My aunt is **addicted** to making pies. She loves trying out new recipes and she always perfects her craft.
우리 이모는 파이를 만드는 것에 중독되었다. 그녀는 새로운 요리법을 시도하는 것을 좋아하며 언제나 그녀의 기술을 완벽하게 한다.

 단어 학습 꿀팁

be addicted to ~에 중독되다

03
adhere

[ədhír]

adherence 명 점착; 고수
adherent 형 점착성의
          명 추종자, 지지자

동 1. 들러붙다 ❀ stick, attach   2. 고수하다 ❀ stick

Many people are now choosing to **adhere** to a plant-based diet in order to improve their health.
많은 사람들이 건강을 증진시키기 위해 이제 채소 위주의 식단을 고수하는 것을 선택하고 있다.

 단어 학습 꿀팁

adhere to ~을 고수하다

04
advisable

[ədváɪzəbl]

advice 명 조언, 충고
advise 동 조언하다

형 권할 만한, 바람직한 ❀ wise, desirable

It is **advisable** to limit your intake of processed foods to help maintain a healthy weight.
건강에 좋은 체중을 유지하는 것을 돕기 위해 가공식품 섭취를 제한하는 것이 바람직하다.

 단어 학습 꿀팁

it is + advisable + that + 주어 + (should) 동사원형

~하는 것은 바람직하다 문법·조동사 should 생략

→ 당위를 나타내는 형용사 advisable 뒤에 that절이 오면 that절의 동사는 should가 생략된 동사원형을 사용한다.

05
appetite

[ǽpətàit]

명 식욕

Eating sweets before your meal will spoil your **appetite**.
식사 전에 단 것을 먹으면 식욕이 떨어질 것이다.

> 단어 학습 꿀팁
> lose one's appetite 식욕을 잃다

06
artificial

[ɑːrtɪfíʃl]

artificially 부 인위적으로

형 인공의, 인조의 = synthetic, fake, manufactured

The food industry is increasingly using **artificial** ingredients to enhance the flavor, texture, and appearance of their products.
식품 산업은 제품의 맛, 식감, 그리고 외형을 향상시키기 위해 인공 재료를 점점 더 많이 사용하고 있다.

07
beverage

[bévəridʒ]

명 음료 = drink

We provide hot **beverages** including tea, coffee, and hot chocolate.
우리는 차, 커피, 핫초코를 포함한 따뜻한 음료를 제공한다.

08
blend

[blend]

명 혼합 = combination, mixture
동 섞다, 혼합하다 = combine, mix

English breakfast is a **blend** of Assam, Ceylon and Kenyan teas.
잉글리시 브랙퍼스트 차는 아쌈, 실론, 케냐 차의 혼합물이다.

> 단어 학습 꿀팁
> blend A with B A와 B를 조화시키다, 섞다

09
boost

[buːst]

동 신장시키다, 향상시키다 = improve, advance, promote
명 상승, 인상, 증대 = rise, increase, improvement

The spices in the curry **boosted** the flavor of the food.
커리 안에 든 향신료들이 그 음식의 맛을 향상시켰다.

10
cater
[kéitər]

catering 몡 음식공급업, 출장연회업

동 1. (행사·파티 등에) 음식을 공급하다 ⊜ provide, supply
2. (요구에) 부응하다, 충족시키다 ⊜ accommodate

The first company on the list was hired to **cater** food and drink for the wedding reception.
목록에 있는 첫 번째 회사가 결혼식 피로연에 필요한 음식과 음료를 공급하기 위해 고용되었다.

They **catered** to the guests by providing a variety of food that everyone would enjoy.
그들은 모든 사람들이 즐길 수 있는 다양한 음식을 제공하면서 손님들의 기대에 부응했다.

 단어 학습 꿀팁
catering service 출장연회 서비스
cater to ~에 부응하다

11
commence
[kəméns]

commencement 몡 시작, 개시

동 시작되다 ⊜ start, begin, launch

Starting tomorrow, the paper straw initiative will **commence** at coffee shops nationwide.
내일부터, 종이 빨대 계획이 커피숍에서 전국적으로 시작될 것이다.

12
complimentary
[kὰ:mplɪmèntri]

compliment 동 칭찬하다
몡 칭찬

형 1. 무료의 ⊜ free, free of charge 2. 칭찬하는

A **complimentary** cookie will be served in the lobby.
무료 쿠키가 로비에서 제공될 것입니다.

13
compound
[ká:mpaund]

몡 혼합물, 화합물 ⊜ mixture

The FDA has recently approved a new energy drink **compound** that is said to improve mental alertness and focus.
FDA는 최근에 정신적인 주의력과 집중력을 향상시킨다는 것으로 알려진 새로운 에너지 드링크 혼합물을 승인했다.

14
contain
[kəntéɪn]

container 몡 용기, 그릇

동 포함하다, 함유하다, ~이 들어 있다 ⊜ include

Tests on popular breakfast cereals have revealed that many of them **contain** high levels of sugar.
인기 있는 아침 시리얼에 대한 실험에서 많은 시리얼들이 설탕을 다량 함유하고 있다는 것이 밝혀졌다.

15 conventional
[kənvénʃənl]

convention 명 관습, 관례; (대규모) 대회

형 전통적인, 관습적인, 형식적인 ≡ formal, traditional, customary

The new burger restaurant is famous for its beefy patties, which are made for vegans with plant-based meat instead of **conventional** meat.
그 새로운 버거 식당은 육중한 패티로 유명한데, 그것들은 비건들을 위해 전통적인 육류 대신 식물 기반의 육류로 만들어졌다.

16 crop
[ɑːrtɪfíʃl]

명 작물, 수확량 ≡ produce, harvest, yield
동 1. 경작하다, 수확하다 ≡ harvest, reap   2. 깎다, 잘라내다 ≡ cut, trim

The main **crops** grown for export are coffee, maize, and rice.
수출용으로 재배되는 주요 작물은 커피와 옥수수, 쌀이다.

17 cuisine
[kwizíːn]

명 요리 ≡ food

I fell in love with French **cuisine** as soon as I first tried it.
나는 처음 먹어 본 순간 프랑스식 요리와 사랑에 빠졌다.

18 cultivate
[kʌ́ltəvèit]

cultivation 명 경작, 재배

동 경작하다, 재배하다 ≡ farm, plant

Grapes are easy to **cultivate** in southern Europe.
남부 유럽에서는 포도를 재배하기 쉽다.

19 dietary
[dáiətèri]

diet 명 식단

형 음식물의, 식사의

Dietary habits can be very difficult to change.
식습관을 바꾸기란 매우 어렵다.

20 digest
[daiʒèst]

digestion 명 소화

동 소화하다, 소화시키다 ≡ ingest, absorb, take in

You must chew enough to properly **digest** your food.
음식을 제대로 소화시키기 위해서는 충분히 씹어야 한다.

DAY 12

21
edible
[édəbl]

eat 동 먹다

형 먹을 수 있는 = eatable, digestible, harmless

I'm not sure if the brain of a goat is **edible**.
나는 염소의 뇌가 먹어도 되는 건지 모르겠다.

> 💡 단어 학습 꿀팁
> edible oil 식용유

22
enrich
[ɪnrítʃ]

enrichment 명 부유, 질의 향상

동 1. 질을 높이다, 풍요롭게 하다 = enhance, augment, refine
2. 부유하게 하다

The new food and beverage products that are being developed are **enriched** with vitamins and minerals that are essential for good health.
개발되고 있는 새로운 식음료 제품들은 좋은 건강에 필수적인 비타민과 미네랄이 풍부하다.

23
exact
[ɪgzǽkt]

exactly 부 정확히

형 정확한 = precise, accurate

New guidelines will require food manufacturers to list the **exact** amount of added sugar in their products.
새로운 지침은 식품 제조업체들이 그들의 제품에 첨가된 설탕의 정확한 양이 실리도록 요구할 것이다.

24
excess
[ɪksés]

excessive 형 지나친, 과도한
exceed 동 초과하다

명 초과, 과잉, 과도 = surplus

If you consume an **excess** of calories, your body will store the extra energy in the form of fat.
만약 여러분이 칼로리를 과잉 섭취한다면, 여러분의 몸은 여분의 에너지를 지방의 형태로 저장할 것입니다.

25
feed
[fi:d]

동 밥을 먹이다, 먹이를 주다 = nourish
명 먹이 = food

I usually **feed** the neighbor's cat while she's away.
나는 이웃 주민이 집을 비울 때 그녀의 고양이에게 먹이를 준다.

> 💡 단어 학습 꿀팁
> feed on ~을 먹다, 먹고 살다

26
ferment
[fə́:rment]

fermentation 명 발효

동 발효시키다
명 소동, 소란

Cheese is the most popular **fermented** milk product.
치즈는 가장 보편적인 우유 발효식품이다.

The protest against the administration has left the country in **ferment**.
행정부에 반대하는 시위는 나라에 소요만 남겼다.

27
fertile
[fə́:rtl]

fertilize 동 비료를 주다
fertility 명 비옥함

형 비옥한 ≒ productive

A **fertile** soil contains all the major nutrients for basic plant nutrition.
비옥한 토지는 기본적인 식물 영양에 필요한 주요 영양소를 모두 포함하고 있다.

28
follow
[fálou]

동 1. 뒤따르다, 따라가다 ≒ come after, accompany
2. (규칙·충고·유행 등을) 따르다 ≒ obey, observe, stick to

After I finish my math homework, I will **follow** my mom to the grocery store.
내 수학 숙제가 끝난 뒤에는, 나는 엄마를 따라 식료품점에 갈 것이다.

In order to make a cup of coffee, **follow** the directions on the machine and use the appropriate amount of coffee grounds.
커피 한 잔을 만들기 위해, 기계에 나와 있는 지시사항을 따르고 적절한 양의 갈아 놓은 커피를 사용하십시오.

29
fundamental
[fʌndəméntl]

형 근본적인, 기본적인 ≒ essential, central
명 근본, 기본 원칙, 기초 ≒ principle

Fundamental change is needed in the way we approach food production.
우리가 식품 생산에 접근하는 방식에 근본적인 변화가 필요하다.

We need to be aware of **fundamentals** of nutrition to make healthy dietary choices.
우리는 건강한 식단을 선택하기 위해 영양의 기초에 대해 알아야 한다.

30
grocery
[gróusəri]

명 1. 식료품점
2. (복수) 식료품 = foodstuffs, produce, edibles

My friend went **grocery** shopping, and she bought a lot of healthy food.
내 친구가 장을 보러 갔고, 많은 건강식품을 구입했다.

I would definitely recommend this store to anyone looking for a good place to get their **groceries**.
저는 식료품을 사는 좋은 장소를 찾는 누구에게나 이 가게를 꼭 추천하고 싶습니다.

31
harvest
[hάːrvist]

harvesting 명 수확

명 수확 = crop, produce, yield
동 수확하다 = reap, gather, collect

The flood has made farmers anxious about the **harvest**.
홍수는 농부들로 하여금 수확을 걱정하게 만들었다.

32
healthy
[hélθi]

형 건강한, 건강에 좋은 = well, fit, in good shape

Billy is a **healthy** boy, but he doesn't always make the best choices when it comes to his diet.
빌리는 건강한 소년이지만, 식단에 관해서는 언제나 최선의 선택을 하지는 않는다.

33
include
[inklúːd]

동 포함하다 = contain, involve

A healthy diet **includes** plenty of fruits and vegetables, lean protein, healthy fats, and whole grains.
건강한 식단은 많은 과일과 채소, 기름기 없는 단백질, 건강한 지방, 그리고 통곡물을 포함한다.

단어 학습 꿀팁

include + -ing ~하는 것을 포함하다 문법-준동사
→ 목적어 자리에 동명사를 사용한다.

34
ingredient
[ingríːdiənt]

명 재료, 성분 = component, element

All the **ingredients** in this dish are vegetarian-friendly.
이 요리의 모든 재료는 채식주의자를 위한 재료이다.

35
inhibit
[ɪnhíbɪt]

inhibition 명 억제, 거리낌
inhibitor 명 억제기, 방지제

동 억제하다, 막다 prevent, hinder

Leptin is a hormone that suppresses appetite and **inhibits** food intake.
렙틴은 식욕을 억누르고 음식 섭취를 억제하는 호르몬이다.

36
intake
[ínteik]

명 섭취 absorption

This soup contains one half of your recommended daily **intake** of salt.
이 수프에는 하루 권장 염분 섭취량의 반이 함유되어 있다.

37
irrigate
[írɪgeɪt]

irrigation 명 관개
irrigational 형 관개의

동 관개하다, ~에 물을 대다 water

The farmers **irrigated** their crops with water from the Colorado River.
농부들은 콜로라도 강에서 나오는 물로 농작물을 관개했다.

38
juicy
[dʒúːsi]

juice 명 주스, 즙

형 즙이 많은

I'd like to have a nice **juicy** steak right now.
나는 지금 육즙이 많은 맛있는 스테이크를 먹고 싶다.

39
manage
[mǽnɪdʒ]

management 명 경영(진), 운영(진)

동 1. (어떻게든) 하다, 해내다
2. 관리하다, 운영하다 run, organize, be in charge of

Many companies have already **managed** to remove trans fats from their products, but some are still using them.
많은 회사들이 이미 그들의 제품에서 트랜스 지방을 제거해내는 데 성공했지만, 몇몇 회사들은 여전히 트랜스 지방을 사용하고 있다.

Sophie had to **manage** the kitchen by herself while the cook was on break.
요리사가 휴식을 취하는 동안 소피가 혼자 부엌을 관리해야 했다.

 단어 학습 꿀팁

manage + to V 가까스로 ~하다 문법-준동사
→ 목적어 자리에 to부정사를 사용한다.

DAY 12

40
nourish
[nə́ːriʃ]

nourishment 명 영양분

- 동 영양분을 공급하다 = feed, supply

The children were well-**nourished** and healthy.
아이들의 영양 공급 상태가 좋았고 건강했다.

41
nutrition
[nutríʃn]

nutritious 형 영양가가 높은
nutrient 명 영양소, 영양분
nutritionist 명 영양사

- 명 영양, 영양 섭취 = nourishment, sustenance

School food has changed a lot in recent years as the public has become more aware of **nutrition** and the importance of a healthy diet.
학교 급식은 대중들이 영양 섭취와 건강한 식단의 중요성에 대해 더 많이 인식하게 됨에 따라 최근 몇 년간 많은 변화가 있었다.

42
organic
[ɔːrgǽnɪk]

organ 명 장기, 기관
organism 명 유기체, 생물(체)

- 형 1. 유기체의, 생물의 2. (인체의) 장기의, 기관의
  3. 유기농의 = natural

Tommy was at the store with his mom, looking for something healthy to eat. She wanted to buy him an **organic** snack, but he was hesitant.
토미는 엄마와 함께 가게에 있었고, 건강한 먹거리를 찾고 있었다. 그녀는 그에게 유기농 간식을 사주고 싶었으나, 그는 내키지 않아 했다.

43
peel
[piːl]

- 동 껍질을 벗기다 = skin, strip off
- 명 껍질 = skin, covering

First, **peel** the potatoes and thinly slice them. Then fry them in hot oil until they are crispy and golden brown.
먼저, 감자의 껍질을 깎고 얇게 썬다. 그리고 나서 바삭바삭하고 노릇노릇해질 때까지 뜨거운 기름에 튀긴다.

44
poison
[pɔ́izn]

poisonous 형 유독한

- 명 독, 독약 = toxin
- 동 독을 넣다, 독살하다, 오염시키다 = contaminate, infect, pollute

The **poison** in the mushroom was quickly flowing through her veins. She had to find the antidote before it was too late.
버섯 속의 독이 그녀의 혈관 속을 빠르게 흐르고 있었다. 그녀는 너무 늦기 전에 해독제를 찾아야 했다.

The food was **poisoned** and the family was sick for days afterwards.
그 음식에는 독이 들어 있었고 그 후 그 가족은 며칠 동안 앓아 누웠다.

45
prepare
[prɪpéər]

preparation 명 준비, 대비

동 준비하다 유 produce, devise

As the world becomes more health conscious, people are **preparing** more meals at home.
세계가 건강을 더 의식하게 되면서, 사람들은 더 많은 식사를 집에서 준비하고 있다.

46
produce
[prədjúːs]

product 명 상품, 제품
production 명 생산(량), 제조

동 생산하다, 제작하다 유 create, yield
명 농산물, 생산물 유 food, crops, goods

Farmers across the globe have used innovative technology to **produce** more food with fewer resources.
세계의 농민들은 더 적은 자원으로 더 많은 음식을 생산하기 위해 혁신적인 기술을 사용해왔다.

The United States Department of Agriculture (USDA) is investigating a potential link between a certain type of **produce** and a recent outbreak of foodborne illness.
전미국 농무부(USDA)는 특정 유형의 농산물과 최근 발생한 식품매개질환 사이의 잠재적 연관성을 조사하고 있다.

47
rare
[rɛər]

rarely 부 드물게, 좀처럼 ~하지 않는

형 1. 설익은, 덜 구워진 유 underdone, undercooked
2. 희귀한 유 scarce, uncommon, unusual

I'd like my steak **rare**, please.
제 스테이크는 덜 익혀주시기 바랍니다.

48
reap
[riːp]

동 수확하다, 거두다 유 gain, obtain, gather

The farmers **reaped** the wheat after a long, hot summer. They were happy to finally see the fruits of their labor.
농부들은 길고 더운 여름을 지나 밀을 수확했다. 그들은 마침내 노력의 결실을 보게 되어 기뻤다.

49
recipe
[résəpi]

명 요리법, 레시피

For me, cooking is just a matter of following the **recipe**.
나에게, 요리는 그저 조리법을 잘 따라하기만 하면 되는 일이다.

50
refrain

[rifréin]

동 자제하다, 삼가다 **⊜** avoid

Jacob **refrained** from eating out as much as he used to before, but lately he's been missing his favorite foods.
제이콥은 이전만큼 외식하는 것을 자제했지만, 최근에는 그가 가장 좋아하는 음식을 그리워해오고 있다.

단어 학습 꿀팁
refrain from -ing ~하는 것을 자제하다

51
refresh

[rifréʃ]

refreshment **명** 다과, 가벼운 식사

동 상쾌하게 하다 **⊜** revive

Drinking lemonade is good for **refreshing** one's body on a hot summer day.
더운 여름날에 레모네이드를 마시면 몸이 상쾌해진다.

52
review

[rɪvjúː]

명 1. (재)검토 **⊜** analysis, evaluation
2. 비평, 평론, 후기 **⊜** critique, commentary
동 재검토하다, 비평하다 **⊜** assess, evaluate

After a **review** of the food safety reports, it was determined that the restaurant was not following proper food safety protocol.
식품 안전 보고서를 검토한 결과, 그 식당은 적절한 식품 안전 규정을 따르지 않았던 것으로 밝혀졌다.

Molly was reading the food news and saw that there was a new **review** on the restaurant that she wanted to try.
몰리는 식품 뉴스를 읽고 있었고 그녀가 가보고 싶었던 레스토랑에 대한 새로운 후기가 있는 것을 보았다.

The FDA recently announced plans to **review** the safety of food additives that are used to keep foods fresh.
FDA는 식품을 신선하게 유지하기 위해 사용되는 식품 첨가물의 안정성을 검토할 계획을 최근에 발표했다.

53
serve
[sɜːrv]

servant 명 하인, 종
service 명 서비스, 근무, 봉사
serviceable 형 쓸 만한, 유용한

동 1. (음식을) 제공하다 ⊜ provide
   2. 일하다, 복무하다, 시중들다 ⊜ aid, help, obey

Sophie arrived early to help the hostess set the table and **serve** the food for the dinner party.
소피는 저녁 파티를 위해 안주인을 도와 식탁을 차리고 음식을 제공하려고 일찍 도착했다.

The butler's job was to **serve** the master of the household.
그 집사의 일은 그 집의 주인을 시중드는 것이었다.

 단어 학습 꿀팁
serve as ~의 역할을 하다

54
standardize
[stǽndərdaɪz]

standardization 명 표준화
standard 명 표준, 기준

동 표준화하다 ⊜ normalize

With the best ingredients, we **standardize** a recipe that our staff can follow precisely.
최상의 식재료를 가지고, 저희는 직원들이 정확하게 따를 수 있는 조리법을 표준화합니다.

55
supplement
[sʌ́pləmənt]

supplementary 형 보충의, 추가의

동 보충하다, 추가하다 ⊜ add, complement
명 보충물, 추가물 ⊜ additive

If you already have a reasonably balanced diet, vitamin **supplements** will not be necessary.
충분히 균형 잡힌 식사를 한다면, 비타민 보충제는 필요하지 않을 것이다.

56
taste
[teɪst]

tasty 형 맛있는

명 맛 ⊜ flavor
동 맛이 나다

Chef Pierre Gagnaire is a French chef who is known for his innovative **taste** in food. He often takes traditional dishes and gives them a modern twist.
피에르 가니에르 셰프는 음식의 혁신적인 맛으로 유명한 프랑스 요리사이다. 그는 종종 전통 음식을 가져다가 거기에 현대식 변형을 준다.

The new restaurant was a huge disappointment. The food didn't **taste** good at all, and it was really expensive.
그 새로 생긴 식당은 정말 실망스러웠다. 음식은 맛이 전혀 없었고, 그리고 정말 비쌌다.

57 visit
[vízɪt]

visitation 명 방문(권), 참관
visitor 명 방문객, 손님

동 방문하다 = stop by, call on, go to
명 방문, 찾아가기

Mia likes to **visit** the local farmer's market to get the freshest fruits and vegetables.
미아는 가장 신선한 과일과 야채를 얻기 위해 농산물 직판장을 방문하는 것을 좋아한다.

58 vital
[váɪtl]

형 필수적인, 중요한 = crucial, essential, necessary

It is **vital** that breweries experiment with new ingredients to keep up with the changing market.
변화하는 시장을 따라가기 위해 양조장들이 새로운 재료들을 실험하는 것이 필수적이다.

 단어 학습 꿀팁

it is + vital + that + 주어 + (should) 동사원형
~하는 것이 필수적이다. 문법-조동사 should 생략
→ 당위를 나타내는 형용사 vital 뒤에 that절이 오면 that절의 동사는 should가 생략된 동사원형을 사용한다.

59 weight
[weit]

weigh 동 무게가 나가다

명 무게, 체중 = heaviness

My **weight** decreases when I stop eating dishes with too much flour.
밀가루가 많이 들어간 음식을 끊으면 몸무게가 줄어든다.

60 wrap
[ræp]

동 1. (둘러)싸다, 포장하다 = cover, pack
   2. 끝내다, 마무리 짓다 = finish, bring to a close
명 포장지

Wrap your food in these new eco-friendly wraps and feel good knowing you're doing your part to help the environment!
여러분의 음식을 이 새로운 친환경 포장지에 포장하고 여러분이 환경을 돕기 위해 역할을 하고 있다는 사실에 흐뭇해 하세요!

We're going to **wrap** up this meeting in the next five minutes.
저희는 이 회의를 앞으로 5분 후에 끝낼 겁니다.

DAY 12 VOCABULARY TEST

Q 주어진 단어에 맞는 뜻을 찾아 서로 연결하세요.

01 fertile
02 advisable
03 intake
04 refrain
05 adhere

(a) 고수하다
(b) 자제하다
(c) 권할 만한
(d) 섭취
(e) 비옥한

Q 밑줄 친 단어의 유의어로 가장 적절한 보기를 고르세요.

06 Visitors can explore the art museum while enjoying <u>complimentary</u> refreshments.
(a) edible (b) free (c) praised (d) desirable

07 John has always enjoyed <u>cultivating</u> tomatoes on his grandfather's farmland.
(a) depriving (b) activating (c) farming (d) motivating

08 The rice, which is an important source of <u>nourishment</u>, contains a lot of carbohydrates.
(a) portion (b) harvest (c) agriculture (d) sustenance

09 Some <u>artificial</u> sweeteners may negatively affect brain function.
(a) manufactured (b) dietary (c) exact (d) addicted

10 The annual company banquet was <u>catered</u> by a local restaurant.
(a) managed (b) reviewed (c) provided (d) followed

정답 1 (e) 2 (c) 3 (d) 4 (b) 5 (a) 6 (b) 7 (c) 8 (d) 9 (a) 10 (c)   해석 379P

지텔프 추가학습 단어

☐ agriculture	명	농업
☐ airtight	형	밀폐된
☐ allegic	형	알러지가 있는
☐ array	명	집합
☐ carbohydrate	명	탄수화물
☐ desirable	형	바람직한
☐ detrimental	형	해로운
☐ devour	동	먹어치우다
☐ eatery	명	음식점
☐ entice	동	유도하다
☐ equivalent	형	동등한, 상응하는
☐ famine	명	기근
☐ fiber	명	섬유, 섬유질
☐ flavor	명	맛
☐ gourmet	명	미식가
☐ grain	명	곡물
☐ inadequate	형	불충분한
☐ leftover	명	남은 음식
☐ malnutrition	명	영양 실조
☐ obese	형	비만의
☐ odor	명	냄새, 악취
☐ ordinary	형	평범한
☐ portion	명	부분, 1인분
☐ pricey	형	비싼
☐ ration	명	식량, 배급(할당)량
☐ ripe	형	익은, 숙성된, 성숙한
☐ shortage	명	부족
☐ staple	형 주된, 중요한 명 ㄷ자 모양 철사; 주요 산물, 주식	
☐ substantial	형	상당한, 많은
☐ sugary	형	설탕이 많은

DAY 12

DAY 13

문화와 이벤트

| 표제어와 뜻을 음원으로 듣기 |

PREVIEW

acclaim	distinctive	prize
accumulate	donate	prohibit
admire	elaborate	publicize
allow	elated	rampant
anniversary	emerge	rapid
annual	entertain	rehearse
applaud	fair	release
architecture	host	religious
attire	huge	reward
audience	illustrate	sculpture
charity	instrument	segregate
conducive	mark	separate
conference	name	speech
congregate	occasion	spontaneous
context	ornament	stage
convert	outdated	translate
craft	plot	venue
crowd	portray	vivid
decorate	premiere	volunteer
display	prestigious	welcome

01
acclaim
[əkléim]

acclamation 명 칭송, 환호

- 동 칭송하다 = praise
- 명 찬사 = honor

We were invited to the local premiere of the critically **acclaimed** musical.
우리는 평단의 칭송을 받은 뮤지컬의 국내 초연에 초대받았다.

02
accumulate
[əkjúːmjəleɪt]

accumulation 명 축적

- 동 모으다, 축적하다, 쌓아 올리다 = amass, cumulate, hoard

Christiano Ronaldo has played for several prestigious teams throughout his career and has **accumulated** a great deal of wealth.
크리스티아누 호날두는 그의 커리어를 통틀어 여러 명문팀에서 뛰어 왔으며 상당한 부를 축적했다.

03
admire
[ædmáiər]

admiration 명 존경

- 동 존경하다, 감탄하며 바라보다 = respect

I spent a whole day **admiring** the artworks at the gallery.
저는 갤러리에 있는 예술품들을 하루 종일 감상하며 시간을 보냈어요.

04
allow
[əláu]

allowable 형 허락되는
allowance 명 허용량, 용돈

- 동 허락하다, 허용하다 = permit, approve

The event will **allow** people to learn about the different cultures that exist in the world.
이 행사는 사람들로 하여금 세상에 존재하는 서로 다른 문화들에 대해 배우도록 할 것이다.

> 단어 학습 꿀팁
>
> allow + -ing ~하는 것을 허락하다 〔문법-준동사〕
> allow + A + to V A가 ~를 하도록 허락하다 〔문법-준동사〕
> → 목적어 자리에는 동명사를, 목적격 보어 자리에는 to부정사를 사용한다.

05
anniversary
[ænəvə́ːrsəri]

- 명 기념일, 주년 = commemoration

We will be celebrating our wedding **anniversary** in Hawaii.
우리는 결혼 기념일을 하와이에서 축하하며 보낼 것이다.

06
annual

[ǽnjuəl]

annually 부 해마다

형 연간의, 연례의 = yearly

They hold an **annual** party on Christmas Eve.
그들은 크리스마스 이브에 연례 파티를 연다.

07
applaud

[əplɔ́ːd]

applause 명 박수

동 1. 박수를 치다 = clap 2. 갈채를 보내다, 칭찬하다 = praise

The whole room **applauded** as he went up on stage.
그가 무대에 올라가자 행사장 전체가 박수를 쳤다.

give A a standing ovation A에게 기립 박수를 보내다

08
architecture

[άːrkɪtèktʃər]

architect 명 건축가

명 건축, 건축 양식

This is a prime example of ancient Roman **architecture**.
이것은 고대 로마 건축 양식의 대표적인 예이다.

09
attire

[ətáiər]

명 의상 = clothes, garments
동 입히다

This is a black tie event, so please come dressed in appropriate **attire**.
이 행사는 격식 있는 자리이므로, 적절한 의상으로 와주십시오.

10
audience

[ɔ́ːdiəns]

명 관중, 청중 crowd

This venue can accommodate 1,000 **audience** members.
이 행사장은 1,000명의 관객을 수용할 수 있다.

11
charity

[tʃǽrəti]

charitable 형 자선의

명 자선 = fund

The city will be hosting a **charity** marathon for the flood victims.
시에서 수재민을 위한 자선 마라톤을 개최할 것이다.

DAY **13**

12
conducive
[kəndúːsɪv]

형 도움이 되는, 조성하는 ≒ helpful, useful, contributive

The flexible hours at the office are **conducive** to employees' schedules.
사무실에서의 유연한 시간은 직원들의 스케줄에 도움이 된다.

13
conference
[kάnfərəns]

명 회의, 학회 ≒ meeting, symposium

The **conference** on early childhood education will take place in July.
유아 교육에 대한 학회가 7월에 열릴 것이다.

14
congregate
[kάŋɡrætʃulèit]

congregation 명 모인 사람들, 신자들

동 모이다, 집합하다 ≒ assemble, gather

Thousands of fans **congregated** in the street to cheer for the national soccer team.
수천 명의 팬들이 국가대표 축구팀을 응원하기 위해 거리에 모였다.

15
context
[kάntekst]

contextual 형 맥락상의

명 문맥, 맥락 ≒ circumstance, background

When you read a historical novel, it is necessary for you to consider its historical **context**.
역사 소설을 읽을 때는 작품의 역사적 맥락을 고려해야 한다.

 단어 학습 꿀팁
> out of context 맥락을 무시하여, 맥락에서 벗어나

16
convert
[kənvə́ːrt]

conversion 명 전환, 개조; 개종

동 1. 개조하다, 전환시키다 ≒ change, transform
　 2. (신념·종교 등을) 개종하다, 전향하다

She simply **converted** her bedroom into a home office.
그녀는 침실을 홈 오피스로 간단하게 개조했다

 단어 학습 꿀팁
> convert A into B A를 B로 전환시키다
> convert to ~로 개종하다, 전향하다

17
craft
[kræft]

- 명 1. 공예, 기교, 기술 = skill, expertise
- 2. 배, 항공기, 우주선 = boat, aircraft, spacecraft

Steven learned the **craft** of weaving.
스티븐은 직물을 짜는 기술을 배웠다.

18
crowd
[kraud]

- 명 군중, 일파 = group, audience
- 동 (장소를) 가득 메우다 = flock, gather

A **crowd** has gathered to see the band that is starting to become globally recognized.
군중 무리가 세계적으로 알려지기 시작한 밴드를 보기 위해 모였다.

 단어 학습 꿀팁

be crowded with ~로 가득 차다, 붐비다

19
decorate
[dékərett]

decorative 형 장식용의
decoration 명 장식(품)

- 동 장식하다, 꾸미다 = ornament, embellish

The room was **decorated** with banners and balloons for the party.
그 방은 파티를 위해 현수막과 풍선으로 꾸며졌다.

20
display
[displéi]

- 동 전시하다 = exhibit, reveal
- 명 전시, 진열 = exhibition, presentation, showing

A photograph of her daughter was prominently **displayed** on her desk.
그녀의 딸 사진이 책상에 눈에 잘 띄게 진열되어 있었다.

 단어 학습 꿀팁

be on display 전시되어 있다

21
distinctive
[distíŋktiv]

distinctively 부 특징적으로

- 형 독특한 = unique, characteristic

Her **distinctive** voice is the most attractive voice I've ever heard.
그녀의 독특한 목소리는 내가 들어본 목소리 중 가장 매력적이다.

22
donate

[dóuneit]

donation 명 기부

🔵 기부하다 🟠 give, provide

We will **donate** all the money we made at the charity auction to UNICEF.
우리는 자선 경매에서 번 모든 돈을 유니세프에 기증할 것이다.

23
elaborate

형 [ilǽbərət]
동 [ilǽbərèit]

elaborately 부 정교하게, 정성들여

🔵 형 공들인, 정교한 🟠 detailed, intricate
🔵 동 1. 정성 들여 만들다 🟠 develop 2. 상세하게 설명하다 🟠 expand upon

They are making the most **elaborate** preparations for the wedding.
그들은 결혼식을 위해 가장 정교한 준비를 하고 있다.

 단어 학습 꿀팁

elaborate on ~에 대해 상세하게 설명하다

24
elated

[iléitid]

elate 동 기분을 북돋아 주다
elatedly 부 의기양양하게, 매우 기쁘게
elation 명 의기양양, 들뜬 행복감

🔵 형 마냥 행복해하는, 신이 난 🟠 thrilled, delighted, overjoyed

Movie buffs were **elated** when the long-awaited sequel to their favorite film was announced.
영화 마니아들은 그들이 가장 좋아하는 영화의 오랫동안 기다려왔던 속편이 발표되어 마냥 행복해했다.

25
emerge

[imə́:rdʒ]

emergence 명 출현

🔵 나오다, 나타나다 🟠 appear

Two doves **emerged** from the hat during the magic performance.
마술 퍼포먼스 도중에 비둘기 두 마리가 모자에서 나왔다.

26
entertain

[èntərtéin]

entertaining 형 즐겁게 하는
entertainment 명 대접, 오락

🔵 즐겁게 하다 🟠 amuse, please

We hired some clowns to **entertain** the children.
우리는 아이들을 즐겁게 해 주기 위해 광대를 고용했다.

27
fair
[fɛər]

- 명 박람회, 축제 ⊜ exposition, carnival
- 형 공정한, 공평한 ⊜ impartial

The local **fair** was famous for its huge corn maze.
지역 축제는 거대한 옥수수밭 미로로 유명했다.

Fair play is the most important thing in sports.
스포츠에서 가장 중요한 것은 공정한 승부이다.

28
host
[houst]

- 명 주인, 주최자, 진행자
- 동 주최하다, 열다, 진행하다 ⊜ give, hold, provide

The **host** of the party was very pleased with how everything turned out.
파티의 진행자는 모든 것들이 이루어진 방식에 매우 기뻐했다.

We'll be **hosting** a New Year's Eve party on December 31.
저희는 12월 31일에 신년 전야제 파티를 열 것입니다.

29
huge
[hjuːdʒ]

- 형 거대한, 엄청난 ⊜ enormous, vast

A **huge** crowd gathered for the concert.
엄청난 군중이 공연을 보기 위해 모였다.

30
illustrate
[íləstrèit]

illustration 명 삽화

- 동 1. 삽화를 넣다 2. 설명하다 ⊜ demonstrate, explain

This old book was **illustrated** by my mother.
이 오래된 책은 어머니께서 직접 삽화를 넣으신 것이다.

The lecturer **illustrated** his point with a diagram on the blackboard.
강사는 칠판에 도표를 그리며 요점을 설명했다.

31
instrument
[ínstrəmənt]

instrumental 형 중요한

- 명 1. (음악) 악기 2. (특히 정밀한) 기구, 도구 ⊜ tool, device

Mozart started playing **instruments** at age 5.
모차르트는 5살 때부터 악기를 연주하기 시작했다.

Surgical **instruments** should be handled with care.
수술 도구는 조심스럽게 다뤄져야 한다.

32
mark

[mɑːrk]

markedly 🔵 (변화가) 뚜렷하게, 두드러지게

🟦 1. 표시하다, 자국을 남기다 🟨 blemish, stain, impress
  2. 기념하다, 축하하다 🟨 celebrate, commemorate
🟦 자국, 표시 🟨 spot, sign

Today **marks** the 50th anniversary of the moon landing. On July 20, 1969, American astronauts Neil Armstrong and Edwin "Buzz" Aldrin became the first humans to walk on the moon.
오늘은 달 착륙 50주년을 기념하는 날이다. 1969년 7월 20일에, 미국의 우주비행사 닐 암스트롱과 에드윈 "버즈" 올드린은 달 위를 걸은 최초의 인간이 되었다.

The ink left a dark **mark** on the front of my favorite shirt. Unfortunately, I couldn't wash it out.
그 잉크는 내가 좋아하는 셔츠 앞면에 짙은 자국을 남겼다. 아쉽게도, 나는 그것을 씻어낼 수 없었다.

33
name

[neɪm]

namely 🔵 다시 말해, 즉

🟦 1. 이름을 지어주다, 명명하다 🟨 call, dub
  2. 이름을 대다, 밝히다 🟨 identify
  3. 지명하다, 임명하다 🟨 nominate, appoint
🟦 1. 이름 🟨 title
  2. 평판, 명성 🟨 fame, reputation
  3. 유명인 🟨 celebrity

The city of San Francisco was **named** after Saint Francis of Assisi.
샌프란시스코는 아시시의 성 프란치스코의 이름을 따서 지어졌다.

The actress has been **named** president of the jury at the film festival.
그 여배우는 영화제에서 심사위원장으로 지명되었다.

 단어 학습 꿀팁

> name A (as) B A를 B라고 부르다, A를 B로 지명하다(임명하다)
> name A after B A를 B의 이름을 따서 짓다

34
occasion

[əkéiʒən]

occasional 🟩 가끔

🟦 1. 행사 🟨 event, affair 2. (특정한) 때, 경우 🟨 time, instance

He baked a special cake to celebrate the family **occasion**.
그는 가족 행사를 축하하기 위해 특별한 케이크를 구웠다.

The student has been late to the class on many **occasions**.
그 학생은 수업에 여러 번 늦었다.

35
ornament

[ɔ́ːrnəmənt]

ornamental 📘 장식적인

- 📗 장식 🟰 decoration
- 📙 장식하다 🟰 decorate, adorn, embellish

The reception hall was decorated with fancy glass **ornaments**.
리셉션 홀은 화려한 유리 장식으로 꾸며져 있었다.

36
outdated

[àʊtdéɪtɪd]

- 📘 구식의 🟰 out-of-date, obsolete

Denim jackets are a classic fashion trend that will never become **outdated**.
데님 자켓은 절대 구식이 되지 않을 고전적인 패션 트렌드이다.

37
plot

[plɑt]

- 📗 1. 음모, 계략 🟰 plan, conspiracy
  2. (소설·연극·영화 등의) 구성 🟰 storyline, scenario
- 📙 1. 계획하다, 꾀하다 🟰 plan
  2. 음모를 꾸미다 🟰 conspire

The **plot** of the film was so complicated.
영화의 구성이 너무 복잡했다.

They were accused of **plotting** the coup against the government.
그들은 정부에 대항해 쿠데타를 음모한 것으로 기소되었다.

38
portray

[pɔːrtréɪ]

portrait 📗 초상화

- 📙 묘사하다, 그리다 🟰 depict, describe

This novel **portrays** the lives of people in the 1920s.
이 소설은 1920년대 살았던 사람들의 삶을 묘사한다.

39
premiere

[primíər]

- 📗 첫 공연, 개봉, 초연 🟰 opening, debut
- 📙 개봉하다, 초연하다 🟰 open, debut

The world **premiere** of the musical will be at the Prince Edward Theater in London.
그 뮤지컬의 세계 초연은 런던의 프린스 에드워드 극장에서 열릴 것이다.

DAY 13

40
prestigious

[prestídʒəs]

prestige 명 특권

형 일류의, 명망 높은 = prominent, reputable, honored

The Pulitzer Prize is one of the most **prestigious** awards.
퓰리처상은 가장 명망 높은 상 중 하나이다.

41
prize

[praiz]

명 상 = award, reward
동 귀하게 여기다 = value

Aung San Suu Kyi was awarded the Nobel Peace **Prize** in 1991.
아웅 산 수지가 1991년에 노벨 평화상을 수상하였다.

42
prohibit

[prəhíbɪt]

prohibition 명 금지(법), 금지 규정

동 금지하다 = prevent, forbid, ban

The new law that was just passed will **prohibit** people from smoking in all public places.
방금 막 통과된 새로운 법이 사람들로 하여금 모든 공공장소에서 흡연을 하는 것을 금지시킬 것이다.

> **단어 학습 꿀팁**
>
> prohibit + -ing ~하는 것을 금지하다 문법·준동사
> → 목적어 자리에 동명사를 사용한다.
> prohibit A from -ing A가 ~하는 것을 금지하다

43
publicize

[pʌ́bləsàiz]

public 형 대중의
publication 명 출판

동 홍보하다, 알리다 = advertise

His latest book was well **publicized** through advertisements in newspapers.
그의 최신작은 신문 광고를 통해 널리 알려졌다.

44
rampant

[rǽmpənt]

형 1. 널리 퍼진, 만연한 = widespread, prevalent
   2. 억제되지 않은, 걷잡을 수 없는 = uncontrolled, unrestrained

The trend of communicating through visual contents is **rampant** among teenagers.
영상 콘텐츠를 통해 소통하는 경향은 10대들 사이에서 만연하다.

45
rapid
[rǽpɪd]

rapidity 명 신속, 급속
rapidly 부 빨리, 급격히

형 빠른, 신속한, 급속한 = quick, prompt

During the **rapid** social changes of the 1960s, many young people rebelled against traditional values.
1960년대의 급격한 사회 변화 동안, 많은 젊은이들이 전통적인 가치에 저항했다.

46
rehearse
[rihə́:rs]

rehearsal 명 예행연습

동 예행연습을 하다 = practice, prepare, run through

The band **rehearsed** for the concert.
밴드가 콘서트를 대비하여 예행 연습을 했다.

47
release
[rilíːs]

동 1. 공개하다, 발표하다 = issue, launch, publish
2. 풀어주다 = discharge, free
명 1. 발표, 개봉 = issue, publication
2. 석방 = liberation

The newest album of Coldplay will be **released** next week.
콜드플레이의 최신 앨범이 다음주에 발표될 예정이다.

48
religious
[rilídʒəs]

religion 명 종교

형 1. 종교적인 = spiritual 2. 독실한 = pious

Religious liberty should be respected.
종교적 자유는 존중되어야 한다.

He is deeply **religious** and prays every morning.
그는 매우 독실하여 매일 아침 기도를 드렸다.

49
reward
[riwɔ́:rd]

rewarding 형 보람이 있는, 유익한

동 보상하다 = award, pay, compensate
명 보상, 상 = prize, compensation

The athlete's trainings bore fruit when they were **rewarded** with a gold medal.
운동 선수의 훈련은 금메달로 보상을 받았을 때 결실을 맺었다.

DAY 13

50
sculpture
[skʌ́lptʃər]

sculpt 동 조각하다

명 조각품 ⊜ statue, statuette

The **sculpture** was already broken when it was found.
이 조각상은 발견되었을 당시 깨져 있었다.

51
segregate
[ségrəgeɪt]

동 (인종·종교·성별에 따라) 분리하다, 차별하다
⊜ divide, discriminate, separate

The Civil Rights Act of 1964 made it illegal to **segregate** public places on the basis of race.
1964년의 민권법은 인종을 기준으로 공공 장소를 분리하는 것을 불법으로 만들었다.

52
separate
형 [sépərət]
동 [sépərèit]

separately 부 따로따로, 별도로
separation 명 분리, 헤어짐

형 1. 분리된, 떨어진 ⊜ divided, isolated, independent
　 2. 개별적인, 각각의 ⊜ individual, distinct
동 분리하다, 구분짓다 ⊜ divide, split, disconnect

The business partners went their **separate** ways after the court case.
소송 사건 이후 사업 파트너는 서로 다른 길을 갔다.

 단어 학습 꿀팁
separate A from B A를 B로부터 분리하다

53
speech
[spiːtʃ]

명 연설 ⊜ address

She delivered a message of peace and love in her acceptance **speech**.
그녀는 수상 연설에서 평화와 사랑에 대한 메시지를 전했다.

 단어 학습 꿀팁
deliver(= give) a speech 연설을 하다

54
spontaneous

[spɑːntéɪniəs]

spontaneously 분
자발적으로

형 자발적인, 즉흥적인 = voluntary, impulsive

The **spontaneous** gathering of people in the park was a surprise to the police.
공원에서 사람들의 즉흥적인 집회는 경찰에게 놀라운 일이었다.

55
stage

[steɪdʒ]

명 1. 무대 = platform, podium 2. 단계 = step, phase
동 (공연 등을) 개최하다, 무대에 올리다 = organize

The audience erupted in applause as the **stage** blacked out.
무대에 불이 꺼지면서 관중들은 박수를 보냈다.

In the early **stages** of a relationship, small mistakes can ruin the whole relationship.
인간관계의 초기 단계에서는 작은 실수가 관계를 망칠 수 있다.

56
translate

[trænsléɪt]

translation 명 번역, 통역
translator 명 번역가

동 번역하다 = interpret, convert

I had to **translate** some confidential documents from French into English.
나는 몇몇 기밀 문서를 불어에서 영어로 번역해야 했다.

 단어 학습 꿀팁

translate A into B A를 B로 번역하다

57
venue

[vénjuː]

명 (행사의) 장소 = location

We have attached a map to the **venue** of the meeting.
회의 장소까지의 지도를 첨부했습니다.

58
vivid

[vívid]

vividly 부 선명하게

형 생생한, 선명한 = bright, clear, colorful

He was sure that I would love the **vivid** nightscape of Prague.
그는 내가 프라하의 선명한 야경을 좋아할 것이라고 확신했다.

59
volunteer
[vàləntíər]

- 명 자원 봉사자 = participant
- 동 자원하다, 봉사하다 = enlist

voluntary 형 자발적인
voluntarily 부 자발적으로

If you need any help, ask any of our **volunteers** who are wearing a purple shirt.
도움이 필요하시면 보라색 셔츠를 입은 자원봉사자에게 문의하십시오.

My grandmother **volunteers** at the local restaurant every Tuesday morning to help feed the homeless.
우리 할머니는 노숙자들에게 음식을 제공하는 것을 돕기 위해 매주 화요일 아침에 동네 식당에서 자원봉사를 하신다.

60
welcome
[wélkəm]

- 동 환영하다, 맞이하다 = greet, accept, embrace
- 형 반가운, 환영 받는 = acceptable, appreciated
- 명 환영, 환대 = greeting, hospitality

At the beginning, everyone was a bit awkward and didn't know what to do. However, Timmy **welcomed** everyone with a smile and a handshake.
처음에, 모든 사람들은 약간 어색해 했고 무엇을 해야 할지 몰랐다. 하지만, 티미는 미소와 악수로 모두를 환영했다.

 단어 학습 꿀팁

welcome speech 환영사
welcome + -ing ~하는 것을 환영하다, 지지하다 [문법-준동사]
→ 목적어 자리에 동명사를 사용한다.

DAY 13 VOCABULARY TEST

Q. 주어진 단어에 맞는 뜻을 찾아 서로 연결하세요.

01 segregate •   • (a) 장식
02 rampant •   • (b) 분리하다
03 convert •   • (c) 전환시키다
04 ornament •   • (d) 일류의
05 prestigious •   • (e) 만연한

Q. 밑줄 친 단어의 유의어로 가장 적절한 보기를 고르세요.

06 The film is set to <u>premiere</u> at the film festival.
   (a) capture   (b) display   (c) entertain   (d) debut

07 Perfect your <u>craft</u> of filmmaking by taking our cinematography courses.
   (a) skills   (b) manufacturers   (c) vessels   (d) fairs

08 The residents of riverside houses have <u>congregated</u> to discuss solutions to the issues that have been affecting the neighborhood.
   (a) gathered   (b) scattered   (c) abandoned   (d) departed

09 The members of the city council <u>welcomed</u> the proposal for construction of the new library.
   (a) illustrated   (b) accepted   (c) released   (d) admired

10 Mary got an invitation to the party and asked me what the appropriate <u>attire</u> to wear was.
   (a) fashion   (b) venue   (c) clothing   (d) ornament

정답 1 (b) 2 (e) 3 (c) 4 (a) 5 (d) 6 (d) 7 (a) 8 (a) 9 (b) 10 (c) **해설** 380P

지텔프 추가학습 단어

☐ abruptly	뷔	갑자기
☐ accessible	형	접근하기 쉬운, 이용 가능한
☐ antique	형 골동품인 명	골동품
☐ burial	명	매장, 장례식
☐ carve	동	조각하다, 깎아서 만들다
☐ coexist	동	공존하다
☐ comprehensive	형	포괄적인
☐ decommissioned	형	(배·비행기 등) 퇴역한, 사용이 중지된
☐ disruptive	형	분열을 일으키는, 지장을 주는, 방해되는
☐ dominant	형	우세의, 우위의
☐ ethical	형	윤리적인
☐ ethnic	형	인종의
☐ exceptional	형	예외적인; 매우 뛰어난
☐ fashion	명	유행, 인기; 방법, 방식
☐ fiction	명	소설, 허구
☐ instant	형 즉각적인 명	순간
☐ integrate	동	통합시키다
☐ magnificent	형	아름다운, 감명 깊은
☐ multicultural	형	다문화의
☐ outreach	동 ~을 넘다, ~보다 뛰어나다 명	넓어짐, 도달, 봉사활동
☐ overwhelming	형	압도적인
☐ periodical	명	정기 간행물
☐ reception	명	접수처; 연회, 피로연
☐ recital	명	연주회, 발표회; 암송, 낭독
☐ score	동 득점하다, 득점을 기록하다 명	득점, 점수; (음악) 악보
☐ tease	동	놀리다, 괴롭히다
☐ ubiquitous	형	어디서나 볼 수 있는
☐ visual	형	시각의
☐ widely	뷔	널리, 폭넓게
☐ worship	동	예배하다, 숭배하다

DAY 13

DAY 14

독해&어휘

PART 3 백과사전식 지문 (1)

표제어와 뜻을 음원으로 듣기

PREVIEW

abundant	declare	feature
adopt	defend	form
appear	depict	founder
arise	derive	general
attribute	designate	heritage
brief	determine	hinder
cease	develop	history
celebrate	differ	honor
ceremony	disorder	insect
characteristic	distinct	intend
circulate	diverse	invent
cite	divide	last
classify	dub	mammal
collapse	energetic	manipulate
commemorate	erupt	manufacture
compose	evolve	medieval
consist	exclusive	modern
constitute	exist	monument
credit	explode	myth
custom	fame	native

01
abundant

[əbʌ́ndənt]

abound 동 풍부하다

형 풍부한 = ample, sufficient

Canada is **abundant** in natural resources such as oil, gas, and timber.
캐나다는 기름, 가스, 목재와 같은 천연 자원이 풍부하다.

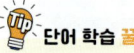
단어 학습 꿀팁
be abundant in ~가 풍부하다

02
adopt

[ədápt]

adoption 명 입양, 채택

동 1. 입양하다 = foster, raise
   2. 채택하다 = choose, embrace, take on

Many people choose to **adopt** pets from shelters instead of buying them from breeders.
많은 사람들은 사육사로부터 반려동물을 구입하는 것 대신에 보호소에서 입양하는 것을 선택한다.

The hijab, a type of cloth head covering, has been **adopted** by many women as a way to show their religious beliefs.
천으로 된 머리 덮개인 히잡은 종교적 신념을 보여주기 위한 방법으로 많은 여성들에 의해 채택되어 왔다.

03
appear

[əpíər]

appearance 명 모습, 등장, 출현

동 1. 나타나다, 등장하다 = emerge, arise
   2. ~인 것 같다 = seem, look like

In 1752, the Liberty Bell **appeared** in the steeple of Independence Hall for the first time.
1752년에, 자유의 종은 독립기념관의 첨탑에 처음으로 등장했다.

The ancient artifact **appeared** to be a carving of a lion.
그 고대의 유물은 사자의 조각품인 것 같았다.

04
arise

[əráɪz]

동 발생하다, 생기다 = happen

The question of whether or not global warming **arises** from human activity is still debated by many scientists.
지구 온난화가 인간의 활동으로부터 발생하는지 아닌지에 대한 문제는 여전히 많은 과학자들에 의해 논의되고 있다.

05
attribute

명 [ǽtrəbjùːt]
동 [ətríbjuːt]

- 명 자질, 속성 = quality, feature
- 동 ~의 탓으로 돌리다 = credit, ascribe

A suit's **attribute** of formality comes from its traditional place in men's business attire.
격식이라는 수트의 속성은 남성 비즈니스 복장의 전통적인 위치에서 비롯된다.

The custom of giving engagement rings can be **attributed** to ancient Rome.
약혼반지를 주는 풍습은 고대 로마에서 비롯되었을 수 있다.

 단어 학습 꿀팁
attribute A to B : A를 B의 탓으로(덕분으로) 돌리다

06
brief

[briːf]

- 형 짧은, 잠깐의, 간단한 = short, quick, swift

The Rosetta Stone has been displayed in the British Museum in London since 1801, except for a **brief** period during World War I.
로제타석은 제1차 세계 대전 중 잠깐의 기간을 제외하면 1801년 이래로 런던의 대영박물관에서 계속 전시되어 왔다.

07
cease

[siːs]

- 동 중단하다 = stop, discontinue, end

The troops **ceased** the crossfire when they found children in the village.
그 마을에 아이들이 있다는 것을 알고 그 군대는 사격을 멈췄다.

08
celebrate

[séləbrèit]

celebration 명 기념행사, 축하행사

- 동 기념하다, 축하하다 = commemorate, observe, rejoice

He attended the ribbon-cutting ceremony that **celebrated** the completion of the building.
그는 건물의 완공을 축하하는 개관식에 참석하였다.

09
ceremony

[sérəmòuni]

ceremonial 형 의식의

- 명 식, 의식 = ritual, observance

A traditional Spanish wedding **ceremony** is a beautiful and meaningful event.
스페인의 전통적인 결혼식은 아름답고 의미 있는 행사이다.

DAY 14

10
characteristic
[kærəktəríst1k]

characterize 동 특징짓다

- 명 특징 = attribute, feature, trait
- 형 특유의 = distinctive

The Sunda Tiger has many **characteristics** that make it unique from other tigers.
순다 호랑이는 다른 호랑이들과 달리 독특하게 만드는 많은 특징들을 가지고 있다.

One of the most **characteristic** features of the American alligator is its large size.
아메리카악어의 가장 특유의 특징 중 하나는 큰 크기이다.

11
circulate
[sə́ːrkjulèit]

circle 명 원
circulation 명 순환

- 동 1. 배포하다 = spread, distribute, publish
- 2. 순환하다 = flow

Air always **circulates** depending on changes in temperature.
공기는 기온의 변화에 따라 항상 순환한다.

12
cite
[sait]

citation 명 인용, 인용문

- 동 1. 인용하다 = quote
- 2. (~의 이유·예로서) 언급하다 name, note, refer to

The priest began the ceremony by **citing** a few passages from the bible.
그 신부는 성경의 몇 구절을 인용하여 의식을 시작했다.

Bora Bora is **cited** as the most beautiful island in the world.
보라보라는 세계에서 가장 아름다운 섬의 예로 언급된다.

13
classify
[klǽsəfài]

classification 명 분류

- 동 분류하다 = sort, categorize

Morphine is **classified** as a drug.
모르핀은 마약류로 분류된다.

> 💡 **단어 학습 꿀팁**
> be classified as ~로 분류되다

14
collapse
[kəlǽps]

- 동 붕괴하다, 쓰러지다 = fall

The old bridge **collapsed** under the weight of traffic.
교통량의 무게를 버티지 못하고 낡은 다리가 붕괴되었다.

15
commemorate

[kəmémərɪt]

동 기념하다 ≡ celebrate, observe, honor

To **commemorate** the anniversary of the author, a new coin was minted with Beatrix Potter's character, Tom Kitten, on the back.
작가의 기념일을 기념하기 위해, 새로운 동전은 베아트릭스 포터의 캐릭터인 톰 키튼이 뒷면에 새겨져서 주조되었다.

16
compose

[kəmpóuz]

composition 명 구성

동 1. 구성하다 ≡ consist of, comprise
2. 작곡하다 ≡ create, write

The Statue of Liberty is **composed** of a variety of materials, including copper, iron, and steel.
자유의 여신상은 구리, 철, 그리고 강철을 포함한 다양한 자재들로 구성되어 있다.

The music was **composed** specifically for his wife.
그 곡은 그의 아내를 위해 특별히 작곡되었다.

> 단어 학습 꿀팁
> be composed of ~을 구성하다, ~으로 이뤄지다

17
consist

[kənsíst]

동 ~로 이루어져 있다

Some volcanic eruptions **consist** mostly of lava flows.
어떤 화산 폭발은 주로 용암류로 이루어져 있다.

> 단어 학습 꿀팁
> consist of ~로 구성되다

18
constitute

[ká:nstətu:t]

constitution 명 구조; 체질; 헌법

동 1. ~를 이루다, 구성하다 ≡ represent, comprise, form
2. 설립하다, 제정하다 ≡ establish, enact

The Cannes Film Festival is an annual event held in Cannes, France, which **constitutes** one of the most prestigious film festivals in the world.
칸 영화제란 프랑스 칸에서 개최되는 연례 행사로, 세계에서 가장 권위 있는 영화제들 중 하나를 이룬다.

19
credit

[krédit]

credible 형 믿을 수 있는

동 (공로가 있다고) 여기다, 인정하다 = acknowledge
명 신용, 신용 거래

The Wright brothers are **credited** with inventing and building the world's first successful airplane.
라이트 형제는 세계 최초의 성공적인 비행기를 발명하고 만든 공으로 인정받는다.

> **단어 학습 꿀팁**
> credit A with B = A is credited with B
> A가 B로 여겨지다, 인정받다

20
custom

[kʌ́stəm]

customs 명 세관, 관세
customary 형 관습인, 관례의

명 관습, 풍습 = tradition, practice

The Vietnamese **custom** of serving tea to guests is a way of showing respect and hospitality, and is usually done before any business is discussed.
손님들에게 차를 대접하는 베트남의 관습은 존경과 환대를 보여주는 하나의 방법이며, 보통 어떤 사업이 논의되기 전에 행해진다.

21
declare

[diklέər]

declaration 명 선언

동 선언하다, 신고하다, (결과를) 발표하다 = announce, claim, state

Moonlight was **declared** the winner of the 2017 Academy Award for Best Picture.
영화 《문라이트》가 2017년 아카데미 시상식에서 작품상 수상작으로 선정되었다.

22
defend

[difénd]

defence 명 수비, 방어

동 방어하다, 옹호하다 = protect

The Union army **defended** their position against the Confederate army.
북군은 남군에 맞서 자신들의 위치를 방어했다.

23
depict

[dipíkt]

depictive 형 묘사적인

동 묘사하다 = describe, portray

Aphrodite is usually **depicted** as a beautiful woman standing on a shell.
보통 아프로디테는 조개껍데기 위에 서있는 아름다운 여자로 묘사된다.

> **단어 학습 꿀팁**
> depict A as B A를 B로 묘사하다

24
derive

[diráiv]

derivative 형 유래된, 파생된 명 파생물

 ~에서 비롯되다, 유래하다 ≒ obtain, extract

The term "meme" is **derived** from the Greek word *mimema*, meaning "something imitated".
"밈"이라는 용어는 "모방된 것"을 의미하는 그리스어 '미메마'에서 유래되었다.

단어 학습 꿀팁
be derived from = come from = originate from = stem from
~로부터 유래되다

25
designate

[dézɪgneɪt]

designated 형 지정된
designation 명 지정, 지명

 1. (자리 또는 직책 등에) 지명하다 ≒ appoint, assign
2. 지정하다 ≒ register, list, recognize

The President of the United States **designates** the Secretary of State as the lead negotiator for all diplomatic talks.
미국 대통령은 국무장관을 모든 외교회담의 수석대표로 지명한다.

The Taj Mahal was **designated** as a UNESCO World Heritage Site in 1983 for its unique architectural and cultural significance.
타지마할은 그 독특한 건축과 문화적 중요성으로 1983년에 유네스코 세계문화유산으로 지정되었다.

단어 학습 꿀팁
designate A as B A를 B로 지명하다

26
determine

[dité:rmin]

determined 형 단호한, 확정된
determination 명 결정, 결심, 결단

 1. 알아내다, 밝히다 ≒ find out, discover
2. 결심하다, 결정하다 ≒ decide, resolve

The results of the study **determined** the best way to improve communication between employees and managers.
연구의 결과는 직원들과 상사들 사이의 의사소통을 향상시킬 최선의 방법을 알아낼 것이다.

The committee **determined** that the project should continue as planned.
위원회는 그 프로젝트가 계획대로 계속되어야 한다고 결정했다.

단어 학습 꿀팁
determine to V/that절 ~하기로 결정하다
be determined to V 반드시 ~하다, ~하기로 마음 먹다

DAY 14

27
develop
[divéləp]

development 형 발달, 발전, 개발

동 1. 발전하다, 개발되다 ⊜ grow, advance, progress
2. 개발하다, 만들다 ⊜ create, produce

Galileo **developed** a telescope to observe the skies.
갈릴레오는 하늘을 관찰하기 위해 망원경을 개발하였다.

28
differ
[dífər]

different 형 다른
difference 명 차이

동 다르다 ⊜ vary

Jaguars also **differ** in their ability to climb trees.
재규어들은 또한 나무를 오르는 능력 면에서도 다르다.

 단어 학습 꿀팁
differ from ~와 다르다
differ in ~면에 있어 다르다

29
disorder
[disɔ́:rdər]

명 장애 ⊜ illness

A person with a social anxiety **disorder** may experience intense fear and anxiety in social situations.
사회불안장애가 있는 사람은 사회적 상황에서 극심한 공포와 불안을 경험할 수도 있다.

30
distinct
[dɪstíŋkt]

distinctive 형 독특한, 특유의
distinction 명 구별, 차이; 탁월함

형 뚜렷한, 구별되는 ⊜ recognizable, noticeable

There are many **distinct** customs in many Asian cultures that involve taking off one's shoes when entering a home.
많은 아시아 문화권에는 집에 들어갈 때 신발을 벗는 것을 포함하는 많은 독특한 관습이 있다.

 단어 학습 꿀팁
be distinct from ~와 다르다, 구별되다

31
diverse
[daɪvə́:rs]

diversity 명 다양성

형 다양한 ⊜ various

Venezuela has one of the most **diverse** ecosystems in the world.
베네수엘라는 세계에서 가장 다양한 생태계들 중 하나이다.

32
divide

[diváid]

division 명 분할, 분배

동 나누다 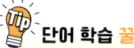 separate, split

The internet is **divided** into three parts: the surface web, the deep web, and the dark web.
인터넷은 표면 웹, 딥 웹, 다크 웹의 세 부분으로 나뉘어진다.

💡 단어 학습 꿀팁
be devided into ~로 나뉘어지다, 분류되다

33
dub

[dʌb]

동 별명을 붙이다, ~라고 부르다 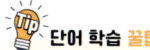 name, nickname

Mariah Carey, **dubbed** "the Queen of Christmas", earns approximately $2.5 million per year for her Christmas track.
"크리스마스 퀸"이라는 별명이 붙은 머라이어 캐리는 그녀의 크리스마스 곡으로 매년 약 250만 달러를 벌어들인다.

💡 단어 학습 꿀팁
dub A (as) B = be dubbed (as) B
A에게 B라는 별명을 붙이다

34
energetic

[ènərdʒétik]

energy 명 정력, 활기

형 활력이 넘치는 ⊜ lively, active

The American bison are very **energetic** animals and can run up to 35 miles per hour.
아메리카들소는 매우 활력이 넘치는 동물이고 시속 35마일까지 달릴 수 있다.

35
erupt

[irʌpt]

eruption 명 분출, 폭발

동 1. (화산·용암 등) 분출되다, 뿜어져 나오다 ⊜ explode, burst
2. (감정 등) 폭발하다, 터뜨리다 ⊜ burst

The volcano **erupts** when molten rock, ash, and gas escape from the Earth's surface.
화산은 녹은 바위, 재, 가스가 지표면에서 빠져나올 때 폭발한다.

36
evolve
[ivá:lv]

evolution 명 발전, 진화

동 발달하다, 진화하다 ≒ develop, grow

The automobile was invented in 1886 by Karl Benz and has since **evolved** to become one of the most common and important vehicles in the world.
자동차는 1886년 카를 벤츠에 의해 발명되었으며, 그 이후로 계속 발전하여 세계에서 가장 흔하고 중요한 운송 수단 중 하나가 되었다.

단어 학습 꿀팁
evolve (from A) into B (A에서) B로 진화하다, 발달하다

37
exclusive
[iksklú:siv]

exclusively 부 오로지, 독점적으로
exclude 동 배제하다

형 독점적인, 전용의 ≒ sole, private, restricted

The Copyright owner has the **exclusive** right to authorize the manufacturing of their work.
저작권 소유자는 그들의 작품 제작을 허가할 독점적 권리를 가진다.

38
exist
[igzíst]

existense 명 존재
existing 형 현존하는

동 1. 존재하다, 실재하다 2. 살아가다 ≒ live, survive

Scientists have discovered certain microorganisms that can **exist** in some of the most extreme environments on Earth.
과학자들은 지구상에서 가장 극한의 환경에서 살아갈 수 있는 특정 미생물을 발견했다.

단어 학습 꿀팁
in existence 현존하는

39
explode
[iksplóud]

explosive 형 폭발성의, 폭발적인
explosion 명 폭발

동 폭발하다, 터지다 ≒ burst, erupt

Investigators figured out what had caused the fuel tank to **explode**.
조사관들은 연료 탱크가 폭발한 원인을 찾아냈다.

40
fame
[feim]

famous 형 유명한

명 명성 ≒ renown

J. K. Rowling rose to **fame** with the *Harry Potter* series.
J. K. 롤링은 해리포터 시리즈를 통해 명성을 얻었다.

41
feature
[fíːtʃər]

- 동 특징으로 하다, 주연으로 나오다
- 명 특징, 특색 = characteristic, attribute, quality

The Oscar statuette **features** a knight holding a sword on a reel of film.
오스카상은 필름 릴 위에 서서 칼을 들고 있는 기사를 특징으로 한다.

The smartphone is packed with new **features**, including an improved camera system and an updated display.
그 스마트폰은 향상된 카메라 시스템과 최신 디스플레이를 포함한 새로운 기능들로 가득 차 있다.

42
form
[fɔːrm]

- 명 1. 종류, 형태 = type 2. 문서, 서식
- 동 형성하다 = create, make, develop

Some animals are able to change their appearance to match their surroundings as a **form** of camouflage.
어떤 동물들은 위장의 한 형태로써 주변 환경에 맞게 외형을 바꿀 수 있다.

The Grand Canyon was **formed** over the course of millions of years by the Colorado River cutting through the rock.
그랜드 캐니언은 수백만 년에 걸쳐 바위를 깎아내는 콜로라도 강에 의해 형성되었다.

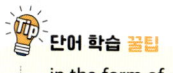 단어 학습 꿀팁

in the form of ~의 형태로

43
founder
[fáundər]

found 동 설립하다

- 명 설립자 = originator

The **founder** of Facebook, Mark Zuckerberg, started the company in 2004 with some of his college roommates and classmates.
페이스북의 설립자인 마크 저커버그는 2004년에 그의 대학 룸메이트들과 반 친구들과 함께 그 회사를 시작했습니다.

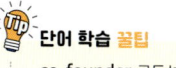 단어 학습 꿀팁

co-founder 공동설립자

44
general
[dʒénərəl]

generally 부 일반적으로

- 형 보편적인, 일반적인 = common, universal
- 명 장군

There are many different chess sets in existence, but they all share certain **general** features.
많은 다른 체스 세트들이 존재하지만, 그것들은 모두 특정한 일반적인 특징들을 공유한다.

 단어 학습 꿀팁

in general 대체로, 일반적으로

45
heritage
[héritidʒ]

- 명 (역사적) 유산 = inheritance, legacy

The Stonehenge was designated a UNESCO World **Heritage** Site in 1986.
스톤헨지는 1986년에 유네스코 세계 문화유산에 등재되었다.

46
hinder
[híndər]

hindrance 명 저해, 방해

- 동 방해하다, 저해하다 = block, obstruct

The army was able to take control of the high ground, which **hindered** the enemy's ability to advance.
그 군대가 고지대를 장악할 수 있었고, 이는 적이 진격할 수 있는 능력을 방해했다.

47
history
[hístəri]

historic 형 역사적으로 중요한
historical 형 역사적인

- 명 역사

The Industrial Revolution was a major event in world **history**.
산업혁명은 세계의 역사에서 중요한 사건이었다.

48
honor
[ánər]

honorable 형 존경할 만한

- 동 존경하다, 명예를 주다 = commemorate, recognize, respect
- 명 명예, 경의, 존경 = tribute

Today, soldiers who die in battle are still **honored** with military funerals and memorials.
오늘날, 전투에서 죽은 군인들은 여전히 군 장례와 추모로 기리어진다.

The statue was erected in **honor** of World War I.
그 조각상은 제1차 세계 대전을 기리기 위해 세워졌다.

 단어 학습 꿀팁

It is an honor to V ~하게 되어 영광이다

49
insect
[ínsekt]

명 곤충 ⊜ bug

When ladybugs die, their shells remain intact and often are eaten by other **insects**.
무당벌레들이 죽을 때, 그들의 등껍질은 온전하게 남아있고 종종 다른 곤충들에 의해 잡아먹힌다.

50
intend
[inténd]

intention 명 의도

동 의도하다 ⊜ mean, expect, plan

The project was **intended** to enable exports to Europe.
그 프로젝트는 유럽으로의 수출을 위해 의도된 것이었다.

> 단어 학습 꿀팁
>
> intend + **to V** ~하려고 의도하다, 작정하다 문법-준동사
> → 목적어 자리에 to부정사를 사용한다.

51
invent
[invént]

invention 명 발명

동 발명하다, 만들다, 개발하다 ⊜ devise, create

Invented in the 1930s, snorkeling is a popular recreational activity that allows swimmers to observe underwater life.
1930년대에 발명된, 스노클링은 수영하는 사람들이 수중의 생물을 볼 수 있게 해주는 인기 있는 레크리에이션 활동이다.

52
last
[læst]

동 계속되다, 지속되다 ⊜ continue, persist
형 마지막의, 지난 ⊜ final, previous

The longest total solar eclipse **lasts** for up to 7 minutes and 40 seconds, during which the Moon completely covers the Sun.
가장 긴 개기일식은 7분 40초 동안 지속되며, 이 시간 동안 달은 태양을 완전히 가린다.

The **last** time the world experienced an ice age was during the Pleistocene epoch, which lasted from 2.6 million years ago to 11,700 years ago.
세계가 빙하기 시대를 마지막으로 경험했던 것은 플라이스토세로, 260만 년 전부터 11,700년 전까지 지속되었다.

> 단어 학습 꿀팁
>
> last for (기간) ~동안 지속되다

53
mammal
[mǽməl]

🔵 명 포유 동물

From an evolutionary perspective, **mammals** are the most advanced animals on our planet.
진화론적 관점에서, 포유류는 지구에서 가장 진화한 동물이다.

54
manipulate
[mənípjuleɪt]

manipulation 명 (기계의) 조종, 조작; (숫자·장부 등) 속이기, 조작

🔵 동 1. (기계 등을) 다루다, 조작하다 ➖ operate, handle, control
2. 속이다, 조작하다 ➖ falsify, rig

Pilots can **manipulate** an unmanned drone from outside its physical location.
조종사들은 물리적 위치 밖에서 무인 드론을 조종할 수 있다.

55
manufacture
[mænjufǽktʃər]

manufacturing 명 제조업
manufacturer 명 제조사, 제조업체
manufactural 형 제조의

🔵 명 제조, 생산 ➖ assembly, production
🔵 동 제조하다, 생산하다 ➖ assemble, build, produce

The drones have been **manufactured** for military purposes.
그 드론들은 군사 목적으로 제조되었다.

56
medieval
[mìːdíːvəl]

🔵 형 중세의

A typical **medieval** monastery was organized around a cloister, a central courtyard where monks could walk and meditate.
전형적인 중세 수도원은 수도사들이 걷고 명상할 수 있는 중앙 안뜰인 회랑의 주변으로 설립되었다.

57
modern
[mɑ́dərn]

modernize 동 현대화하다

🔵 형 현대의, 근대의 ➖ current, contemporary

There has been a shift away from traditional architecture and towards **modern** architecture.
전통적인 건축에서 벗어나 현대 건축으로 향하는 변화가 있어 왔다.

58
monument
[mɑ́njumənt]

monumental 형 기념비적인

🔵 명 기념물 ➖ memorial

The Great Sphinx of Giza is one of the largest and oldest **monuments** in the world.
기자의 스핑크스는 세계적으로 가장 크고 오래된 기념물 중 하나이다.

59
myth

[miθ]

mythology 명 신화

명 1. 신화 ≒ legend, fable
2. 근거 없는 믿음, 통념 ≒ misconception

The **myth** of Sisyphus is one of the most known myths in Greek mythology.
시시포스 신화는 그리스 신화 중에서 가장 잘 알려진 작품 중 하나이다.

There has been an enduring **myth** that drinking eight glasses of water a day is essential for good health.
물을 하루에 여덟 잔 마시는 것이 좋은 건강에 필수적이라는 지속되는 통념이 있어왔다.

60
native

[néitiv]

형 1. 토착의, 현지의 ≒ indigenous
2. 타고난 ≒ inherent, natural

Diné Bizaad, or the Navajo language, is the **native** language of the Diné people.
디네 비자드 또는 나바호어는 디네 사람들의 모국어이다.

According to some theorists, the acquisition of language is a **native** trait, which is why children learn languages with ease.
일부 이론가들에 따르면, 언어의 습득은 타고난 특성이며, 이는 아이들이 언어를 쉽게 배우는 이유이다.

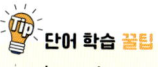 단어 학습 꿀팁

be native to ~가 원산지이다, ~ 출신이다

DAY 14 VOCABULARY TEST

Q 밑줄 친 단어의 유의어로 가장 적절한 보기를 고르세요.

01 Walt Disney Studios has a long history of <u>depicting</u> different cultures in its films.
   (a) dividing   (b) circulating   (c) describing   (d) honoring

02 The word "brunch" is <u>derived</u> from the words "breakfast" and "lunch."
   (a) intended   (b) circulated   (c) evolved   (d) formed

03 The nobility had <u>exclusive</u> access to the castle's library.
   (a) diverse   (b) general   (c) distinct   (d) sole

04 The new shopping center has been <u>dubbed</u> "the Mall of the Future".
   (a) named   (b) invented   (c) manufactured   (d) established

Q 아래의 단락을 읽고 밑줄 친 단어와 문맥상 가장 가까운 보기를 고르세요.

05 Social media has quickly become an integral part of our lives, with many of us <u>adopting</u> new platforms and apps as they become available. While social media has been around in some form since the early days of the internet, it has only become mainstream in recent years. The development of social media has allowed us to connect with friends and family all over the world, and has given us a platform to share our thoughts and experiences with others.

In the context of the passage, <u>adopting</u> means _____.

(a) raising   (b) hindering   (c) forming   (d) using

정답 1 (c) 2 (d) 3 (d) 4 (a) 5 (d)   해석 381P

지텔프 추가학습 단어

☐ adverse	형 불리한, 부정적인	
☐ alert	형 경계하는, 민첩한 명 경보 동 경고하다, 주의하다	
☐ alloy	명 합금 동 합금하다, 섞다	
☐ aptly	부 적절히	
☐ be made (up) of	숙 ~로 구성되다, 만들어지다	
☐ carnivorous	형 육식의	
☐ cautious	형 조심스러운, 신중한	
☐ challenging	형 도전적인, 힘든	
☐ classic	형 고전적인, 대표적인	
☐ collide	동 충돌하다	
☐ come up with	숙 ~을 생각해내다, 마련하다	
☐ considerable	형 상당한	
☐ contemporary	형 현대의 명 동시대 사람	
☐ contrast	명 차이, 대조 동 대조를 이루다	
☐ criterion	명 기준, 척도	
☐ decipher	동 해독하다	
☐ demolish	동 철거하다, 허물다	
☐ destruction	명 파괴	
☐ diameter	명 지름, 배율	
☐ discharge	명 방출, 배출 동 방출하다, 배출하다	
☐ dramatically	부 극적으로	
☐ eliminate	동 없애다, 제거하다	
☐ empire	명 제국, 거대 기업	
☐ era	명 (특정한 사건에 의해 다른 시대들과 구별되는) 시대	
☐ erect	형 똑바로 선 동 세우다	
☐ fabric	명 직물, 천	
☐ fad	명 (일시적인) 유행, 열광	
☐ fortify	동 요새화하다; 강화하다, 기운을 북돋우다	
☐ genetic	형 유전의, 유전학의	
☐ give away	숙 내주다, (상으로) 수여하다	

DAY 14

DAY 15

독해&어휘
PART 3 백과사전식 지문 (2)

| 표제어와 뜻을 음원으로 듣기 |

PREVIEW

object	process	speculate
obtain	progress	status
occur	prominent	stimulate
officially	rank	strict
opponent	recover	sturdy
origin	refer	sufficient
originally	refine	superior
originate	relevant	surface
outbreak	remain	symbol
outstanding	remarkable	term
patent	resemble	terminate
peak	reside	territory
phenomenon	restore	threat
polish	retain	thrive
popular	retrieve	tradition
practice	revolution	trigger
preserve	royal	unique
prevail	script	vandalize
prevent	similar	various
primitive	spark	withstand

01
object

동 [əbdʒékt]
명 [á:bdʒekt]

objection 명 반대, 이의
objective 명 목적, 목표
　　　　 형 객관적인

동 반대하다 ⊜ oppose, disagree
명 1. 물체, 사물, 대상 ⊜ thing, item　2. 목적, 목표 ⊜ purpose

John **objected** to the new rules, claiming that they were unfair and would put him at a disadvantage.
존은 새로운 규칙들에 반대했으며, 그 규칙들이 불공평하고 그를 불리하게 만들 것이라고 주장했다.

Scientists have invented a new type of **object**, called a photometer, which can be used to measure the amount of light in a given area.
과학자들은 광도계라고 불리는 새로운 유형의 물체를 발명했는데, 주어진 영역에서 빛의 양을 측정하는 데 사용될 수 있다.

 단어 학습 꿀팁
object to ~에 반대하다

02
obtain

[əbtéin]

obtainable 형 구할 수 있는

동 얻다, 입수하다 ⊜ receive, acquire

The filmmakers contacted the dog owner to **obtain** the rights to his story.
영화 제작자들은 그의 이야기의 저작권을 얻기 위해 강아지 주인에게 연락하였다.

03
occur

[əkə́:r]

occurrence 명 발생

동 발생하다, 일어나다 ⊜ happen

Everyone started panicking when a fire **occurred** at the theater during the opera.
오페라 공연 도중에 극장에서 화재가 발생하여 모두가 공포에 빠졌다.

04
officially

[əfíʃəli]

official 형 공식적인, 정식의

부 공식적으로, 정식으로 ⊜ formally, properly

The United States Postal Service **officially** began operation on July 1, 1971.
미국우정공사는 1971년 7월 1일에 공식적으로 운영을 시작했다.

05
opponent

[əpóunənt]

oppose 동 반대하다

명 상대, 경쟁자 ⊜ rival

In Monopoly, players buy or trade properties, develop them, and collect rent from **opponents**.
모노폴리에서, 플레이어들은 부동산을 구입하거나 거래하고, 그것들을 개발하며, 상대방으로부터 임대료를 징수한다.

06 origin
[ɔ́:rədʒin]

original 형 원래의
originate 통 비롯되다

명 근원, 기원 ⊜ beginning, birth

The Big Bang theory is the most popular theory that explains the **origin** of the universe.
빅뱅이론은 우주의 기원을 설명하는 가장 보편적인 이론이다.

07 originally
[ərídʒinəli]

original 형 원래의, 본래의

부 원래, 본래 ⊜ initially

Originally, the house was built in 1892. However, it was later torn down and rebuilt in its current form in 1996.
본래, 그 집은 1892년에 지어졌다. 그러나, 그것은 이후에 철거되었고 1996년에 현재의 형태로 재건되었다.

08 originate
[ərídʒineit]

origin 명 기원, 근원; 출신
originative 형 독창적인

동 비롯되다, 유래하다 ⊜ begin, arise, stem

The tradition of eating mooncakes **originated** from China and is still widely practiced today.
월병을 먹는 전통은 중국에서 유래되었으며 오늘날에도 널리 행해지고 있다.

 단어 학습 꿀팁
originate from = come from = stem from
~로부터 유래되다

09 outbreak
[áutbreik]

명 (전쟁·사고·유행병 등의) 발생, 발발 ⊜ eruption, onset, beginning

The **outbreak** of cholera in London occurred in the 1850s and killed over 600 people.
런던 내 콜레라의 발생은 1850년대 이루어졌고 600명 이상의 사람들을 죽게 만들었다.

10 outstanding
[autstǽndiŋ]

형 뛰어난, 우수한 ⊜ excellent, superior

The Nobel Prize are awarded to the world's most **outstanding** people in the fields of physics, chemistry, medicine, literature, and peace.
노벨상은 물리학, 화학, 의학, 문학, 그리고 평화 분야에서 세계에서 가장 뛰어난 사람들에게 수여된다.

11
patent

[pǽtnt]

- 명 특허, 특허권 ⊜ copyright, license, right
- 형 특허의

Rubik got a Hungarian **patent** for his invention, which he initially called the "Magic Cube," in 1975.
1975년에 루빅은 초기에 "매직 큐브"라고 불렸던 그의 발명품으로 헝가리 특허를 획득했다.

12
peak

[pi:k]

- 명 절정, 최고조, (산의) 꼭대기, 정상 ⊜ climax, top, summit, pinnacle
- 동 절정(최고조)에 달하다 ⊜ culminate, climax

The term "yuppy" reached the **peak** of its popularity in the 1980s.
"여피"라는 용어는 1980년대에 인기의 절정에 달했다.

13
phenomenon

[finάmənὰn]

phenomenal 형 경이로운

- 명 현상 ⊜ happening, occurrence

An aurora is a natural **phenomenon** found in both northern and southern hemispheres.
오로라는 북반구와 남반구 모두에서 발견되는 자연 현상이다.

14
polish

[pάliʃ]

- 동 1. 닦다, 윤을 내다 ⊜ shine, varnish
  2. 다듬다, 향상시키다 ⊜ enhance, improve, refine
- 명 광택제, 윤 내기

The art of **polishing** diamonds has been around for centuries.
다이아몬드를 연마하는 기술은 수세기 동안 있어 왔다.

15
popular

[pάpjulər]

popularity 명 인기

- 형 1. 인기 있는 ⊜ famous
  2. 대중적인 ⊜ likable, common

Peru is home to a number of **popular** tourist destinations, including Machu Picchu, the Nazca Lines, and Lake Titicaca.
페루는 마추픽추, 나스카 라인, 그리고 티티카카 호를 포함한 수많은 인기 있는 관광지의 본고장이다.

Kaya toast is a **popular** breakfast dish in Singapore that is made by toasting bread and spreading kaya, a type of coconut jam, on top.
카야 토스트는 빵을 굽고 코코넛 잼의 일종인 카야를 펴발라서 만드는 싱가포르의 대중적인 아침 식사이다.

16 practice
[præktis]

practical 형 실용적인

- 명 1. 실행, 실천 = action, application
  2. 관습, 관행, 관례 = custom, rule, tradition
  3. 연습 = training, exercise, drill
- 동 1. 연습하다 = rehearse, exercise 2. 실행하다, 실천하다 = apply

In the United States, the **practice** of leaving a tip began in the late 1800s.
미국에서는, 1800년대 후반에 팁을 남기는 관습이 시작되었다.

Our students have been **practicing** their lines and perfecting their characters and performances.
우리 학생들은 그들의 대사를 연습하고 그들의 캐릭터와 연기를 완성해나가는 중입니다.

 단어 학습 꿀팁

in practice 실제로는
practice + -ing ~하는 것을 연습하다 문법-준동사
→ 목적어 자리에 동명사를 사용한다.

17 preserve
[prizə́:rv]

preservation 명 보존
preservative 명 방부제

동 보존하다 = maintain, conserve

Hadrian's Wall is considered the best **preserved** Roman frontier in Britain.
하드리아누스 방벽은 영국에 있는 가장 잘 보존된 로마 제국 국경으로 여겨진다.

18 prevail
[privéil]

prevailing 형 우세한, 지배적인
prevalent 형 널리 퍼진

동 1. 이기다, 승리하다 = triumph, succeed, win
2. 널리 퍼지다, 우세하다, 지배하다 = predominate

The company **prevailed** in the lawsuit, and was able to keep the patent for their new product.
그 회사는 소송에서 이겼고, 그들의 신제품에 대한 특허를 유지할 수 있었다.

The British Empire **prevailed** over the country for many years.
대영제국은 여러 해 동안 그 나라를 지배했다.

 단어 학습 꿀팁

prevail against (~을 상대로) 이기다
prevail over ~을 이기다, ~보다 우세하다

19
prevent

[privént]

prevention 몡 예방

동 막다, 예방하다 ≒ stop, avert, halt

By shopping on Cyber Monday, people can **prevent** themselves from overspending on Christmas gifts.
사이버 먼데이 때 쇼핑을 함으로써, 사람들은 자신들이 크리스마스 선물에 과다지출하는 것을 막을 수 있다.

 단어 학습 꿀팁

prevent + -ing ~하는 것을 막다, 예방하다 문법-준동사
→ 목적어 자리에 동명사를 사용한다.
prevent A from -ing A가 ~하는 것을 막다

20
primitive

[prímətiv]

primitively 부 원시적으로

형 원시 사회의, 초기의 ≒ ancient, early

Primitive races settled near this river 2,000 years ago.
원시 부족들은 2천여 년 전에 이 강 근처에 정착했다.

21
process

[práses]

명 과정 ≒ procedure, operation
동 처리하다 ≒ handle, manage

Repairing damaged hardware is a very delicate **process**.
고장 난 하드웨어를 고치는 것은 매우 섬세한 과정이다.

The programs cannot shut down when they are still **processing** data.
아직 정보를 처리 중일 때는 프로그램이 꺼지지 않는다.

22
progress

[prágres]

progressive 형 진보적인

명 진보, 전진 ≒ development, growth
동 나아가다, 전진하다 ≒ advance

India has seen substantial educational and economic **progress** in the early part of the 21st century.
인도는 21세기 초반에 상당한 교육 및 경제 발전을 이룩했다.

 단어 학습 꿀팁

in progress 진행 중인

23
prominent

[prámənənt]

prominence 명 명성

형 중요한, 유명한 ≒ famous, important

The United Nations plays a **prominent** role in peacekeeping.
유엔은 평화유지에 있어 중요한 역할을 한다.

24
rank

[ræŋk]

⑲ 지위, 계급 ≒ status, level, grade
⑫ (순위·등급 등)을 매기다, 평가하다 ≒ grade, classify

During the medieval period, **rank** was an important factor in determining a person's place within society.
중세 시대 동안, 계급은 사회 내에서 한 사람의 위치를 결정하는 중요한 요소였다.

The New England Patriots are **ranked** as the most successful NFL team of the 21st century.
뉴잉글랜드 패트리어츠는 21세기 NFL에서 가장 성공한 팀으로 평가된다.

25
recover

[rikʌvər]

recovery ⑲ 회복

⑫ 되찾다, 회복하다 ≒ recuperate, restore

It took two weeks for the patient to **recover** from the flu.
그 환자가 독감으로부터 회복되기까지는 2주가 걸렸다.

26
refer

[rifə́:r]

reference ⑲ 참조; 언급; 추천서

⑫ 1. 참조하다 ≒ consult, look up
   2. 언급하다, ~라고 부르다 ≒ mention, cite

Please **refer** to the section on traditional dress for more information on the clothing worn in different cultures.
다른 문화에서 입는 옷에 대한 더 많은 정보는 전통 복장 섹션을 참조하시기 바랍니다.

The Konyak tribe, **referred** to as the "headhunters of the Indian sub-continent", are a group of people indigenous to the North East region of India.
"인도 아대륙의 인간 사냥꾼"이라고 불리우는 코냐크 부족은 인도 북동부 지역에 사는 부족이다.

 단어 학습 꿀팁

refer to ~를 참조하다
be referred to as ~라고 불리다, 일컬어지다

DAY 15

27
refine

[rifáin]

refinement 명 정제, 개선

동 1. 정제하다 ⊜ purify 2. 개선하다 ⊜ improve

The process of **refining** crude oil into gasoline and other fuels is highly complex.
원유를 휘발유와 다른 연료로 정제하는 과정은 매우 복잡하다.

The software was **refined** by the team of developers in order to make it more user-friendly.
그 소프트웨어는 좀 더 사용자 친화적으로 되기 위해 개발자 팀에 의해 개선되었다.

28
relevant

[réləvənt]

relevance 명 적절, 타당

형 1. 관련 있는 ⊜ related
2. 적절한, 타당한 ⊜ appropriate, pertinent

Studies **relevant** to the field of linguistics are important for researchers in the field.
언어학 분야와 관련된 연구는 그 분야의 연구자들에게 중요하다.

29
remain

[riméin]

remains 명 유적, 유해

동 남다, 머무르다 ⊜ stay

How the black hole was created **remains** a mystery to scientists.
블랙홀이 어떻게 만들어졌는지는 과학자들에게 미스테리로 남아있다.

30
remarkable

[rimá:rkəbl]

remark 동 말하다

형 주목할 만한, 놀라운 ⊜ extraordinary, outstanding

Iguazu Falls is a **remarkable** natural wonder located on the border of Argentina and Brazil.
이구아수 폭포는 아르헨티나와 브라질의 국경에 위치한 놀라운 자연 경관입니다.

31
resemble

[rizémbl]

resemblance 명 닮음, 유사함

동 닮다, 비슷하다, 유사하다

Krampus is a mythical creature that is said to **resemble** a horned, goat-like beast.
크램푸스는 뿔이 달린, 염소같이 생긴 짐승을 닮았다고 전해지는 신화 속의 생물이다.

32
reside
[rɪzáɪd]

resident 명 거주자, 주민
형 거주하는
residence 명 주택, 거주지

동 살다, 거주하다 = live, dwell

Inuit people have traditionally **resided** in the Arctic regions of Alaska, Canada, and Greenland.
이누이트족은 전통적으로 알래스카, 캐나다, 그린란드의 북극 지역에 거주해 왔다.

 단어 학습 꿀팁

reside in ~에 살다, 거주하다

33
restore
[rɪstɔ́ːr]

restoration 명 복원

동 회복시키다, 복원하다 = reinstate, repair

The city was **restored** by the Byzantine Empire in the 6th century.
이 도시는 6세기에 비잔티움 제국에 의해 복구되었다.

34
retain
[ritéin]

retention 명 보유

동 보유하다, 유지하다 = maintain, preserve

The company will **retain** its status as a leading console manufacturer.
이 회사는 선두 콘솔 제조업체로서의 지위를 유지할 것이다.

35
retrieve
[ritríːv]

동 되찾다, 회수하다, 회복하다 = find, recover, save
명 회수

To **retrieve** five bronze statues from the ancient ruins, a team of archaeologists used special tools to excavate the area.
고대 유적지의 다섯 개의 동상을 되찾기 위해, 고고학자 팀은 그 지역을 발굴하기 위한 특수 도구를 사용했다.

36
revolution
[rèvəlúːʃən]

revolutionary 형 혁명의
revolve 동 돌다, 회전하다

명 혁명 = coup

The French **Revolution** changed France from a monarchy to a republic.
프랑스 대혁명은 프랑스를 왕정에서 민주정으로 바꾸어놓았다.

37
royal
[rɔ́iəl]

royalty 명 왕족

형 왕실의

Few of the Western democracies still have a **royal** family.
서양의 민주주의 국가들 중에 아직 왕족이 있는 곳은 거의 없다.

38
script
[skript]

> 명 1. 각본, 대본, 원고 = scenario, manuscript
> 2. 서체, 문자 = handwriting, characters

The **script** for the film was written by John August.
그 영화의 각본은 존 어거스트에 의해 쓰여졌다.

39
similar
[símələr]

> 형 비슷한, 유사한 = alike, akin

Dalmatians are a spotted breed of dog that are **similar** in appearance to the Great Dane.
달마시안 강아지들은 그레이트데인과 외형적인 면에서 비슷하게 생긴 점박이 견종이다.

40
spark
[spɑːrk]

> 명 불꽃, 번뜩임 = flicker
> 동 촉발시키다, 유발하다 = stimulate, trigger, inspire

The increased popularity of travel documentaries has **sparked** a renewed interest in learning about the lives of people in different parts of the world.
여행 다큐멘터리의 높아진 인기가 세계 각지에 사는 사람들의 삶에 대해 배우는 것에 새로운 관심을 촉발시켰다.

 단어 학습 꿀팁

spark an interest in ~에 대한 관심을 촉발시키다

41
speculate
[spékjuleɪt]

speculation 명 추측
speculative 형 추측에 근거한

> 동 추측하다 = guess, theorize

Some people **speculate** that there might be intelligent life on other planets in our solar system.
어떤 사람들은 우리 태양계 안의 다른 행성에 지적 생명체가 있을지도 모른다고 추측한다.

42
status
[stǽtəs]

> 명 지위, 신분 = position, rank

In the Middle Ages, European society was highly hierarchical and everyone's **status** was clearly defined.
중세 시대에서, 유럽 사회는 매우 계층적이었으며 모든 이의 지위는 명확하게 정해져 있었다.

 단어 학습 꿀팁

status quo 현재의 상황, 현상유지

43
stimulate
[stímjulèit]

동 자극하다 **=** encourage, prompt

The game is devised to **stimulate** children's imaginations.
이 게임은 아이들의 상상력을 자극할 수 있도록 만들어졌다.

44
strict
[strikt]

strictly **부** 엄격히

형 엄격한, 엄한 **=** severe, stern, rigid

Olympian athletes must follow **strict** rules about not taking banned drugs.
올림픽 출전 선수들은 금지 약물에 관한 엄격한 규칙을 따라야 한다.

45
sturdy
[stá:rdi]

형 튼튼한 **=** durable, robust, solid

Wooden furniture is **sturdier** and lasts longer than chipboard furniture.
목재 가구는 합판 가구보다 더 튼튼하고 오래 간다.

46
sufficient
[səfíʃənt]

sufficiency **명** 충분함

형 충분한 **=** adequate, enough, tolerant

A **sufficient** amount of sleep is necessary for good health.
충분한 양의 수면은 좋은 건강에 필수적이다.

 단어 학습 꿀팁

self-sufficient 자급자족하는

47
superior
[səpíəriər]

형 우수한, 상위의 **=** better, excellent

SSD is a newer, faster type of data storage that is **superior** to the traditional HDD.
SSD는 전통적인 HDD보다 우월한 더욱 새롭고 빠른 유형의 데이터 저장매체이다.

단어 학습 꿀팁

superior to ~보다 우수한
(inferior to ~보다 열등한)

48
surface

[sə́ːrfis]

명 표면 ≒ facade, face

The **surface** of Uranus is very cold. It contains many forms of gas and ice.
천왕성의 표면은 매우 차갑다. 그것은 많은 형태의 가스와 얼음을 가지고 있다.

 단어 학습 꿀팁

on the surface 표면에, 겉보기에는

49
symbol

[símbəl]

symbolic 형 상징하는
symbolize 동 상징하다

명 1. 상징 ≒ sign, representation
　　2. 기호 ≒ sign, character, letter

In many cultures, the dove is a **symbol** of peace.
많은 문화권에서, 비둘기는 평화의 상징이다.

The chemical **symbol** for chlorine is Cl and it is atomic number 17 on the periodic table of elements.
염소의 화학기호는 Cl이며 원소 주기율표상에는 원자 번호 17번이다.

50
term

[təːrm]

명 1. 기간, 임기, 학기 ≒ period
　　2. 용어 ≒ word

After two months of winter vacation, the spring **term** started.
두 달간의 겨울 방학이 끝난 뒤에, 봄 학기가 시작되었다.

The **term** "Python" can refer to the programming language itself, or to the software that is used to run Python code.
파이썬이라는 용어는 프로그래밍 언어 자체를 의미하거나, 혹은 파이썬 코드를 실행하는 데 사용되는 소프트웨어를 의미할 수 있다.

 단어 학습 꿀팁

in terms of ~의 관점에서 보면

51
terminate

[tə́ːrmənèit]

termination 명 종료

동 종료하다, 끝내다 ≒ end, finish

The civil war was **terminated** with a peace agreement.
내전이 평화 협정으로 종료되었다.

52
territory

[térətɔ̀:ri]

territorial 형 영토의

명 영토, 영역 ⊜ area, land

The Vikings were known for their skill in sailing and their raids on other **territories**.
바이킹은 그들의 항해 기술과 다른 영토를 약탈하는 것으로 잘 알려져 있다.

53
threat

[θret]

threaten 동 협박하다

명 위협, 협박 ⊜ menace, danger, intimidation

The majority of mistletoebirds are under **threat** from habitat loss.
겨우살이새의 대부분은 서식지의 감소로 위협을 받고 있다.

 단어 학습 꿀팁

be under threat of ~의 위험에 처해 있다

54
thrive

[θraiv]

thriving 형 번영하는, (동식물이) 잘 자라는

동 번영하다, 자라다 ⊜ flourish, prosper

In the city of Norfolk, many small businesses **thrive** due to the supportive community.
노퍽 시에서는, 많은 소기업들이 후원적인 지역사회 때문에 번창한다.

55
tradition

[trədíʃən]

traditional 형 전통적인

명 전통 ⊜ custom

The Masai people have a **tradition** of using big, round, wooden drums to create music.
마사이족 사람들은 음악을 만드는 데 크고 둥근 나무 드럼을 사용하는 전통을 가지고 있다.

56
trigger

[trígər]

명 1. 방아쇠 ⊜ switch, lever 2. 계기
동 1. (방아쇠를) 당기다, (장치를) 작동시키다 ⊜ activate
　 2. 유발하다, 촉발시키다 ⊜ cause, set off

To use the hair dryer, users simply press on the **trigger** and select the desired temperature.
헤어 드라이어를 사용하려면, 사용자들은 간단하게 방아쇠를 누르고 원하는 온도를 선택하세요.

The probe has discovered a new type of aurora around Mars, which is **triggered** by space turbulence.
그 탐사선은 우주 난류에 의해 유발된 화성 주변의 새로운 종류의 오로라를 발견했다.

DAY 15

57
unique

[juːníːk]

🔵 독특한, 유일무이한 🟠 distinct, special

Fingerprints are used to identify humans as every fingerprint is **unique**.
지문은 모두 고유의 특징이 있기 때문에 사람의 신원을 확인하는 데 쓰인다.

58
vandalize

[vǽndəlaɪz]

vandalism 🔵 파괴 (행위)

🔵 (문화·예술 및 공공 시설 등을) 파손하다, 훼손하다
🟠 destroy, demolish, deface

The **vandalized** statue in the city has sparked outrage among residents.
그 도시에 있는 훼손된 조각상은 주민들 사이에서 격분을 야기했다.

59
various

[véəriəs]

vary 🔵 다르다
variety 🔵 다양성

🔵 다양한 🟠 different, diverse

Kamloops, located in British Columbia, is known for hosting **various** sporting events.
브리티시 컬럼비아주에 위치한 캠룹스는 다양한 스포츠 행사들을 주최한 것으로 유명하다.

60
withstand

[wiðstǽnd]

🔵 견디다, 저항하다 🟠 resist, endure

Tantalum carbide and hafnium carbide materials can **withstand** extremely high temperatures.
탄탈륨카바이드와 하프늄카바이드 소재들은 극도로 높은 온도에 견딜 수 있다.

DAY 15 VOCABULARY TEST

Q 밑줄 친 단어의 유의어로 가장 적절한 보기를 고르세요.

01 Minimalism is based on the idea of living with only a <u>sufficient</u> number of possessions.
    (a) superior   (b) tolerable   (c) various   (d) relevant

02 The company has filed a <u>patent</u> for a new foldable display.
    (a) right   (b) territory   (c) success   (d) origin

03 Volunteers were helping to <u>retrieve</u> steel art sculptures from the river.
    (a) preserve   (b) refine   (c) prevent   (d) find

04 The <u>sturdy</u> umbrella was able to withstand the strong wind.
    (a) popular   (b) durable   (c) outstanding   (d) unique

Q 아래의 단락을 읽고 밑줄 친 단어와 문맥상 가장 가까운 보기를 고르세요.

05 In 1984, Michael Dell was a student at the University of Texas at Austin. He started a small business selling personal computers out of his dorm room. He had the idea to start a company that would sell custom-built computers directly to consumers. He <u>polished up</u> his idea and founded Dell Computer Corporation in 1985. The company grew quickly, and by 1992 it was the largest supplier of PCs in the world.

In the context of the passage, <u>polished up</u> means _____.

(a) improved   (b) cleaned   (c) varnished   (d) restored

정답 1 (b) 2 (a) 3 (d) 4 (b) 5 (a)   해석 382P

지텔프 추가학습 단어

☐ herd	명 떼, 무리, 군중
☐ iconic	형 상징이 되는
☐ independent	형 독립적인
☐ infrared	명 적외선 형 적외선의
☐ inscribe	동 쓰다, 새기다, 기입하다
☐ institution	명 기관, 단체
☐ leading	형 주요한, 일류의, 선도적인
☐ light	형 밝은, (색깔이) 옅은 명 빛, 광선
☐ livestock	명 가축
☐ markedly	부 (변화가) 뚜렷하게, 두드러지게
☐ mixture	명 혼합물
☐ of all time	부 역대, 역사상, 지금껏
☐ predator	명 포식자
☐ prey	명 먹이, 사냥감
☐ rather	부 다소, 약간; 오히려
☐ rectify	동 바로잡다, 고치다
☐ renewed	형 새로워진
☐ revive	동 부활시키다, 활기를 되찾게 하다
☐ sensation	명 감각, 느낌; 큰 화제, 돌풍
☐ show off	숙 자랑하다, 과시하다
☐ sizable	형 상당한 크기의, 꽤 큰
☐ sophisticated	형 세련된, 정교한, 지적인
☐ span	명 기간, 시간, 범위 동 걸치다, 포괄하다
☐ statue	명 상, 조각상, 동상
☐ surveillance	명 감시
☐ testimonial	명 추천서, 증명서; 기념물
☐ triumph	명 승리, 대성공, 업적 동 승리를 거두다, 성공하다
☐ turn into	숙 ~로 되다, 변하다
☐ upsurge	동 급증하다 명 급증
☐ variable	형 변동할 수 있는 명 변수

DAY 16

업무

| 표제어와 뜻을 음원으로 듣기 |

PREVIEW

- ability
- accomplish
- acquire
- administration
- advice
- approve
- arrange
- assign
- assist
- client
- collaborate
- colleague
- commute
- competent
- confidential
- consent
- contract
- coordinate
- department
- discontinue
- dismiss
- effect
- efficient
- employ
- encourage
- executive
- flexible
- forward
- implement
- important
- incentive
- innovate
- launch
- merge
- negotiate
- notice
- optimize
- outcome
- permit
- personnel
- postpone
- priority
- proceed
- productive
- profit
- promote
- proposal
- renew
- resign
- responsible
- revenue
- shift
- subordinate
- subsequent
- supply
- surpass
- thorough
- undertake
- urgent
- win

01
ability

[əbíləti]

able 형 가능한

명 능력, 재능 = capability, talent

Justin's **ability** to type quickly and accurately helped him get the office job that he wanted.
저스틴의 빠르고 정확한 타자 능력은 그가 원하는 사무직을 얻는 데 도움을 주었습니다.

 단어 학습 꿀팁

ability + to V 문법-준동사

ability는 to부정사의 수식을 받아 '~하는 능력'의 의미로 사용된다.

02
accomplish

[əkʌ́mpliʃ]

동 성취하다, 이루다 = achieve

I feel as if I've **accomplished** a lot since I started my job.
나는 일을 시작하고 난 이후에 많은 것을 성취했다고 느낍니다.

03
acquire

[əkwáiər]

acquisition 명 습득, 취득

동 얻다, 습득하다 = get, gain

The company **acquired** a reputation for having products of good quality.
그 회사는 좋은 품질의 상품으로 명성을 얻었습니다.

04
administration

[ədmìnistréiʃən]

administer 동 관리하다, 경영하다
administrative 형 관리의, 행정의

명 경영, 운영 = management

I majored in business **administration**.
저는 경영학을 전공했습니다.

05
advice

[ædváis]

advise 동 충고하다

명 충고, 조언 = guidance, tips

John was talking to me about the problems in his department, so I gave him some **advice**.
존이 자기 부서의 문제에 대해 나에게 말하고 있어서, 나는 그에게 조언을 해줬어요.

06 approve

[əprúːv]

approval 명 승인

동 승인하다, 허락하다 = accept

After a long deliberation, our CEO, Mr. Sam, finally **approved** the new project proposal, which his subordinates had discussed for more than a year.
오랜 숙고 끝에, 우리 회사의 CEO인 샘 씨는 부하 직원들이 1년 넘게 논의해 온 새로운 프로젝트 제안을 마침내 승인했습니다.

07 arrange

[əréindʒ]

arrangement 명 주선, 처리방식

동 준비하다, 주선하다, 마련하다 = organize, plan, schedule

Let me **arrange** a time and date for the meeting that work for everyone.
모두에게 맞는 회의 시간과 날짜를 마련해보겠습니다.

08 assign

[əsáin]

assignment 명 임무, 배정

동 할당하다, 배정하다 = appoint, allocate, give

He was **assigned** an important presentation to deliver to the company's stakeholders.
그는 회사 주주들에게 해야 할 중요한 발표를 할당받았습니다.

 단어 학습 꿀팁

assign + A + to V
A에게 ~하라고 맡기다 문법-준동사
→ 목적어 뒤 목적격 보어 자리에 to부정사를 사용한다.

09 assist

[əsíst]

assistance 명 도움
assistant 명 조수

동 돕다 = help, support

You will be expected to **assist** the professor with the survey.
당신은 교수님께서 하시는 설문조사를 돕게 될 것 입니다.

10 client

[kláiənt]

명 고객, 의뢰인 = buyer, customer

If the **client** had not cancelled the meeting, we would have already made the deal successfully.
고객이 미팅을 취소하지 않았다면, 우리는 이미 성공적으로 거래를 마쳤을 것입니다.

11
collaborate

[kəlǽbərèit]

collaboration 명 공동작업

동 협력하다, 협동하다 = cooperate

We have to **collaborate** with local schools for the next project.
다음 프로젝트에서는 지역 학교들과 협력을 해야 합니다.

12
colleague

[káli:g]

명 동료 = coworker

One of my **colleagues** will be promoted next week.
동료들 중 한 명이 다음주에 승진해요.

13
commute

[kəmjú:t]

commuter 명 통근자

동 통근하다 명 통근, 통근 거리

I **commute** to work every day by bus.
저는 매일 버스를 타고 통근합니다.

14
competent

[kámpətənt]

competence 명 능숙함, 능숙도

형 유능한, 능숙한 = capable

The new interns are very **competent** and have already made valuable contributions to our team.
새 인턴들은 매우 유능하며 이미 우리 팀에 귀중한 공헌을 하고 있습니다.

15
confidential

[kànfədénʃəl]

confidentially 부 은밀히
confidentiality 명 비밀, 기밀

형 기밀의 = secret, private, classified

If a document is marked **confidential**, it means that it must not be shared with anyone outside of those who are authorized to see it.
문서가 기밀로 표시되어 있는 경우, 문서를 볼 수 있는 권한이 있는 사람 이외의 사람과 공유되면 안 된다는 의미입니다.

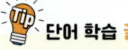
단어 학습 꿀팁

confidential documents 기밀 문서

16
consent

[kənsént]

- 명 허가, 동의 = permission, agreement
- 동 허가하다, 동의하다 = permit, agree

We need your **consent** before we can begin the project.
프로젝트를 시작하기 전에 당신의 동의가 필요합니다.

The Board of Directors asked the shareholders to **consent** to their plan to sell the company.
이사회는 주주들에게 회사 매각 계획에 동의해 줄 것을 요청했습니다.

> 💡 단어 학습 꿀팁
> consent to ~에 동의하다

17
contract

명 [kάntrækt]
동 [kəntrǽkt]

contractor 명 계약인

- 명 계약(서), 협약 = agreement, deal
- 동 1. 계약하다 = agree, sign up 2. 수축하다 = condense, reduce 3. (병에) 걸리다 = catch, develop

We have recently signed a **contract** with a popular influencer to be our brand ambassador.
저희는 최근에 유명 인플루언서와 저희 브랜드 홍보대사가 되기 위한 계약을 체결했습니다.

> 💡 단어 학습 꿀팁
> sign(= close) a contract 계약서에 서명하다, 계약을 맺다(체결하다)
> come to terms 합의에 이르다

18
coordinate

동 [kouɔ́:rdɪneɪt]
명 [kouɔ́:rdɪnət]

coordination 명 조직, 조화
coordinator 명 조정자, 담당자

- 동 1. 대등하게 하다 = synchronize 2. 정리하다, 조율하다, 조화시키다 = organize, arrange, harmonize
- 형 동등한, 동격의 = equal, equivalent
- 명 좌표

The planners did a great job of **coordinating** the guest list with the catering company.
플래너들이 케이터링 업체와 손님 명단을 조율하는 일을 훌륭하게 해냈습니다.

19
department

[dipά:rtmənt]

departmental 형 부서의, 과의

- 명 부, 과 = branch, division

The human resources **department** is responsible for a variety of functions in an organization.
인사부는 조직에서 다양한 기능을 담당합니다.

20
discontinue

[dɪskəntínjuː]

(동) 중단하다 ⊜ stop, end

As of next month, we will **discontinue** our Wednesday lunchtime happy hour specials.
다음 달부터, 저희는 점심시간 해피아워 특별 메뉴를 중단합니다.

> 단어 학습 꿀팁
> discontinue + -ing
> ~하는 것을 중단하다 [문법-준동사]
> → 목적어 자리에 동명사를 사용한다.

21
dismiss

[dɪsmís]

dismissal (명) 묵살, 일축, 해고

(동) 1. 묵살하다, 일축하다 ⊜ reject
2. 해고하다 ⊜ fire, sack
3. (사람을) 해산시키다 ⊜ free, release

He **dismissed** the proposal due to a lack of concrete details.
그는 구체적인 세부 사항의 부족을 이유로 그 제안을 기각했어요.

22
effect

[ifékt]

effective (형) 효과적인, 실질적인
effectively (부) 효과적으로, 실질적으로

(명) 결과, 효과, 영향 ⊜ result, outcome

The new marketing strategy had positive **effects** on sales.
새 마케팅 전략은 매출에 긍정적 효과를 주었습니다.

> 단어 학습 꿀팁
> side effect 부작용

23
efficient

[ifíʃənt]

efficiency (명) 효율성

(형) 효율적인, 능률적인 ⊜ effective, competent

We are looking for **efficient** ways to boost productivity.
우리는 생산성을 증진시킬 효율적인 방법을 찾고 있습니다.

24
employ

[implɔ́i]

employer (명) 고용주
employee (명) 직원

(동) 고용하다 ⊜ hire

Our company **employs** over 500 people in the United States.
저희 회사는 미국에서 500명 이상의 직원을 고용하고 있습니다.

25 encourage

[inkə́:ridʒ]

courage 명 용기
encouragement 명 격려

동 장려하다 ≒ motivate, inspire

The successful CEOs, like Steve Jobs and Bill Gates, have always been big proponents of **encouraging** their employees to think outside the box.
스티브 잡스와 빌 게이츠와 같은 성공한 CEO들은 항상 직원들에게 틀에서 벗어나 생각하도록 장려하는 큰 지지자였습니다.

> 💡 단어 학습 꿀팁
>
> encourage + -ing
> ~할 것을 장려하다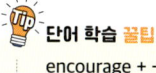
> encourage + A + to V
> A가 ~하도록 장려하다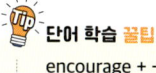
> → 목적어 자리에는 동명사를, 목적격 보어 자리에는 to부정사를 사용한다.

26 executive

[igzékjutiv]

명 이사, 경영진 ≒ administrator
형 경영의 ≒ administrative

The **executives** decided not to give the green light for the new plan.
이사진은 새 기획을 승인하지 않기로 결정했습니다.

27 flexible

[fléksəbl]

flex 동 몸을 풀다, 구부리다
flexibility 명 융통성, 유연성

형 융통성 있는, 유연한 ≒ adaptable, versatile

After **flexible** working hours have been initiated, employees are allowed to come to work earlier or later than the set time.
유연근무제가 시행된 뒤로, 직원들은 정해진 시간보다 일찍 또는 늦게 출근하는 것이 허용됩니다.

28 forward

[fɔ́:rwərd]

부 앞(쪽)으로 ≒ ahead, forth
형 앞으로 가는, 앞선 ≒ front
동 보내다, 전달하다 ≒ send, address, deliver

You can automatically move emails into certain folders, **forward** them to coworkers, and mark them as important with just a single click.
여러분은 단 한 번의 클릭으로 이메일을 특정 폴더에 옮기고, 동료직원에게 전달하며, 이메일에 중요 표시를 할 수 있습니다.

> 💡 단어 학습 꿀팁
>
> look forward to ~을 고대하다, 기대하다

29 implement
[ímpləmənt]

implementation 명 시행, 이행

동 시행하다, 수행하다 = start, carry out

The Human Resources department **implemented** a new training program.
인사팀은 새로운 교육 프로그램을 시행했습니다.

30 important
[impɔ́ːrtənt]

형 중요한 = significant

The **important** tip for a successful career in your company is to always be punctual.
회사에서 성공적인 경력을 쌓기 위한 중요한 팁은 항상 시간을 지키는 것입니다.

 단어 학습 꿀팁

it is + important + that + 주어 + (should) 동사원형
~하는 것은 중요하다   문법·조동사 should 생략
→ 당위를 나타내는 형용사 important 뒤에 that절이 오면 that절의 동사는 should가 생략된 동사원형을 사용한다.

31 incentive
[inséntiv]

incentivize 동 장려하다

명 보상, 혜택, 장려(우대)책 = encouragement, bonus, benefit, reward

Rewards and **incentives** will motivate employees to work harder.
보상과 장려금은 직원들이 더 열심히 일하도록 동기를 부여할 것입니다.

32 innovate
[ínəvèit]

innovative 형 획기적인
innovation 명 혁신

동 혁신하다, 쇄신하다 = introduce, reform

The smartphone industry is always desperate to **innovate**.
스마트폰 산업은 항상 혁신을 하는 데 간절하다.

33 launch
[lɔːntʃ]

동 1. 시작하다, 개시하다 = start, initiate
2. 출시하다 = release
3. 발사하다 = send out

The marketing department conducted a small survey before **launching** a new type of kitchen appliance.
마케팅 부서에서 새로운 종류의 주방용품을 출시하기 전에 작은 설문조사를 실시했습니다.

34 merge
[məːrdʒ]

(동) 합병하다, 합치다 (동의어) combine, unite

The biotechnology company recently **merged** with a subsidiary to expand its research capabilities.
그 생명공학 회사는 연구 역량을 확장하기 위해 최근에 자회사와 합병했습니다.

35 negotiate
[nigóuʃièit]

negotiation (명) 협상

(동) 협상하다, 교섭하다, 흥정하다 (동의어) settle, mediate, bargain

The representatives met to **negotiate** the Free Trade Agreement.
자유무역협정을 협상하기 위해 대표들이 만났다.

36 notice
[nóutis]

notify (동) 알리다, 통지하다

(명) 공지, 통보 (동의어) announcement
(동) 알아차리다, 주목하다 (동의어) observe, acknowledge

Please give us a two weeks' **notice** before you resign.
퇴사하기 2주 전에는 사전통보를 부탁드립니다.

Stacey **noticed** that the office was very quiet today, so she thought something was going wrong.
스테이시는 오늘 사무실이 매우 조용하다는 것을 알아차렸고, 그래서 그녀는 뭔가 잘못되어가고 있다고 생각했다.

 단어 학습 꿀팁

until further notice 추후 공지가 있을 때까지

37 optimize
[άːptɪmaɪz]

optimal (형) 최선의, 최적의
optimization (명) 최적화

(동) 최적화하다, 최대한 활용하다 (동의어) maximize, improve

We **optimized** the marketing strategy to reach the target audience with the right message.
우리는 올바른 메시지로 대상 고객에게 도달할 수 있도록 마케팅 전략을 최적화했습니다.

38 outcome
[áutkʌm]

(명) 결과, 성과 (동의어) result, consequence

The meeting had very positive **outcomes**, and the group was able to come to a consensus that would benefit everyone involved.
그 회의는 매우 긍정적인 결과들을 얻었고, 그 조직은 관련된 모두에게 이익이 될 수 있는 합의에 이를 수 있었습니다.

DAY 16

39
permit
동 [pərmít]
명 [pá:rmit]

permission 명 허락, 허가

동 허가하다, 허용하다 ≒ allow, grant
명 허가증 ≒ license

The boss **permitted** his employees to take an early lunch so that they could avoid the heat wave that was expected later in the day.
사장은 직원들이 이날 오후에 예상되는 폭염을 피할 수 있도록 이른 점심을 먹도록 했습니다.

The **permit** was denied because the company did not have the proper insurance.
회사가 적절한 보험에 가입하지 않았기 때문에 허가증이 거부되었다.

 단어 학습 꿀팁

parking permit 주차증, 주차 허가증
issue a permit 허가증을 발행하다

40
personnel
[pà:rsənél]

명 1. 직원 ≒ employee, staff 2. 인사과

New employee cards will be given to all **personnel**.
새로운 사원증이 전 직원에게 주어질 것입니다.

41
postpone
[poustpóun]

postponement 명 연기

동 연기하다, 미루다 ≒ delay, put off, suspend

If the meeting had been **postponed**, we could have had enough time to prepare more data.
만약 회의가 연기되었다면, 우리는 더 많은 자료를 준비할 충분한 시간을 가질 수 있었을 거에요.

 단어 학습 꿀팁

postpone + -ing ~하는 것을 연기하다, 미루다 문법-준동사
→ 목적어 자리에 동명사를 사용한다.

42
priority
[praiɔ́:rəti]

prior 형 먼저의

명 우선 사항

Our sales team's **priority** is to sell more vehicles.
우리 영업팀의 우선 순위는 더 많은 차를 판매하는 것입니다.

 단어 학습 꿀팁
A take priority over B A가 B보다 우선이다

43
proceed
[prousí:d]

proceedings 명 소송 절차; 행사; 회의록
process 명 과정, 절차

동 1. 시작하다, 착수하다 = begin
2. (계속) 진행하다, (특정 방향으로) 나아가다 = continue, advance, go on
명 (-s) 수익금 = profits

The event **proceeded** as planned, with some minor adjustments.
그 행사는 일부 소소한 조정사항과 함께 계획대로 시작되었습니다.

Proceeds from the bake sale will be donated to the homeless shelter.
제빵 판매에서 나온 수익금은 노숙자 쉼터에 기부될 것입니다.

44
productive
[prədʌ́ktɪv]

productivity 명 생산성

형 생산적인 = fruitful, profitable, useful

In recent years, social media has become an increasingly **productive** tool for connecting people from all over the world.
최근 수년간, 소셜 미디어는 전 세계의 사람들을 연결하기 위한 점점 더 생산적인 도구가 되었다.

45
profit
[práfit]

profitable 형 수익성이 있는

명 수익, 이익 = benefit
동 이익을 얻다 = gain

The company's **profit** margin was 15 percent, which was higher than their goal of 10 percent.
회사의 이익률은 15퍼센트였으며, 이는 그들의 목표치인 10퍼센트보다 더 높았다.

46
promote
[prəmóut]

promotion 명 홍보, 승진

동 1. 촉진하다, 홍보하다 = encourage, advertise, further, boost
2. 승진시키다 = advance, elevate

Advertising companies have to come up with the most effective way to **promote** products.
광고 회사들은 제품을 홍보할 가장 효과적인 방법에 대해 생각해 내야 해요.

She got **promoted** due to her exceptional performance.
그녀는 우수한 실적 덕분에 승진했어요.

DAY 16

47
proposal

[prəpóʊzl]

propose 동 제안하다

명 제안 = suggestion, plan

I'd like to discuss your **proposal** further before we make a decision.
저는 우리가 결정을 내리기 전에 귀하의 제안에 대해 더 논의하고 싶습니다.

48
renew

[rinjúː]

renewal 명 갱신, 재개

동 갱신하다, 연장하다, 재개하다 = extend, resume

I would like to **renew** my travel insurance.
여행 보험을 갱신하고 싶습니다.

49
resign

[rizáin]

resignation 명 사임

동 사직하다 = quit, leave

He **resigned** from his job to look after his sick wife.
그는 병든 아내를 간호하기 위해 사직했다.

50
responsible

[rispάnsəbl]

responsibility 명 책임, 책임감

형 책임이 있는 = accountable, liable

Mark Zuckerberg, the CEO of Facebook, is **responsible** for the company's recent data privacy scandal.
페이스북의 CEO인 마크 주커버그는 최근 페이스북의 데이터 개인 정보 스캔들에 책임이 있다.

단어 학습 꿀팁

be responsible for ~에 책임이 있다

51
revenue

[révənjùː]

명 수익 = income, profit

The company's advertising **revenue** rose by 35 percent after a year.
회사의 광고 수입이 작년보다 35퍼센트 증가했다.

52
shift
[ʃift]

- 명 1. 변경, 변화, 전환 ❙ change, alteration, transformation
  2. 교대 근무 (시간)
- 동 바꾸다, 이동하다 ❙ change, switch, alter

Stella bears a sizable amount of the burden because the night **shift** is understaffed.
야간 근무가 인력이 부족하기 때문에 스텔라는 상당히 많은 부담을 진다.

> 💡 단어 학습 꿀팁
> day/night shift 주간/야간 근무

53
subordinate
[səbɔ́ːrdɪnət]

- 형 1. 하위의, 하등의 ❙ inferior, lesser, secondary
  2. 부수적인, 종속적인 ❙ subsidiary
- 명 하급자, 부하, 후배 ❙ junior, assistant

Nowadays, **subordinate** employees feel more comfortable discussing issues and problems with their superiors.
요즘, 부하직원들은 그들의 상급자들과 쟁점들을 논의하는 데 있어 더 편안하게 느낀다.

My boss asked me to complete a project, so I assigned it to my **subordinate**.
제 상사가 내게 프로젝트를 끝내라고 요청해서, 저는 그것을 제 후배에게 맡겼습니다.

54
subsequent
[sʌ́bsikwənt]

subsequence 명 연속, 결과
subsequently 부 이후에

- 형 이후의, 그 다음의 ❙ following

In each **subsequent** year, those who have used all of their sick days can receive one sick day at the beginning of each month going forward, up to a total of 10 days.
다음 각 해에, 병가를 모두 사용한 사람들은 앞으로 매월 초에 하루 병가를 총 10일까지 받을 수 있습니다.

55
supply
[səplái]

- 동 공급하다 ❙ provide
- 명 공급, 재고량, 비품 ❙ stock

The **supply** of chicken reduced due to an outbreak of avian influenza.
조류 독감의 발발로 닭고기의 공급이 줄어들었습니다.

> 💡 단어 학습 꿀팁
> supply chain 공급망

DAY **16**

56
surpass
[sərpǽs]

(동) 능가하다, 뛰어넘다 ⇔ exceed, outperform

The sales this year have **surpassed** those of last year.
이번 해의 매출은 지난 해의 매출을 뛰어 넘었어요.

57
thorough
[θə́:rou]

thoroughly (부) 철저히

(형) 철저한, 빈틈없는 ⇔ complete, extensive

The **thorough** inspection of the company's financial records revealed fraud.
그 회사의 재무 기록을 철저히 검사한 결과 부정 행위가 드러났습니다.

58
undertake
[ʌndərtéik]

(동) (책임을) 떠맡다, 착수하다 ⇔ attempt, begin, perform

The agency will **undertake** a comprehensive analysis of the current situation and recommend strategies to improve the outcomes.
그 기관은 현재 상황에 대한 종합적인 분석을 수행하고 결과를 개선하기 위한 전략을 제안할 것입니다.

59
urgent
[ə́:rdʒənt]

urge (동) 촉구하다
urgency (명) 긴급

(형) 긴급한, 다급한 ⇔ pressing, crucial, important

The sudden resignation of Mr. Brandon, the head of the Korean branch, gave the main office an **urgent** assignment to fill the empty seat again.
브랜든 한국지부장의 갑작스러운 사임으로 본사는 다시 그 빈자리를 메워야 하는 시급한 과제를 안게 되었다.

 단어 학습 꿀팁

be in urgent need of ~가 급히 필요하다

60
win
[wɪn]

(동) 1. 이기다 ⇔ prevail, beat 2. 얻다, 획득하다 ⇔ get, achieve
(명) 승리

Our team worked hard to **win** the major contract.
우리 팀이 그 중요한 계약을 따내기 위해 열심히 일했다.

DAY 16 VOCABULARY TEST

Q 주어진 단어에 맞는 뜻을 찾아 서로 연결하세요.

01 undertake   (a) 교대 근무
02 shift   (b) 전달하다
03 forward   (c) 기밀의
04 confidential   (d) 철저한
05 thorough   (e) 착수하다

Q 밑줄 친 단어의 유의어로 가장 적절한 보기를 고르세요.

06 He is a <u>competent</u> candidate with extensive knowledge and experience in project management.
    (a) responsible   (b) capable   (c) efficient   (d) thorough

07 The company will redesign its employee <u>incentive</u> program to increase employee engagement.
    (a) reward   (b) favor   (c) administration   (d) revenue

08 The <u>outcome</u> of the meeting was very productive, and all of the attendees were satisfied with it.
    (a) theme   (b) purpose   (c) process   (d) result

09 The company's earnings <u>surpassed</u> the analysts' expectations by a wide margin.
    (a) influenced   (b) exceeded   (c) shaped   (d) fulfilled

10 She may fail to finish a project <u>assigned</u> to her because the date she's quitting has been set.
    (a) permitted   (b) written   (c) coordinated   (d) given

정답 1 (e) 2 (a) 3 (b) 4 (c) 5 (d) 6 (b) 7 (a) 8 (d) 9 (b) 10 (d)　　**해석** 383P

지텔프 추가학습 단어

☐ adapt	동 적응하다	
☐ agency	명 회사, 대행사	
☐ branch	명 지점, 지사, 지부; 나뭇가지	
☐ call off	동 취소하다	
☐ capable	형 유능한	
☐ chief	형 최고 지위의 명 (조직의) 장	
☐ continuous	형 끊임없는	
☐ corporate	형 기업의, 회사의	
☐ discourage	동 낙담시키다, 단념케하다	
☐ division	명 (조직의) 부서	
☐ duplicate	명 사본 동 복사하다, 복제하다	
☐ ease	동 편해지다, 이완하다 명 쉬움, 용이함	
☐ feasible	형 실현 가능한	
☐ feedback	명 피드백	
☐ firm	명 기업, 회사 형 단단한, 굳은	
☐ go-ahead	명 승인, 인가	
☐ hand in	동 제출하다	
☐ headquarters	명 본부, 본사	
☐ management	명 관리, 경영, 운영	
☐ mandate	동 명령하다 명 명령	
☐ organization	명 조직, 단체, 기구	
☐ outperform	동 능가하다	
☐ presentation	명 제출; 발표, 설명, 프레젠테이션	
☐ put off	동 미루다	
☐ quota	명 할당	
☐ relocate	동 이전하다	
☐ section	명 부분, 구역, 부서	
☐ sector	명 부문, 분야	
☐ sequence	명 순서, 차례	
☐ supervisor	명 관리자, 감독관	

DAY 16

DAY 17

쇼핑

표제어와 뜻을 음원으로 듣기

PREVIEW

affordable	discount	provide
appliance	durable	purchase
assemble	equipment	quality
authentic	essential	quantity
available	expire	reasonable
bargain	fragile	recommend
browse	frequent	refund
charge	function	repair
collect	gadget	retail
commission	genuine	scarce
commodity	installment	secondhand
compatible	inventory	secure
consume	machine	ship
convince	merchandise	spare
cost	necessary	stock
customer	order	store
defect	package	utilize
deliver	perk	valid
deserve	portable	warranty
device	prefer	weigh

01
affordable
[əfɔ́:rdəbl]

afford 동 ~할 여유가 되다

형 (가격이) 알맞은, 적당한 = cheap, inexpensive

Rosie always likes to find **affordable** clothes because it means she can save money and still look great.
로지는 항상 적당한 가격의 옷을 찾는 것을 좋아하는데 그것은 그녀가 돈을 절약할 수 있고 그러면서도 멋져 보인다는 것을 의미하기 때문이다.

> 단어 학습 꿀팁
> at affordable prices 적절한(저렴한) 가격에

02
appliance
[əpláiəns]

apply 동 적용하다

명 (주로 가정용) 기기 = device, gadget, machine, tool

Keep all electrical **appliances** away from water.
전자기기에 물이 닿지 않도록 주의하시오.

> 단어 학습 꿀팁
> home appliance 가전제품

03
assemble
[əsémbl]

assembly 명 의회; 집회; 조립

동 1. 모으다, 모이다, 집합하다, 집합시키다 = gather, congregate, collect
2. 조립하다 = put together

The event coordinator began to **assemble** the name tags for the conference attendees.
행사 코디네이터는 회의 참석자들을 위한 이름표를 모으기 시작했다.

Assemble the pieces of the chair according to the instructions.
설명서에 따라 의자 부품들을 조립하십시오.

04
authentic
[ɔ:θéntik]

형 진품의, 진짜의 = genuine, real

An **authentic** painting by Picasso was on sale.
피카소의 진품 그림이 판매 중이었다.

05
available
[əvéiləbl]

availability 명 이용가능성, 유용성

형 1. 구할 수 있는, 이용 가능한 = accessible 2. (사람이) 시간이 되는

The product is currently not **available**.
그 상품은 현재 구할 수 없습니다.

Please let me know when you are **available**.
언제 시간이 되시는지 알려주세요.

06
bargain
[bá:rgən]

bargaining 명 흥정

- 동 흥정하다 = haggle
- 명 저렴한 물건 = deal

You are expected to **bargain** at street markets.
거리 시장에서는 가격을 흥정할 것이라고 예상된다.

The secondhand bicycle was a real **bargain**.
그 중고 자전거는 매우 저렴하다.

07
browse
[brauz]

- 동 둘러보다, 훑어보다 = scan, look around

Please come in and feel free to **browse** around our shop.
저희 가게에 들어오셔서 편안히 구경하십시오.

08
charge
[tʃa:rdʒ]

- 명 1. 비용, 요금 = price, cost 2. 감독, 책임 = care, responsibility
- 동 1. (비용을) 청구하다 = impose 2. 기소하다 = accuse

You would have to pay additional **charges** for delivery.
배달을 받으려면 추가 비용을 지불해야 합니다.

The shirt was on sale for $10, but when I got to the register, the cashier **charged** me $20.
그 셔츠는 10달러에 세일 중이었는데, 계산대에 가보니 계산원이 나에게 20달러를 청구했다.

He was **charged** with shoplifting.
그는 가게 물건 절도로 기소되었다.

단어 학습 꿀팁

at no extra charge 추가 요금 없이
be in charge of ~을 맡다, 담당하다

09
collect
[kálekt]

collection 명 수집(품), 소장(품)

- 동 1. 모으다, 수집하다 = accumulate, gather, compile
  2. 징수하다 = raise

During the Christmas season, the coffee shop gives out limited-edition planners to customers who **collect** a certain number of stickers.
크리스마스 시즌마다, 그 커피숍은 특정한 수의 스티커를 모은 고객들에게 한정판 플래너를 나눠 준다.

10
commission
[kəmíʃən]

- 명 1. 수수료 ⊜ fee
  2. 의뢰, 위탁, 위임 ⊜ delegation
  3. 위원회 ⊜ committee
- 동 1. 위임하다, 권한을 주다 ⊜ engage, authorize, delegate
  2. 의뢰하다, 주문하다 ⊜ order

The salesman receives a 10 percent **commission** for every product he sells.
판매원은 그가 판매한 제품마다 10 퍼센트의 수수료를 받는다.

11
commodity
[kəmάdəti]

- 명 상품, 물품, 생필품 ⊜ goods, product

Coffee has been a valuable international trade **commodity** since the 1800s.
커피는 1800년대 이후 중요한 국제 무역 상품이었다.

12
compatible
[kəmpǽtəbl]

compatibility 명 호환성, 양립 가능성

- 형 호환이 되는, 양립할 수 있는 ⊜ suitable, fit, harmonious

This wireless charger is **compatible** with any other phone model.
이 무선 충전기는 다른 어느 핸드폰 모델들과도 호환된다.

13
consume
[kənsúːm]

consumer 명 소비자
consumption 명 소비

- 동 1. 먹다, 마시다 ⊜ eat, drink, devour
  2. 소비하다, 소모하다 ⊜ use (up), exhaust, utilize

We recommend these new light bulbs that **consume** less electricity.
전기를 덜 소모하는 이 새로운 전구를 추천드립니다.

14
convince
[kənvíns]

- 동 확신시키다, 설득하다 ⊜ persuade

The salesperson tried to **convince** the customer that the car was worth the price by listing all of the features it had.
판매원은 차의 모든 특징을 나열함으로써 그 차가 가격에 걸맞는 가치가 있다는 것을 고객에게 납득시키려 했다.

 단어 학습 꿀팁

convince A of B A에게 B를 확신시키다
convince 명사 that ~에게 ~라고 확신시키다

15
cost
[kɔ:st]

costly 형 비용이 많이 드는

- 동 비용이 들다
- 명 값, 비용 ≒ price, charge, expense

The groceries **cost** me a total of 43 dollars.
그 식료품은 비용이 총 43달러가 들었습니다.

> 단어 학습 꿀팁
> cost of living 생활비
> at no cost 무료로

16
customer
[kʌstəmər]

- 명 고객, 소비자 ≒ client, consumer, buyer

The **customer** over there with a large shopping bag looks like he still has a lot to buy.
저쪽에 큰 쇼핑백을 든 손님은 살 게 아직 많이 있나봐요.

17
defect
[dí:fekt]

defective 형 결함이 있는

- 명 결함 ≒ deficiency, fault

I got a refund on my air conditioner due to a major **defect**.
나는 에어컨에 중요한 결함이 있어 환불을 받았어요.

18
deliver
[dilívər]

delivery 명 배달

- 동 배달하다, 전달하다 ≒ carry, transport

We **deliver** the freshest produce straight to your doorstep!
가장 신선한 농산물을 문 앞까지 바로 배달해드립니다!

> 단어 학습 꿀팁
> deliver(= give, make) a speech 연설을 하다

19
deserve
[dizə́:rv]

- 동 ~을 받을 만하다 ≒ merit, earn

Emily finally had enough money to buy the designer purse she had wanted. She **deserved** such a gift after working so hard recently.
에밀리는 마침내 그녀가 원했던 디자이너 지갑을 살 수 있는 충분한 돈을 가졌다. 그녀는 최근 그렇게 열심히 일한 후에 그러한 선물을 받을 자격이 있었다.

DAY **17**

20
device

[diváis]

devise 동 고안하다

명 장치 = machine, tool

You can count the number of steps you take using your mobile **device**.
휴대용 기기를 이용하여 걸음 수를 셀 수 있다.

21
discount

명 [dískaunt]
동 [diskáunt]

discounted 형 할인된
discountable 형 할인 가능한

명 할인, 할인가
동 할인하다

We offer a 20 percent **discount** on all of our products during the holiday season.
저희는 연휴 기간 동안 저희의 모든 제품에 대해 20퍼센트 할인을 제공합니다.

22
durable

[djúərəbl]

durability 명 내구성, 내구력

형 내구성이 있는 = lasting, enduring, strong

The smart watch is made of titanium, the most **durable** material available.
그 스마트워치는 가장 견고한 소재인 티타늄으로 만들어졌다.

23
equipment

[ikwípmənt]

equip 동 장비를 갖추다

명 장비 = gear, tool, apparatus

Laura recently bought top-quality hiking **equipment** from a reputable outdoor retailer.
로라는 최근에 평판이 좋은 아웃도어 매장에서 최고 품질의 등산 장비를 구입했다.

 단어 학습 꿀팁

equip A with B A에게 B를 갖추게 하다

24
essential
[isénʃəl]

essence 명 본질, 정수

형 1. 필수적인 = necessary, vital
2. 본질적인, 근본적인 = fundamental

I consider reusable bags, coupons, and a shopping list to be the three **essential** items for shopping.
나는 재활용가방, 쿠폰, 그리고 쇼핑 목록이 쇼핑할 때 필수품이라고 생각한다.

Water is **essential** for life. Without it, the elements in our bodies cannot be converted into energy.
물은 생명의 본질이다. 물이 없으면, 우리 몸의 요소들은 에너지로 전환될 수 없다.

 단어 학습 꿀팁

it is + essential + that + 주어 + (should) 동사원형
~하는 것은 필수적이다 문법-조동사 should 생략
→ 당위를 나타내는 형용사 essential 뒤에 that절이 오면 that절의 동사는 should가 생략된 동사원형을 사용한다.

25
expire
[ikspáiər]

expiration 명 만료, 만기

동 만료되다, 만기되다 = end

The warranty on the car has **expired**, and the customer is no longer able to get repairs covered under the warranty.
자동차의 보증 기간이 만료되었고, 그 고객은 더 이상 보증 수리를 받을 수 없다.

26
fragile
[frǽdʒəl]

fragility 명 부서지기 쉬움

형 깨지기 쉬운, 파손되기 쉬운 = delicate, breakable

Be careful when handling the wine glasses, as they are **fragile**.
와인 잔은 깨지기 쉽기 때문에, 취급할 때 주의하십시오.

27
frequent
[frí:kwənt]

형 잦은, 빈번한 = common, habitual, repeated
동 자주 방문하다 = patronize

One **frequent** shopping mistake is to buy things you don't need just because they're on sale.
한 가지 빈번한 쇼핑할 때의 실수는 단지 세일을 한다는 이유로 필요하지 않은 물건을 사는 것이다.

Isabella **frequents** this coffee shop because they have a great selection of organic coffee beans.
이사벨라는 이 커피숍이 유기농 커피 원두를 아주 많이 갖추고 있기 때문에 자주 찾는다.

28
function
[fʌ́ŋkʃən]

functional 형 실용적인
functionality 명 기능성, 실용성

- 명 기능
- 동 기능하다, 작용하다 ≒ operate, work

The **function** of the sunglasses is to protect one's eyes from the sun.
선글라스의 기능은 태양으로부터 눈을 보호하는 것이다.

29
gadget
[gǽdʒit]

- 명 장치, 도구 ≒ device

This little **gadget** helps you in opening up a beer bottle.
이 작은 도구는 맥주 병뚜껑을 따는 데 도움을 준다.

30
genuine
[dʒénjuin]

genuinely 부 진짜로

- 형 진짜의, 진품의 ≒ authentic, real

Recently, a popular YouTuber pretended to use **genuine** luxury goods, but people soon discovered that all of the goods were fake.
최근 한 인기 유튜버가 진짜 명품을 사용하는 척했지만, 사람들은 곧 모든 물건들이 가짜였음을 알아냈다.

31
installment
[instɔ́:lmənt]

- 명 1. 할부, 할부금 ≒ portion, payment
- 2. (연재물 등의) 1회분 ≒ part, chapter, episode

You can pay for the refrigerator in monthly **installments**.
월별 할부로 냉장고 값을 지불할 수 있습니다.

Harry Potter and the Prisoner of Azkaban is the third **installment** of the *Harry Potter* series.
《해리 포터와 아즈카반의 죄수》는 《해리 포터》 시리즈의 3편이다.

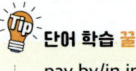
단어 학습 꿀팁

pay by/in installments 분납하다

32
inventory
[ínvəntɔ̀:ri]

- 명 재고 ≒ stock

An employee from the main headquarters is coming to review the **inventory**.
본사에서 나온 직원이 재고를 실사하러 온다.

33 machine

[məʃíːn]

mechanical 형 기계로 작동되는

명 기계 ⊜ appliance, device

This **machine** looks so cool. How much is this?
이 기계는 정말 멋져 보인다. 이거 얼마예요?

34 merchandise

[məˊːrtʃəndàiz]

merchant 명 상인
merchandising 명 판매, 판촉

명 상품 ⊜ goods

Some people dislike how they cannot actually see the **merchandise** when shopping online.
어떤 사람들은 온라인 쇼핑을 할 때 상품을 직접 볼 수 없는 점을 싫어한다.

35 necessary

[nésəsèri]

necessarily 부 필연적으로
necessity 명 필요성, 필수품
necessitate 동 ~을 필요로 하다

형 필요한, 필수적인 ⊜ essential, vital

When Kaitlyn went out shopping for clothes, she found that it was **necessary** to try on everything before she bought it.
케이틀린이 옷을 사러 나갔을 때, 그녀는 옷을 구입하기 전에 모두 입어보는 것이 필요하다는 것을 알게 되었다.

 단어 학습 꿀팁

it is + necessary + that + 주어 + (should) 동사원형
~하는 것은 필수적이다 문법-조동사 should 생략
→ 당위를 나타내는 형용사 necessary 뒤에 that절이 오면 that절의 동사는 should가 생략된 동사원형을 사용한다.

36 order

[ɔ́ːrdər]

동 주문하다 ⊜ request
명 1. 주문, 명령 2. 순서, 질서

That color is out of stock so you will have to **order** it.
그 색상은 재고가 없어서 따로 주문을 해야 합니다.

The products are arranged in alphabetical **order**.
제품들은 알파벳 순서대로 배열되어 있다.

 단어 학습 꿀팁

order + that + 주어 + (should) 동사원형
~해야 한다고 명령하다 문법-조동사 should 생략
→ 주장·요구·제안을 나타내는 동사 order 뒤에 that절이 오면 that절의 동사는 should가 생략된 동사원형을 사용한다.

place an order for ~을 주문하다

37
package

[pǽkidʒ]

packaging 명 포장재, 포장

- 동 포장하다 = pack (up), wrap (up)
- 명 소포, 상자 = parcel, packet

The product will be carefully **packaged** with bubble wrap and Styrofoam.
상품은 완충재와 스티로폼으로 조심스럽게 포장될 것입니다.

38
perk

[pɜːrk]

- 명 특전, 혜택 = benefit

Our new membership includes various **perks** such as discounts on merchandise, early access to sales, and exclusive member-only events.
저희의 새로운 멤버쉽은 상품 할인, 선판매, 그리고 회원 전용 이벤트 등 다양한 특전들을 포함합니다.

39
portable

[pɔ́ːrtəbl]

portability 명 휴대 가능성

- 형 휴대용의 = compact, handheld, movable

The **portable** computer was revolutionary when it was first introduced.
휴대용 컴퓨터는 처음 소개되었을 때 혁명 그 자체였다.

 단어 학습 꿀팁

portable device 휴대용 기기

40
prefer

[prifə́ːr]

preference 명 선호

- 동 선호하다 = favor

My mom **prefers** to shop at stores that are less crowded so that she can take her time and look through everything.
나는 천천히 모든 것을 살펴볼 수 있도록 사람이 덜 붐비는 가게에서 쇼핑하는 것을 선호한다.

 단어 학습 꿀팁

prefer A to/over B B보다 A를 더 선호하다

41
provide
[prəváid]

provision 명 제공, 공급

동 제공하다, 공급하다 ⊜ supply, offer

The newly built shopping center **provides** customers with an extensive selection of shopping, dining, and entertainment options.
새로 지어진 쇼핑몰은 고객들에게 아주 다양한 쇼핑, 식사, 그리고 오락 선택지들을 제공합니다.

 단어 학습 꿀팁

provide A with B = provide B to A A에게 B를 공급하다

42
purchase
[pə́ːrtʃəs]

purchaser 명 구매자

동 구입하다 ⊜ buy
명 구입, 구매

You can also return items **purchased** at different branches.
다른 지점에서 구입한 물품도 반품 가능합니다.

43
quality
[kwάləti]

qualitative 형 질적인

명 질, 품질 ⊜ grade
형 양질의, 고급의 ⊜ excellent, fine

The latest foldable smartphones have set a new **quality** standard in the IT market.
최신 폴더블 스마트폰은 IT시장에서 새로운 품질 기준을 세웠다.

She only buys **quality** clothes from designer brands.
그녀는 디자이너 브랜드에서 고급 의류만 산다.

44
quantity
[kwάntəti]

quantitative 형 양적인

명 양, 수량 ⊜ amount, total

I dropped by the convenience store to see Josh, but he was busy counting the **quantity** of the stock.
나는 조쉬를 보려고 편의점에 들렀지만 그는 재고 수량을 세느라 바빴어요.

DAY 17

45 reasonable

[ríːzənəbl]

reason 명 이성, 이유
reasonably 부 상당히, 꽤, 합리적으로

형 타당한, 합리적인, (가격 등이) 적당한 = fair, moderate

At the local market, we bought fresh vegetables at a **reasonable** price.
동네 시장에서 우리는 신선한 야채를 합리적인 가격에 샀어요.

46 recommend

[rèkəménd]

recommendation 명 추천

동 권장하다, 추천하다 = advise, suggest

Contemporary people would **recommend** that you shop online rather than a traditional, physical market.
현대인들은 당신이 전통적인 물리적 시장보다는 온라인에서 쇼핑하는 것을 권장할 것이다.

 단어 학습 꿀팁

recommend + -ing
~하는 것을 권장하다 문법-준동사
→ 목적어 자리에 동명사를 사용한다.

recommend + that + 주어 + (should) 동사원형
~해야 한다고 권장하다 문법-조동사 should 생략
→ 주장·요구·제안을 나타내는 동사 recommend 뒤에 that절이 오면 that절의 동사는 should가 생략된 동사원형을 사용한다.

47 refund

명 [ríːfʌnd]
동 [rifʌnd]

refundable 형 환불 가능한

명 환불 = reimburse, compensation, return
동 환불하다 = reimbursement, compensate, return

Please return the item within 15 days of purchase to get a full **refund**.
전액 환불을 위해서는 상품 구매 15일 이내로 반품하십시오.

 단어 학습 꿀팁

full refund 전액 환불

48 repair

[ripέər]

reparation 명 배상, 보상

동 수리하다 = mend, fix
명 수리 = restoration, mend

For up to 90 days from purchase, we provide a limited warranty which covers any hardware **repairs** that may be necessary.
구입 후 최대 90일 동안, 저희는 필요할 수 있는 모든 기기 수리를 포함하는 제한된 보증을 제공합니다.

49
retail
[ríːteil]

retailer 명 소매상

동 소매하다 = sell
명 소매

The new laptop **retails** at 1,299 dollars.
새 노트북 컴퓨터는 1,299 달러에 팔린다.

Maggie was surprised to see that the **retail** price of the shirt she wanted was so high.
매기는 그녀가 원했던 셔츠의 소매가가 너무 높다는 것을 보고 놀랐다.

50
scarce
[skɛərs]

scarcity 명 부족, 결핍
scarcely 부 거의 ~않다, 결코 ~이 아닌

형 부족한, 드문 = sparse, lacking, insufficient

As inventory becomes more and more **scarce**, the prices for the items increase.
재고가 점점 부족해질 때 품목의 가격은 높아진다.

51
secondhand
[sékəndhænd]

형 1. 간접의 = indirect 2. 중고의 = used, old

The boutique resale shop buys and sells **secondhand** designer clothing and accessories.
그 부티크 중고품 가게는 중고 디자이너 의류와 액세서리를 사고 판다.

52
secure
[səkjúr]

security 명 보안, 안전

형 1. 안전한, 보안이 철저한 = safe
2. 안정된, 단단히 고정된, 튼튼한 = stable, fixed
동 1. 안전하게 하다 = protect
2. 얻어 내다, 획득하다 = obtain, win

When you are shopping online, it is important to make sure that the website is **secure** before entering your credit card information.
온라인 쇼핑을 할 때, 신용카드 정보를 입력하기 전에 웹사이트가 보안이 철저한지를 확인하는 것이 중요하다.

Beckett was able to **secure** the last pair of shoes in his size from the clearance rack.
베켓은 클리어런스 선반에서 그의 사이즈에 맞는 마지막 신발 한 켤레를 얻어 낼 수 있었다.

DAY **17**

53
ship
[ʃɪp]

shipment 명 선적, 배송, 출하

동 배송하다 ⊜ export, dispatch, mail

If you order any of our products, they will be **shipped** within three days.
저희 제품을 주문하시면, 그것들은 3일 이내로 배송됩니다.

54
spare
[spɛər]

sparely 부 부족하게

형 여분의, 여가의 ⊜ extra
동 (시간·돈 등을) 할애하다, 남겨 두다 ⊜ grant

I have some **spare** tickets for the musical, so I'm going to call some friends to see if they would like to join me!
여분의 뮤지컬 티켓이 있어서, 친구들한테 전화를 돌려서 나와 함께 할 수 있나 확인해 볼 거예요!

Jennifer always tries to **spare** time to find the best deals.
제니퍼는 가장 좋은 가격을 찾기 위해 항상 시간을 내려고 노력한다.

55
stock
[stak]

명 1. 재고(품), 비축물 ⊜ merchandise, goods, supply
   2. 주식 ⊜ share, bond
동 비축하다, 저장하다 ⊜ store, accumulate, fill

That particular is currently out of **stock**.
그 특정 모델은 현재 재고가 없습니다.

Most duty-free shops **stock** a wide range of cosmetics and alcoholic beverages.
대부분의 면세점은 다양한 종류의 화장품과 주류를 갖추고 있다.

 단어 학습 꿀팁
be in(out of) stock 재고가 있다(없다)

56
store
[stɔːr]

storage 명 저장, 저장고

명 가게 ⊜ shop
동 저장하다, 보관하다 ⊜ keep, save

She walked into the **store** and looked around for what she wanted.
그녀는 가게 안으로 들어가 자신이 원하는 것을 찾아 주위를 둘러보았다.

These plastic containers can be used to **store** leftovers.
이 플라스틱 용기들에 남은 음식을 보관할 수 있다.

57 utilize

[júːtəlàiz]

utilization 명 이용

동 활용하다, 이용하다 = employ, use

Bobby is a smart shopper who always looks for ways to **utilize** coupons and discounts.
바비는 항상 쿠폰과 할인 혜택을 활용하는 방법을 찾는 똑똑한 쇼핑객이다.

58 valid

[vǽlid]

validity 명 유효성, 타당성

형 유효한, 타당한 = reasonable, sound

The supermarket only accepts **valid** coupons that have not expired.
그 슈퍼마켓은 유효기간이 지나지 않은 유효한 쿠폰만 받습니다.

59 warranty

[wɔ́ːrənti]

warrant 동 보증하다

명 품질 보증 = guarantee

All of our products come with a two-year **warranty**.
저희 모든 제품들에는 2년 보증이 따라옵니다.

> 단어 학습 꿀팁
>
> **under warranty** 보증 기간이 끝나지 않은, 품질 보증을 받는

60 weigh

[wéi]

weight 명 무게, 체중

동 1. 무게가 ~이다 = measure
2. 저울질하다, 따져보다 = assess, consider, evaluate

Sophie wanted to help her mom carry in the groceries from the car, so she grabbed the heaviest bag she could find, not realizing that it **weighed** almost 50 pounds.
소피는 엄마가 차에 있는 식료품을 운반하는 것을 돕고 싶어했고, 그래서 그녀는 찾을 수 있는 가장 무거운 가방을 들었는데, 그것이 거의 50파운드라는 것을 깨닫지 못했다.

When Jake was buying audio equipment, he made sure to **weigh** his options before making a decision.
제이크가 음향 장비를 사고 있었을 때, 그는 결정을 내리기 전에 그의 선택 사항들을 확실히 저울질했다.

DAY 17 VOCABULARY TEST

주어진 단어에 맞는 뜻을 찾아 서로 연결하세요.

01 perk • • (a) 필수적인
02 convince • • (b) 내구성이 있는
03 necessary • • (c) 특전
04 charge • • (d) 확신시키다
05 durable • • (e) 청구하다

밑줄 친 단어의 유의어로 가장 적절한 보기를 고르세요.

06 The designer created a new clothing line that is more <u>affordable</u> for the everyday person.
(a) comfortable (b) frugal (c) inexpensive (d) normal

07 Once the subscription plan <u>expires</u>, the customer will no longer have access to the service.
(a) ends (b) cancels (c) fails (d) decays

08 The store packs <u>fragile</u> items in bubble wrap so that they will not be damaged during shipping.
(a) inefficient (b) lethal (c) delicate (d) thin

09 Now you should <u>weigh</u> the pros and cons of the new window.
(a) evaluate (b) limit (c) select (d) measure

10 They sell various kitchen <u>appliances</u> that are popular among many households.
(a) facilities (b) devices (c) areas (d) inventions

정답 1 (c) 2 (d) 3 (a) 4 (e) 5 (b) 6 (c) 7 (a) 8 (c) 9 (a) 10 (b)   **해석** 384P

지텔프 추가학습 단어

☐ additional	형 추가적인	
☐ aesthetic	형 심미적인	
☐ auction	동 경매로 팔다 명 경매	
☐ batch	명 1회분, 수량, 물량	
☐ bid	동 입찰하다	
☐ canteen	명 구내 식당, 매점	
☐ catalogue	명 목록, 카탈로그 동 목록을 작성하다	
☐ clerk	명 점원	
☐ compact	형 1. 소형의 2. 작은	
☐ costly	형 비용이 많이 드는	
☐ customize	동 주문 제작하다	
☐ drawback	명 결점, 문제점	
☐ extravagant	형 사치스러운	
☐ fake	형 가짜의 명 가짜 동 위조하다	
☐ fancy	형 화려한, 고급스러운 명 공상, 상상	
☐ flat	형 평평한, 고른, 밋밋한, 김 빠진	
☐ furniture	명 가구	
☐ garment	명 의복	
☐ hands-on	형 직접 해보는, 실전의	
☐ label	명 상표, 라벨 동 라벨을 붙이다	
☐ lavish	형 사치스러운	
☐ load	명 짐 동 싣다, 태우다	
☐ manual	형 수동의 명 제품 설명서	
☐ overrun	명 초과, 범람; 초과(잉여)생산 할인상품 동 (좋지 않은 것이) 들끓다, 급속히 퍼지다; (시간·금액 등이) 초과하다	
☐ priceless	형 값을 매길 수 없는, 매우 귀중한	
☐ receipt	명 영수증	
☐ sales representative	명 판매원, 영업사원	
☐ state-of-the-art	형 최신의, 최첨단의	
☐ vendor	명 판매상	
☐ wholesale	형 도매의	

DAY 17

DAY 18

여행과 관광

표제어와 뜻을 음원으로 듣기

PREVIEW

abroad	fare	path
access	fascinate	pave
accommodation	flight	period
activity	forecast	place
amuse	foreign	region
approach	fuel	relax
arrive	gorgeous	remote
board	head	route
border	hectic	rural
connect	immigrant	schedule
depart	influx	souvenir
destination	international	spot
detour	itinerary	tour
distance	journey	traffic
embark	land	transfer
encounter	link	transportation
exhaust	luggage	travel
exotic	migrate	vehicle
experience	overseas	voyage
explore	passage	worth

01
abroad
[əbrɔ́:d]

부 해외에, 해외로 = overseas

This is the first time I'm traveling **abroad**.
외국으로 여행을 가는 것이 이번이 처음이에요.

02
access
[ǽkses]

accessible 형 접근 가능한
accessibility 명 접근성

명 입장, 접근 = entry
동 접근하다 = approach

The guards always secure the main **access** to the building.
경비들이 항상 건물의 중요 출입구를 지킨다.

단어 학습 꿀팁
have access to ~에 접근(출입)할 수 있다

03
accommodation
[əkɑ̀mədéiʃən]

accommodate 동 수용하다

명 1. 숙박 (시설), 숙소 = housing, lodging, shelter
2. 타협, 조정 = adaptation, settlement

I'm planning to book a guest house for the **accommodation**.
숙소로는 게스트하우스를 예약할 계획입니다.

04
activity
[æktívəti]

active 형 활동적인
actively 부 활동적으로

명 활동, 운동 = venture, interest

There are many **activities** to do while traveling, such as sightseeing, shopping, and trying new foods.
관광, 쇼핑, 새로운 음식을 먹어보는 것과 같이 여행 중에 할 수 있는 많은 활동들이 있다.

05
amuse
[əmjúːz]

amusement 명 재미, 즐거움

동 즐겁게 하다, 기쁘게 하다 = entertain, delight

The Georgia Aquarium **amused** the children with its diverse collection of sea life.
조지아 아쿠아리움은 다양한 해양 생물들로 아이들을 즐겁게 했습니다.

06
approach
[əpróutʃ]

approachable 형 접근하기 쉬운

동 다가가다, 접근하다 = reach
명 접근 = access

Please step back while the train is **approaching**.
열차가 들어오고 있을 때는 뒤로 물러서 주십시오.

07 arrive
[əráiv]

arrival 명 도착

동 도착하다 ≒ come

The train will **arrive** at the station in 10 minutes.
기차는 10분 후에 역에 도착할 것이다.

08 board
[bɔːrd]

boarding 명 탑승

동 탑승하다 ≒ embark
명 판자 ≒ plank

Please present your passport before **boarding** the plane.
비행기 탑승 전에 여권을 보여주십시오.

> 단어 학습 꿀팁
> on board 탑승한, 기내의

09 border
[bɔ́ːrdər]

명 국경, 경계 ≒ boundary
동 (경계를) 접하다 ≒ bound

Anyone who tries to cross the **border** should prove their identity to the border control authorities.
국경을 넘으려는 사람은 누구든지 국경 통제 당국에 자신의 신원을 증명해야 한다.

10 connect
[kənékt]

connection 명 연결

동 연결하다 ≒ link, join, associate

Most cities are now **connected** by highways.
대부분의 도시들은 이제 고속도로로 연결되어 있다.

11 depart
[dipáːrt]

departure 명 떠남, 출발
departed 형 세상을 떠난, 죽은

동 떠나다, 출발하다 ≒ leave

When do you **depart** for Sweden?
언제 스웨덴으로 떠나십니까?

> 단어 학습 꿀팁
> depart for/from ~로/에서 출발하다

12
destination
[dèstənéiʃən]

destine 동 ~을 미리 정해 두다

명 목적지 place, goal

The Colosseum is one of Rome's most popular **destinations** for tourists.
콜로세움은 로마의 가장 인기 있는 관광지들 중 하나이다.

> 단어 학습 꿀팁
> tourist destination 관광지

13
detour
[díːtuər]

명 우회로 deviation, roundabout, way
동 우회하다

The bridge is currently under construction, so please take the **detour**.
그 다리는 현재 공사 중이므로 우회하시기 바랍니다.

> 단어 학습 꿀팁
> make(=take) a detour 우회하다, 돌아서 가다

14
distance
[dístəns]

distant 형 (거리가) 먼, 동떨어진

명 거리

The hotel is ideally located within walking **distance** of the city's main attractions.
그 호텔은 도시의 주요 명소에서 걸어서 갈 수 있는 거리에 이상적으로 위치해 있다.

15
embark
[imbá:rk]

embarkation 명 승선, 착수

동 1. (배·비행기 등에) 승선하다, 탑승하다 board
2. 착수하다 commence, enter, launch

They were waving as their son **embarked** on the ship.
그들은 아들이 배에 승선하자 아들에게 손을 흔들었다.

> 단어 학습 꿀팁
> embark on ~을 시작하다, ~에 착수하다

16 encounter
[inkáuntər]

- 동 만나다, 맞닥뜨리다 ≒ confront, experience
- 명 만남

We might **encounter** light turbulence during the flight.
비행 중에 약한 난기류에 맞닥뜨릴 수 있습니다.

17 exhaust
[igzɔ́ːst]

exhausting 형 지치게 하는
exhausted 형 탈진한, 기진맥진한
exhaustion 명 고갈, 소진

- 동 1. 지치게 하다 ≒ weary 2. 고갈시키다 ≒ deplete

She was **exhausted** after two weeks of the business trip.
이주일 간의 출장을 마친 그녀는 매우 피곤했다.

The fuel supply is nearly **exhausted**.
연료 공급이 거의 고갈되었다.

18 exotic
[igzɑ́tik]

- 형 이국적인 ≒ foreign

She loves tasting **exotic** spices and fruits around the world.
그녀는 전세계의 이국적인 향신료와 과일을 맛보는 것을 좋아한다.

19 experience
[ikspíəriəns]

experienced 형 경험이 있는

- 동 경험하다, 체험하다 ≒ encounter
- 명 경험, 체험

Visiting Europe was an incredible **experience** that allowed me to broaden my horizons.
유럽을 방문한 것은 나로 하여금 시야를 넓힐 수 있는 놀라운 경험이었어요.

 단어 학습 꿀팁

experience + **-ing** ~하는 것을 경험하다 문법-준동사
→ 목적어 자리에 동명사를 사용한다.

20 explore
[iksplɔ́ːr]

explorer 명 탐험가
exploration 명 탐험, 탐구

- 동 탐험하다, 탐구하다 ≒ tour

You can **explore** all the hidden gems in the city with this app.
이 앱으로 도시의 숨겨진 명소들을 탐험할 수 있다.

21
fare

[fɛər]

명 (교통) 요금 ⊜ charge, price

Luke took an Uber to the airport and his **fare** was $32.
루크는 우버를 타고 공항으로 갔고, 요금은 32달러가 나왔다.

22
fascinate

[fǽsənèit]

fascinating 형 흥미로운, 매력적인
fascinated 형 매료된
fascination 명 매료, 매혹

동 매혹하다 ⊜ captivate

Mandy was absolutely **fascinated** by the spectacle of Niagara Falls.
맨디는 나이아가라 폭포의 광경에 완전히 매료되었다.

23
flight

[flait]

명 비행, 항공편

All **flights** departing from London today are delayed because of bad weather.
오늘 런던에서 출발하는 항공기들이 기상 악화로 지연되었다.

 단어 학습 꿀팁

flight attendant(= cabin crew) (비행기의) 승무원

24
forecast

[fɔ́:rkæst]

명 예측, 예상, 예보 ⊜ prediction
동 예측하다, 전망하다 ⊜ predict

The weather **forecast** said that it would be sunny, so we packed our sunscreen and headed to the beach.
일기예보에서 날씨가 맑을 거라고 해서, 우리는 선크림을 챙기고 해변으로 향했다.

Many hotels **forecast** that occupancy rates will continue to decline in the coming months.
많은 호텔들은 향후 몇 달간 투숙률이 계속 하락할 것으로 전망했다.

25
foreign

[fɔ́:rən]

foreigner 명 외국인

형 외국의 ⊜ exotic, alien

When traveling, one of my favorite activities that I like to do is to taste **foreign** food.
여행을 할 때 내가 가장 좋아하는 활동은 외국 음식 맛보기이다.

26
fuel
[fjúːəl]

- 몡 연료 ⊜ gas, energy
- 동 1. 연료를 공급하다 ⊜ feed, supply 2. 부채질하다, 부추기다 ⊜ urge

Petrol and diesel were the most widely used **fuel** in the 20th century.
휘발유와 디젤은 20세기에 가장 널리 사용된 연료였다.

He had to pull over to the side of the road to **fuel** the engine.
그는 엔진에 기름을 넣기 위해 도로 한 쪽에 차를 대야 했다.

The industrial revolution was **fueled** by the introduction of new technologies that allowed for mass production.
산업혁명은 대량생산을 가능하게 한 신기술의 도입에 의해 부추겨졌다.

 단어 학습 꿀팁

fuel efficiency (차량이나 기계 따위의) 연비

27
gorgeous
[gɔ́ːrdʒəs]

gorgeousness 몡 멋짐, 아름다움

- 형 멋진, 아름다운, 화려한 ⊜ beautiful, magnificent

The Matterhorn's **gorgeous**, pyramid-shaped peak has inspired artists and photographers for centuries.
마터호른 산의 멋진 피라미드 모양의 봉우리는 수세기 동안 예술가들과 사진가들에게 영감을 주었다.

28
head
[hed]

ahead 부 앞에

- 동 1. 가다, 향하다 ⊜ go 2. 이끌다, 지휘하다 ⊜ lead
- 몡 장, 우두머리, 수석

All passengers must **head** to the gate now in order to board the plane on time.
비행기에 제시간에 탑승하기 위해 모든 승객들은 지금 게이트로 향해야 합니다.

The ship was **headed** by captain Phillips, who was the most experienced naval captain in England.
그 배는 영국에서 가장 경험 많은 해군 대위였던 필립스 선장이 이끌었다.

29
hectic
[héktik]

- 형 매우 바쁜, 정신 없는 ⊜ busy, chaotic

The airport was more **hectic** than usual, so that it was too hard to find the way.
공항이 평소보다 더 붐벼서 길을 찾기가 너무 힘들었어요.

30
immigrant
[ímigrənt]

immigrate 동 이주해 오다
immigration 명 이민

명 이민자, 이민 ⊜ migrant, foreigner

This area of the city has a high **immigrant** population.
도시의 이 구역은 이민자 인구가 많습니다.

31
influx
[ínflʌks]

flux 명 유동

명 유입 ⊜ inflow, rush, upsurge

The city prepared for the large **influx** of tourists during the Olympics by improving infrastructure.
그 도시는 기반 시설을 개선함으로써 올림픽 기간 중의 많은 관광객 유입에 대비하였다.

32
international
[ìntərnǽʃənəl]

internationally 부 국제적으로

형 국제적인, 국제의 ⊜ global

I was really excited for my **international** flight because it would be my first time flying out of the country.
이번이 국외로 처음 나가보는 것이기 때문에 국제선을 타고 유럽으로 가는 게 무척 흥분되었다.

33
itinerary
[aɪtínəreri]

명 여행 일정 ⊜ schedule, route, timetable

Our team has successfully modified your **itinerary** according to your request.
저희 팀이 귀하의 요청에 따라 귀하의 여행 일정을 성공적으로 변경하였습니다.

34
journey
[dʒə́ːrni]

명 여정 ⊜ adventure
동 여정을 하다 ⊜ travel

She went on a **journey** across the Sahara.
그녀는 사하라 사막을 횡단하는 여정을 떠났다.

35
land
[lænd]

landing 명 착륙

명 육지, 땅 ⊜ ground, shore
동 착륙하다 ⊜ disembark

The flight will travel nonstop for three and a half hours before **landing** at Denver International Airport.
그 항공편은 덴버 국제 공항에 착륙하기 전에 세 시간 반 동안 직항으로 비행할 것이다.

36
link

[liŋk]

linkage 명 결합, 연결

- 동 연결하다 ⊜ connect
- 명 관련(성), 관계, 연결 수단 ⊜ connection

Paris is **linked** with Frankfurt by TGV.
파리는 프랑크푸르트와 테제베로 연결되어 있다.

37
luggage

[lʌ́gidʒ]

- 명 짐, 수하물 ⊜ baggage

If you see any **luggage** unattended, please do not hesitate to notify a member of the airport staff.
수하물이 방치되어 있는 것을 보시면 주저하지 말고 공항 직원에게 알려 주시기 바랍니다.

38
migrate

[máigreit]

migration 명 이주

- 동 이주하다, 이동하다 ⊜ move

He went on a birdwatching tour to observe the **migrating** wild birds.
그는 야생 철새들을 보러 조류 관찰 투어를 떠났다.

39
overseas

[òuvərsíːz]

- 부 해외로 ⊜ abroad
- 형 해외의

Make sure to double-check your passport and other travel documents before you go **overseas**.
해외로 나가기 전에 여권과 기타 다른 여행 서류들을 재확인하세요.

40
passage

[pǽsidʒ]

pass 동 통과하다

- 명 통행, 통로 ⊜ way

You have to follow the lights on the ground since they will guide your **passage** through the cave.
동굴 속 통행을 안내해줄 바닥의 불빛을 따라서 가야한다.

41
path

[pæθ]

- 명 길 ⊜ road, way

Due to a landslide last night, the **path** to the village was blocked by rocks.
지난 밤의 산사태 때문에, 마을로 가는 길이 바위들로 막혀있었다.

42
pave

[péɪv]

pavement 명 포장재, 도로, 보도

동 (도로를) 포장하다 = cover, floor

The sidewalk near my house was **paved** last week.
집 주변의 보도가 지난 주에 포장되었다.

> 단어 학습 꿀팁
> pave the way for
> ~을 위한 길을 열다(기반을 마련하다), ~을 가능하게 하다

43
period

[píːəriəd]

명 기간, 시기 = term, span, duration

The hotel prices in Munich are so high during the Oktoberfest **period**.
옥토버페스트 기간에 뮌헨의 호텔 가격은 정말 비싸다.

44
place

[pleɪs]

placement 명 배치, 설비

명 장소, 곳 = spot, site, location
동 놓다, 두다 = put

I'm so excited to go on vacation to Paris and see the Eiffel Tower! I've always dreamed of visiting that **place**, and it's finally happening.
나는 파리로 휴가를 떠나 에펠탑을 볼 수 있어서 너무 신나! 나는 항상 그곳을 방문하는 것을 꿈꿔왔고, 이제 드디어 그것이 현실이 될 거야.

Sawyer **placed** his backpack down on the ground and unzipped it, rummaging through to find his map.
소여는 배낭을 땅에 내려놓아 지퍼를 열었고, 그의 지도를 찾아 샅샅이 뒤졌다.

45
region

[ríːdʒən]

regional 형 지역의

명 지방, 지역 = area

The Middle East is a **region** located in Western Asia and extends into parts of North Africa.
중동은 서아시아에 위치해 있으며 북아프리카 부분까지 뻗어 있는 지역이다.

46
relax
[riláeks]

relaxing 형 편한, 여유있는, 느긋하게 하는
relaxed 형 편히 쉬는
relaxation 명 휴식, 완화

동 1. 쉬다, 휴식을 취하다 = rest, calm
2. 풀다, 완화하다 = ease, lessen, relieve

Escape from the hustle and bustle of everyday life and **relax** without disturbance at our resort.
저희 리조트에서 일상의 북적임에서 벗어나 방해받지 않고 휴식을 취하세요.

47
remote
[rimóut]

remotely 부 멀리서, 원격으로

형 먼, 외진, 오지의 = far, distant, isolated

The sound of the cascading waterfall echoed through the **remote** mountain village.
폭포수가 쏟아지는 소리가 멀리 떨어진 산골 마을을 통해 메아리쳤다.

48
route
[ru:t], [raʊt]

명 길, 경로 = course, way

The Turkish Airlines launched new **routes** to Latin America.
터키항공은 라틴 아메리카로 가는 경로를 신설했다.

49
rural
[rúərəl]

형 시골의 = rustic, pastoral

Josh lives in a **rural** area that is about an hour away from the nearest city.
조쉬는 가장 가까운 도시에서 한 시간 정도 떨어진 시골 지역에 산다.

50
schedule
[skédʒu:l]

명 일정, 일정표 = itinerary
동 일정을 잡다 = plan

They planned an ambitious **schedule** to tour five countries in two weeks.
그들은 2주 동안 5개국을 관광하는 야심찬 일정을 세웠다.

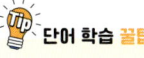 단어 학습 꿀팁

be scheduled to V ~할 예정이다

51
souvenir
[sùːvəníər]

명 기념품 동 gift, keepsake

He bought maple syrup as a **souvenir** from Canada.
그는 캐나다 기념품으로 메이플 시럽을 샀어요.

52
spot
[spat]

명 장소, 곳 동 location, point
동 보다, 알아보다, 발견하다 동 see, recognize, detect

The Millennium Bridge is a great photo **spot** to capture views of St. Paul's Cathedral and Tate Modern.
밀레니엄 브릿지는 세인트 폴 대성당과 테이트 모던의 경관을 포착할 수 있는 훌륭한 사진 명당입니다.

The police **spotted** me not wearing a safety belt.
경찰이 내가 안전벨트를 매지 않고 있는 것을 찾아냈다.

 단어 학습 꿀팁

on the spot 즉석에서, 현장에서

53
tour
[tuər]

tourist 명 관광객

명 관광, 여행 동 sightseeing
동 관광하다, 여행하다

We are looking forward to taking a **tour** of the Scottish Highlands this summer.
우리는 이번 여름에 스코틀랜드 하이랜드 지방을 둘러보는 것을 기대하고 있습니다.

 단어 학습 꿀팁

go on a tour 여행을 떠나다, 관광을 가다

54
traffic
[træfik]

명 교통(량), 왕래, 통행 동 transportation

I never knew that the **traffic** conditions in Istanbul could be so congested!
나는 이스탄불의 교통 상황이 이렇게 혼잡할 줄은 몰랐어!

 단어 학습 꿀팁

traffic jam(=congestion) 교통 체증

55
transfer
[trænsfə́:r]

- 동 1. 옮기다, 이동하다, 전근시키다 ≒ transport, move, relocate
  2. 갈아타다, 환승하다 ≒ change
- 명 이동, 인사 이동, 환승 ≒ shift, relocation

Jacob has been able to travel a lot, thanks to the fact that his job allows him to be **transferred** to different locations.
그의 직업이 그를 다른 지점들로 전근되도록 해준다는 사실 덕분에, 제이콥은 여행을 많이 다닐 수 있었다.

In this station, you can **transfer** to Piccadilly Line.
이 역에서는 피카디리 노선으로 갈아타실 수 있습니다.

56
transportation
[trænspərtéiʃən]

transport 동 수송하다

- 명 수송, 교통 ≒ shipment, conveyance

Are there any means of **transportation** available for getting there at night?
밤에 그 곳으로 갈 수 있는 이용 가능한 교통 수단이 있을까요?

단어 학습 꿀팁
public transportation 대중 교통
means of transportation 차편, 교통편, 교통 수단

57
travel
[trǽvəl]

traveler 명 여행자

- 동 여행하다 ≒ migrate, move
- 명 여행 ≒ journey, trip

When people **travel**, they have the opportunity to explore new places, meet new people, and learn about different cultures.
사람들이 여행할 때, 그들은 새로운 장소를 탐험하고, 새로운 사람들을 만나고, 여러 문화에 대해 배울 수 있는 기회를 갖는다.

58
vehicle
[ví:ikl]

- 명 차, 차량, 운송수단 ≒ car

I am going to travel to my grandmother's house by **vehicle**.
나는 차를 타고 할머니네 집으로 이동할 것이다.

59
voyage
[vɔ́iidʒ]

voyager 명 장거리 여행자

명 항해, 긴 여행 ≒ sail
동 항해하다 ≒ navigate

She published a book on her **voyage** around the world on a yacht.
그녀는 요트를 타고 한 전세계 항해에 대한 책을 출판했다.

60
worth
[wəːrθ]

worthy 형 자격이 있는, 훌륭한

형 가치가 있는 ≒ deserving
명 가치 ≒ value

The ancient Egyptian pyramids are definitely **worth** a visit if you're ever in Cairo.
당신이 카이로에 온다면 고대 이집트의 피라미드는 확실히 방문할 가치가 있다.

Souvenirs from your travels can contain much more **worth** than their monetary value.
여행에서 얻은 기념품들은 그들의 금전적 가치보다 훨씬 더 많은 가치를 포함할 수 있다.

 단어 학습 꿀팁
be worth -ing = be worthy of -ing ~할 만한 가치가 있다

DAY 18 VOCABULARY TEST

Q 주어진 단어에 맞는 뜻을 찾아 서로 연결하세요.

01 accommodation • • (a) 해외로
02 rural • • (b) 숙박
03 detour • • (c) 우회로
04 abroad • • (d) 지치게 하다
05 exhaust • • (e) 시골의

Q 밑줄 친 단어의 유의어로 가장 적절한 보기를 고르세요.

06 The flight scheduled to <u>depart</u> at 7:30 will undergo brief maintenance.
   (a) arrive   (b) leave   (c) operate   (d) reach

07 The festival's successful start resulted in an <u>influx</u> of exhibitors who wanted to participate in the event.
   (a) upsurge   (b) excess   (c) offset   (d) entrance

08 Tom <u>spotted</u> a beautiful waterfall while we were hiking.
   (a) spent   (b) admired   (c) found   (d) climbed

09 My wife always wanted to travel to a <u>remote</u> place where she could escape the monotony of everyday life.
   (a) wide   (b) distant   (c) far-fetched   (d) detached

10 Laura is saying goodbye to her family near the cruise ship while waiting to <u>embark</u>.
   (a) begin   (b) depend   (c) board   (d) take

정답 1 (b) 2 (e) 3 (c) 4 (a) 5 (d) 6 (b) 7 (a) 8 (c) 9 (b) 10 (c)   해석 385P

지텔프 추가학습 단어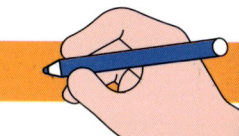

☐ adjacent	형 인접한, 가까운	
☐ adventure	명 모험	
☐ amenity	명 생활 편의 시설	
☐ aviation	명 항공(술)	
☐ cruise	명 유람선 여행 동 유람하다	
☐ direction	명 방향	
☐ drift	동 표류하다 명 표류, 이동	
☐ entrance	명 입구, 입장	
☐ expedition	명 탐험, 원정	
☐ float	동 떠가다, 흘러가다	
☐ harbor	명 항구	
☐ highway	명 고속도로	
☐ memorable	형 기억할 만한	
☐ moment	명 순간	
☐ patrol	동 순찰을 돌다 명 순찰(대)	
☐ pedestrian	명 보행자	
☐ proximity	명 근접	
☐ rush	명 혼잡 동 서두르다	
☐ scenery	명 경치, 배경	
☐ seasonal	형 계절적인, 계절에 따라 다른	
☐ sightseeing	명 관광, 구경	
☐ station	명 역, 정거장	
☐ streetscape	명 (거리·가로 등의) 경관	
☐ tourist attraction	명 관광 명소	
☐ trip	명 여행 동 걸려 넘어지다	
☐ veer	동 (차량·진로·길 등의) 방향을 바꾸다	
☐ via	전 ~을 경유하여	
☐ view	동 보다, 여기다, 생각하다 명 경관, 전망; 관점	
☐ wander	동 (이리저리) 돌아다니다	
☐ whereabouts	명 소재, 행방 부 어디쯤에	

DAY 18

DAY 19

독해&어휘
PART 4 비즈니스 편지 (1)

표제어와 뜻을 음원으로 듣기

PREVIEW

accept	comfortable	eligible
accommodate	compensate	enclose
accompany	compete	estate
adequate	complain	excited
alter	comply	exhibit
announce	concern	expect
anticipate	confident	express
apologize	confirm	favor
apply	consider	formal
appoint	construction	fulfill
appreciate	convenient	guarantee
ask	cooperate	handle
assure	deadline	hesitate
attach	decline	hire
aware	delay	hold
cancel	demand	immediately
candidate	detail	incur
capability	disappoint	inevitable
careful	discuss	inform
certificate	disregard	inquiry

01
accept

[æksépt]

acceptance 명 수락, 승인

ⓢ 수락하다, 받아들이다 ⓔ receive

I am beyond thrilled to have been **accepted** for the job.
그 일자리에 채용되어서 너무 떨립니다.

02
accommodate

[əká:mədeɪt]

accommodation 명 거처, 숙소

ⓢ 1. 공간을 제공하다, 수용하다 ⓔ house, lodge
　 2. 부응하다, 수용하다 ⓔ cater to

I am looking for a place to **accommodate** my family of six for two weeks while we are in town for a wedding.
저는 결혼식을 위해 시내에 있는 동안 2주 동안 저희 여섯 식구가 묵을 곳을 찾고 있습니다.

I hope you can **accommodate** my request to change the meeting time from 3 p.m. to 4 p.m. on Wednesday.
회의 시간을 수요일 오후 3시에서 4시로 변경해 달라는 저의 요청을 들어주실 수 있기를 바랍니다.

03
accompany

[əkʌ́mpəni]

ⓢ 동행하다, 동반하다 ⓔ escort, go with

I will be **accompanying** my sister to her piano recital that night. It starts at 7:30, and I promised her I wouldn't be late.
그날 밤에 저는 제 여동생의 피아노 연주회에 동행할 것입니다. 7시 30분에 시작하는데, 늦지 않겠다고 약속했거든요.

04
adequate

[ǽdikwət]

adequately 부 알맞게, 적당히

형 적합한, 충분한 ⓔ enough, sufficient

She has **adequate** skills for the job.
그녀는 그 직업에 적합한 기량을 갖고 있습니다.

05
alter

[ɔ́ːltər]

alteration 명 변화, 변경, 개조

ⓢ 바꾸다, 고치다 ⓔ change, modify

Our company policy cannot be **altered**, even for loyal customers like yourself.
심지어 귀하와 같은 충성 고객에게도 저희 회사의 정책이 바뀔 수 없습니다.

06 announce

[ənáuns]

announcement 명 발표, 공고, 알림
announcer 명 방송 진행자

 동 발표하다, 방송하다 declare

I am pleased to **announce** that we are now offering a free trial of our new software.
새로운 소프트웨어에 대한 무료 체험판을 이제 제공한다는 것을 알려드리게 되어 기쁩니다.

단어 학습 꿀팁
we are pleased to announce that ~을 발표하게 되어 기쁩니다
we regret to announce that ~을 발표하게 되어 유감입니다

07 anticipate

[æntísəpèit]

 동 예상하다, 기대하다 expect, predict

The flight took much longer than I had **anticipated**.
제가 예상했던 것보다 비행이 훨씬 늦어졌습니다.

단어 학습 꿀팁
anticipate + -ing ~하는 것을 예상하다, 기대하다 문법-준동사
→ 목적어 자리에 동명사를 사용한다.

08 apologize

[əpálədʒàiz]

apology 명 사과

 동 사과하다 say sorry, express regret

We sincerely **apologize** for the terrible service you received.
귀하께서 받으신 끔찍한 서비스에 대해 진심으로 사과드립니다.

단어 학습 꿀팁
offer A an apology A에게 사과하다
accept an apology 사과를 받다, 수락하다

09 apply

[əplái]

applicable 형 해당되는, 적용 가능한
application 명 지원, 신청; 적용
applicant 명 지원자

 동 1. 지원하다, 신청하다 register, sign up
2. 적용하다 utilize, implement

I would like to **apply** for the position of administrative assistant.
저는 행정 보조 직무에 지원하고 싶습니다.

Please explain how you would **apply** your teaching experience to this job.
당신의 교육 경험을 어떻게 이 직업에 적용시킬 것인지 설명해주십시오.

단어 학습 꿀팁
apply for ~에 지원하다
apply A to B A를 B에 적용하다, 바르다

DAY 19

10
appoint

[əpɔ́int]

appointment 명 임명, 지정

동 임명하다, 지정하다 유 assign, designate

He was **appointed** as the new manager.
그가 새 매니저로 임명되었습니다.

💡 단어 학습 꿀팁

appoint A (as) B A를 B로 임명하다

11
appreciate

[əprí:ʃièit]

appreciation 명 감사, 감상, 공감
appreciative 형 고마워하는

동 1. 감사하다, 고마워하다 유 thank
2. 감상하다, (가치를) 알아보다, 인정하다 유 admire, value, recognize

I would **appreciate** it if you could help me with my project.
제 프로젝트 좀 도와주신다면 대단히 감사하겠습니다.

You will **appreciate** our band if you are into classic rock.
만약 당신이 클래식 록에 빠져있으시다면 저희의 밴드를 감상하실 수 있을 겁니다.

💡 단어 학습 꿀팁

appreciate + -ing ~한 것에 감사하다   문법-준동사
→ 목적어 자리에 동명사를 사용한다.

12
ask

[æsk]

동 1. 묻다, 질문하다 유 inquire
2. 부탁하다, 요청하다 유 demand, require

I would like to **ask** if it is possible to make a reservation for two people for next Saturday night.
다음 주 토요일 밤에 2명 예약이 가능한지에 대해 문의드립니다.

The librarian **asked** that we be quiet in the library.
사서는 우리에게 도서관에서 조용히 해달라고 요청했다.

💡 단어 학습 꿀팁

ask for ~를 요청하다, 부탁하다
ask + A + to V A에게 ~하라고 요청하다   문법-준동사
→ 목적어 뒤 목적격 보어 자리에 to부정사를 사용한다.
ask + that + 주어 + (should) 동사원형
~해야 한다고 요청하다 문법-조동사 should 생략
→ 주장·요구·제안을 나타내는 동사 ask 뒤에 that절이 오면 that절의 동사는 should가 생략된 동사원형을 사용한다.

13
assure

[əʃúər]

assurance 명 확언

동 보장하다, 장담하다, 안심시키다 guarantee, ensure, promise

I can **assure** you that the deal we have been working on will be beneficial to both our companies.
우리가 진행해온 이 거래가 회사 양측에게 이익이 될 것이라고 장담할 수 있습니다.

 단어 학습 꿀팁
- assure A that절 A에게 ~를 보장하다, 장담하다
- you can rest assured that절 ~이니 안심하세요, 염려 마세요

14
attach

[ətǽtʃ]

attachment 명 첨부, 부속 문서

동 붙이다, 첨부하다 add

For more information, please refer to the **attached** file.
추가 정보를 위해서는 첨부된 파일을 참조하십시오.

15
aware

[əwéər]

awareness 명 의식, 인식

형 알고 있는, 의식하는 conscious

I am **aware** of the shipping delay, and the inconvenience it has caused.
저는 배송 지연, 그리고 그것이 유발한 불편에 대해 알고 있습니다.

 단어 학습 꿀팁
- be aware of ~를 알고 있다

16
cancel

[kǽnsəl]

cancellation 명 취소

동 취소하다 call off

I have no choice but to **cancel** my order for the new computer.
저는 새 컴퓨터에 대한 주문을 취소할 수밖에 없습니다.

17
candidate

[kǽndidət]

명 후보자, 지원자 applicant

Out of all the **candidates**, you have been chosen for the job.
모든 지원자들 중에서, 귀하께서 이 직무에 선정되셨습니다.

18
capability

[kèipəbíləti]

capable 형 유능한

명 능력 = ability, competence

You are required to prove your **capability** during the internship.
인턴기간 동안 당신의 능력을 증명하셔야 합니다.

19
careful

[kérfl]

carefully 부 주의 깊게, 신중하게

형 조심하는, 주의 깊은, 신중한 = cautious

Please be **careful** when handling the new shipment of products. We don't want any damaged items.
제품의 신규 배송을 취급하실 때 주의해 주십시오. 저희는 어떠한 파손된 물품도 원하지 않습니다.

20
certificate

[sərtífikeɪt]

certification 명 증명, 보증
certify 동 증명하다
certified 형 검증된, 보증된

명 자격증, 증서, 증명서 = credential, license, testimonial

I had to a submit the doctor's **certificate** to the insurance company.
나는 보험 회사에 의사의 증명서를 제출해야 했습니다.

21
comfortable

[kʌmfərtəbl]

comfort 명 안락, 편안, 위안
동 위로하다

형 편안한 = relaxed

I am very disappointed with the sofa because it is not as **comfortable** as advertised.
소파가 광고된 것처럼 편안하지 않기 때문에 저는 매우 실망했습니다.

22
compensate

[kámpənsèit]

compensation 명 보상

동 보상하다 = recompense, redress, correct

We will do our best to **compensate** for your trouble.
저희는 귀하의 문제에 대해 보상해 드리기 위해 최선을 다할 것입니다.

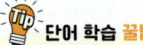 단어 학습 꿀팁

compensate A for B A에게 B에 대해 보상하다

23
compete

[kəmpíːt]

competitive 형 경쟁적인, 경쟁력 있는
competition 명 경쟁, 대회

 겨루다, 경쟁하다 ➡ contend

In order to **compete** with other businesses in your industry, it is important to have a strong online presence.
귀하의 업계에서 다른 사업체들과 경쟁하기 위해, 강력한 온라인 입지를 갖는 것이 중요합니다.

💡 단어 학습 꿀팁

compete with ~와 경쟁하다

24
complain

[kəmpléin]

complaint 명 불평, 불만

 불평하다 ➡ criticize

Most of the guests **complained** about poor Wi-Fi in the hotel.
대부분의 손님들은 호텔 내 열악한 무선 인터넷에 대해 불평했습니다.

💡 단어 학습 꿀팁

file a (formal/official) complaint with/against
~에 (정식/공식) 항의를 제기하다

25
comply

[kəmplái]

compliant 형 순응하는
compliance 명 따름, 준수

 따르다, 준수하다 ➡ follow, observe, obey

Please **comply** with the instructions on the first page and let me know if you have any questions.
첫 페이지의 지시사항을 준수하여 주시고 궁금한 점이 있으면 알려주시기 바랍니다.

💡 단어 학습 꿀팁

comply with ~에 따르다
in compliance with ~에 따라, ~에 응하여

26
concern

[kənsə́ːrn]

concerning 전 ~에 관한

명 1. 관심사 ⊜ interest   2. 걱정, 우려, 문제 ⊜ anxiety, worry
동 걱정하게 만들다 ⊜ worry, trouble

In this coming election, welfare is the voters' main **concern**.
다가오는 이번 선거에서, 유권자들의 관심사는 복지입니다.

I am writing to express my **concern** about the noise levels in the library.
도서관의 소음 수준에 대한 우려를 표하기 위해 이 편지를 씁니다.

I am sorry to hear that you are **concerned** about the recent changes to our product.
저희 제품의 최근 변경 사항에 대해 걱정하신다는 것을 듣게 되어 유감입니다.

 단어 학습 꿀팁
be concerned about ~에 대해 걱정하다

27
confident

[kάnfədənt]

confidence 명 자신감

형 자신감 있는 ⊜ certain, convinced

I am **confident** that my qualifications will allow me to excel in this role.
저는 저의 자질이 이 역할에 뛰어나게 할 것임을 확신합니다.

 단어 학습 꿀팁
be confident that절 ~을 확신하다

28
confirm

[kənfə́ːrm]

confirmation 명 확인

동 확증하다, 확인하다 ⊜ prove, verify

Please review the attached construction contract to **confirm** that all the terms and conditions are agreeable.
모든 조항이 합당한지를 확인하기 위해 첨부한 공사 계약서를 검토하여 주시기 바랍니다.

29
consider

[kənsídər]

consideration 명 사려, 숙고
considerate 형 사려 깊은, 배려하는

동 1. 고려하다 ⊜ contemplate, ponder, weigh
2. 여기다, 간주하다 ⊜ regard as, view as

I'm **considering** making a reservation for the hotel.
저는 호텔을 예약하는 것을 고려 중입니다.

Please **consider** this matter as a potential legal issue and take appropriate action.
이 일을 법적인 쟁점사항으로 간주하여 주시고 적절한 조치를 취해 주시기 바랍니다.

> 단어 학습 꿀팁
>
> consider + -ing ~하는 것을 고려하다 문법-준동사
> → 목적어 자리에 동명사를 사용한다.
> consider A (as/to be) B A를 B라고 여기다, 간주하다

30
construction

[kənstrʌ́kʃən]

construct 동 건설하다
constructor 명 건설업자, 시공사

명 건설, 공사 ⊜ building

Due to **construction**, the library will be closed for the next two weeks.
공사 때문에, 도서관은 앞으로 2주 동안 문을 닫을 예정입니다.

> 단어 학습 꿀팁
>
> be under construction 공사 중에 있다

31
convenient

[kənvíːnjənt]

conveniently 부 편하게, 편리하게
convenience 명 편의, 편리

형 편리한 ⊜ handy, suitable

I think it would be more **convenient** to travel by plane.
제 생각에 비행기로 이동하는 것이 더 편할 것 같습니다.

Let me know what date and time is **convenient** for you.
어떤 날짜와 시간이 당신에게 편한지 알려주세요.

32
cooperate

[kouápərèit]

cooperation 명 협력, 협조
cooperative 형 협조적인

동 협력하다 ⊜ collaborate

Foreign companies have to **cooperate** with Chinese companies to enter the Chinese market.
외국계 회사는 중국 시장에 진입하기 위해 중국 회사와 협력해야 한다.

33
deadline
[dédlain]

 명 마감일, 마감 기한

I'm not sure if this is possible, but can we extend the **deadline** for the project?
가능할지 모르겠지만, 프로젝트를 위한 마감 기한을 연장할 수 있을까요?

> 💡 단어 학습 꿀팁
> meet the deadline 마감일을 맞추다
> extend the deadline 마감 기한을 연장하다

34
decline
[dikláin]

 동 1. 감소하다, 하락하다 ≒ decrease, reduce 2. 거절하다 ≒ refuse, reject
명 감소, 하락, 쇠퇴

The number of guests for the party next weekend has **declined**.
다음 주 주말 파티의 손님들 수가 감소했습니다.

I'm flattered to receive such a great offer from your team, but I will unfortunately have to **decline**.
귀하의 팀으로부터 훌륭한 제안을 받아 기분이 좋지만, 안타깝게도 저는 거절할 수밖에 없습니다.

> 💡 단어 학습 꿀팁
> decline + to V ~할 것을 거절하다 [문법-준동사]
> → 목적어 자리에 to부정사를 사용한다.

35
delay
[diléi]

 동 지연시키다, 미루다 ≒ postpone, put off
명 지연, 미룸 ≒ postponement

The flight was **delayed** because of the snowstorm.
비행편이 눈보라 때문에 지연되었습니다.

> 💡 단어 학습 꿀팁
> delay + -ing ~하는 것을 지연시키다 [문법-준동사]
> → 목적어 자리에 동명사를 사용한다.

36
demand
[dimǽnd]

- 동 요구하다 ask, require
- 명 요구, 수요

We **demand** that the school board increase security measures to protect our students.
저희는 학교 이사회가 우리 학생들을 보호하기 위한 보안 조치를 늘릴 것을 요구합니다.

> **단어 학습 꿀팁**
>
> demand + that + 주어 + (should) 동사원형
> ~해야 한다고 요구하다 문법-조동사 should 생략
> → 주장·요구·제안을 나타내는 동사 demand 뒤에 that절이 오면 that절의 동사는 should가 생략된 동사원형을 사용한다.

37
detail
[díːteil]

- 명 세부 사항
- 동 자세히 다루다, 상세히 설명하다 outline, explain

I would like to discuss the project in **detail** with you.
당신과 그 프로젝트를 상세히 논의하고 싶습니다.

I have attached a document **detailing** the company's budget for the upcoming fiscal year.
다가올 회계연도의 회사 예산 내용을 자세히 다룬 문서를 첨부했습니다.

> **단어 학습 꿀팁**
>
> in detail 상세하게, 자세하게

38
disappoint
[dìsəpɔ́int]

disappointing 형
실망스러운
disappointment 명 실망

- 동 실망시키다 = dismay

I was **disappointed** with the quality of the furniture I purchased from your store.
저는 귀하의 가게에서 구매했던 가구의 품질에 실망했습니다.

39
discuss
[diskʌ́s]

discussion 명 논의

- 동 논의하다 = talk, debate

Let's **discuss** the possibility of using a new advertising campaign.
새로운 광고 캠페인을 사용하는 것에 대한 가능성을 논의해 봅시다.

40
disregard
[dɪsrɪgáːrd]

(동) 무시하다 (=) ignore, neglect

My request that the company increase its donation to the charity has been **disregarded**.
회사가 자선 단체에 대한 기부금을 늘려야 한다는 저의 요청이 무시되었습니다.

41
eligible
[élidʒəbl]

eligibility (명) 자격

(형) 자격이 있는 (=) suitable, qualified

Only candidates with previous work experience are **eligible** to apply.
이전의 업무 경력이 있는 지원자만이 지원 자격이 있습니다.

 단어 학습 꿀팁

be eligible for ~을 얻을 자격이 있다
be eligible to V ~할 자격이 있다

42
enclose
[inklóuz]

enclosure (명) 포위, 동봉된 것

(동) 1. 둘러싸다, 에워싸다 (=) confine, fence
2. 동봉하다 (=) embed, contain

The plants were **enclosed** in a brand new green house.
그 식물들은 완전 새로운 온실 안에 둘러싸여 있습니다.

I have **enclosed** a list of the items we discussed at the meeting.
우리가 회의에서 논의했던 품목 리스트를 동봉했습니다.

43
estate
[istéit]

(명) 사유지, 재산 (=) lands, property

I am interested in the **estate** that you have for sale. Could you please send me more information about the property?
저는 당신이 판매하려고 가지고 있는 사유지에 관심이 있습니다. 부동산에 대한 정보를 더 보내주실 수 있나요?

44
excited
[iksáitid]

excite (동) 흥분시키다
exciting (형) 흥분시키는, 즐거운
excitement (명) 흥분, 신남

(형) 흥분한, 신이 난 (=) thrilled, overjoyed, delighted

I'm **excited** to announce that our company will be expanding into a new market.
우리 회사가 새로운 시장으로 확장한다는 것을 발표하게 되어 기쁩니다.

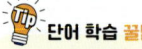 단어 학습 꿀팁

be excited to V ~하게 되어 신나다

45
exhibit
[igzíbit]

exhibition 명 전시회

🟠 동 전시하다 🟢 display, demonstrate

The art gallery is **exhibiting** artworks of Monet until next Monday.
그 미술관은 다음주 월요일까지 모네의 작품을 전시합니다.

46
expect
[ikspékt]

expectation 명 예상, 기대

🟠 동 기대하다, 예상하다 🟢 anticipate, predict

The college admission process is **expected** to be completed by the end of the month.
대학 입학 절차는 이번 달 말까지 완료될 것으로 예상됩니다.

 단어 학습 꿀팁

expect + to V ~할 것을 기대하다, 예상하다 [문법-준동사]
expect + A + to V A가 ~하는 것을 기대하다, 예상하다 [문법-준동사]
→ expect는 to부정사와 함께 사용되는 동사이다.

47
express
[iksprés]

expression 명 표현

🟠 동 표현하다 🟢 convey, voice, show

We would like to **express** our concern about the quality of your product.
저희는 귀사의 제품의 품질에 대해 우려를 표하고 싶습니다.

48
favor
[féivər]

favorable 형 호의적인

🟠 명 호의, 친절, 부탁

I asked my former colleague for a **favor** to help me with a project.
나는 내 전 동료에게 내가 프로젝트 하는 것을 도와달라고 부탁했다.

 단어 학습 꿀팁

in favor of ~에 찬성하여, ~을 위하여

49
formal
[fɔ́:rməl]

formally 부 정식으로

🟠 형 공식적인 🟢 official

Our clients wanted to file a **formal** complaint about poor services.
저희의 고객들은 불만족스러운 서비스에 대해 정식 항의를 제기하고 싶어 했습니다.

50
fulfill

[fulfíl]

fulfilling 형 성취감을 주는
fulfillment 명 수행

동 이행하다, 실행하다 ≡ achieve, accomplish, realize

She had to work overtime to **fulfill** her sales quota.
그녀는 판매 할당량을 채우기 위해 야근을 해야 했습니다.

51
guarantee

[gǽrəntíː]

동 보장하다, 보증하다 ≡ warrant
명 보장, 보증 ≡ warranty

If you are not satisfied with your purchase, we **guarantee** a full refund within 30 days of the purchase date.
구매에 만족하지 않으신다면, 당사는 구매일로부터 30일 이내에 전액 환불을 보장합니다.

52
handle

[hǽndl]

동 다루다, 처리하다 ≡ cope, deal
명 손잡이

Our customer service team will **handle** your issue promptly.
당사의 고객 서비스 팀이 귀하의 문제를 신속하게 처리할 것입니다.

53
hesitate

[hézətèit]

hesitation 명 망설임

동 주저하다 ≡ delay, pause

Please do not **hesitate** to contact me if you need any help.
도움이 필요하시다면 제게 주저 말고 연락해 주세요.

 단어 학습 꿀팁

don't hesitate to V 주저하지 말고 ~하세요

54
hire

[haiər]

hirer 명 고용주

동 1. 고용하다 ≡ employ 2. 임대하다, 빌리다 ≡ rent

As our company continues to grow, we are planning to **hire** additional employees in the near future.
우리 회사가 계속해서 성장함에 따라, 가까운 시일 내에 직원을 추가로 고용할 계획입니다.

As we have a party this weekend, we would like to **hire** your catering service for two days.
이번 주말에 저희가 파티를 열어서, 귀하의 케이터링 서비스를 이틀간 빌리고 싶습니다.

55
hold
[hould]

🔹 1. 열다, 개최하다 = conduct, organize, give
2. 잡다, 쥐다 = grip, grasp

The wedding ceremony will be **held** on July 24.
결혼식은 7월 24일에 열릴 것입니다.

Hold the fan by the base and tilt it up or down to adjust the airflow.
선풍기의 하단부를 잡고 위 또는 아래로 기울여 공기 흐름을 조절하십시오.

56
immediately
[ɪmíːdiətli]

immediate 형 즉각적인, 직접의

🔹 즉시, 즉각적으로 = instantly, promptly

Please take a look at this **immediately** and let me know your thoughts.
이것을 즉시 살펴보시고 당신의 생각을 알려주시기 바랍니다.

57
incur
[ɪnkə́ːr]

incurrence 명 (손해 등을) 입음, 초래함

🔹 1. (좋지 않은 결과를) 초래하다 = sustain, suffer
2. (비용·손실 등을) 입다, 발생시키다 = collect

You would **incur** additional fees if you didn't cancel your reservation in time.
만약 귀하께서 예약을 제때 취소하지 않으신다면 추가 요금을 초래하실 것입니다.

58
inevitable
[inévətəbl]

inevitably 부 불가피하게

🔹 불가피한, 필연적인, 피할 수 없는 = unavoidable

The construction noise is **inevitable**, and we apologize for the inconvenience.
공사 소음이 불가피하며, 불편에 대해 사과드립니다.

59
inform
[infɔ́ːrm]

informed 형 많이 아는, 박식한, 정보에 근거한
informative 형 유용한
information 명 정보

🔹 알리다, 통보하다 = notify

We are pleased to **inform** you that your application has been accepted.
귀하의 지원서가 수락되었다는 것을 귀하에게 알리게 되어 기쁩니다.

 단어 학습 꿀팁

inform A of/that절 = be informed of/that절
A에게 ~를 알리다 = ~를 알고 있다

60
inquiry
[inkwáiəri]

명 질문, 문의 ≡ question

Thank you for your **inquiry** about our new product line.
당사의 새로운 제품군에 대한 당신의 문의에 감사드립니다.

inquire 동 묻다, 문의하다

DAY 19 VOCABULARY TEST

Q 밑줄 친 단어의 유의어로 가장 적절한 보기를 고르세요.

01 They <u>informed</u> us of the meeting time and location.
   (a) discussed   (b) expressed   (c) notified   (d) accompanied

02 The library is <u>holding</u> a free movie night for the local community.
   (a) cancelling   (b) conducting   (c) delaying   (d) announcing

03 I went further to obtain a <u>certificate</u> in Python and Java programming.
   (a) credential   (b) approval   (c) discount   (d) entry

04 We have been working so hard to <u>accommodate</u> the customer's needs.
   (a) cancel   (b) demand   (c) decline   (d) meet

Q 아래의 단락을 읽고 밑줄 친 단어와 문맥상 가장 가까운 보기를 고르세요.

05 I have been working in the field for over two years and have gained a wealth of knowledge and experience. During my previous role at G-Tech, I was able to implement a new testing procedure that cut our beta testing phase by up to 14%, meaning the clients were able to see a finished prototype weeks before our competitors. I am highly <u>eligible</u> for this position and would make a valuable addition to the team

In the context of the passage, <u>eligible</u> means _____.

(a) qualified   (b) careful   (c) excited   (d) faithful

정답 1 (c) 2 (b) 3 (a) 4 (d) 5 (a)   해석 386P

지텔프 추가학습 단어

☐ accordingly	〈부〉 그에 맞게, 그에 따라
☐ addition	〈명〉 추가; (새로 추가된) 인원
☐ agreement	〈명〉 합의, 계약
☐ alike	〈형〉 비슷한 〈부〉 똑같이, 마찬가지로
☐ approval	〈명〉 승인, 찬성
☐ attention	〈명〉 주의, 주목
☐ autobiography	〈명〉 자서전
☐ besides	〈전〉 ~외에도 〈부〉 게다가
☐ capacity	〈명〉 용량, 수용력; 능력
☐ committee	〈명〉 위원회
☐ conclusion	〈명〉 결론
☐ consecutive	〈형〉 연속적인, 계속되는
☐ cooperation	〈명〉 협력
☐ credential	〈명〉 신임장, 자격 증명서
☐ disservice	〈명〉 해, 폐, 불친절한 행위
☐ entry	〈명〉 입장, 출입; 출품작
☐ existing	〈형〉 기존의, 현존하는
☐ expertise	〈명〉 전문 지식
☐ extra	〈형〉 여분의, 여가의
☐ faithful	〈형〉 충실한, 믿을 수 있는
☐ following	〈형〉 그 다음의 〈전〉 ~ 후에
☐ forge	〈명〉 대장간, 용광로 〈동〉 벼려서 만들다; (관계 등을) 구축하다
☐ free of charge	〈부〉 무료로
☐ furnish	〈동〉 (가구 등)을 비치하다, 설비하다, 제공하다
☐ grateful	〈형〉 고마워하는, 감사하는
☐ hospitality	〈명〉 환대
☐ in response to	〈전〉 ~에 응하여
☐ in terms of	〈전〉 ~의 면에서는
☐ inaccurate	〈형〉 부정확한
☐ including	〈전〉 ~을 포함하여

DAY 19

DAY 20

독해&어휘
PART 4 비즈니스 편지 (2)

표제어와 뜻을 음원으로 듣기

PREVIEW

install	permission	renovation
interview	pleased	replace
invite	position	reply
issue	previous	request
lack	profession	reservation
local	promise	resident
loyal	prompt	resolve
maintain	propose	respond
meet	prospective	restrict
notify	proud	salary
offer	purpose	satisfy
operate	qualify	specialize
opportunity	reach	specific
organize	recommendation	sponsor
outline	recruit	submit
overdue	reference	suitable
participate	regret	support
particular	regular	task
patron	regulation	temporary
periphery	reliable	vacant

01 install
[ɪnstɔ́:l]

installation 명 설치
installment 명 할부

동 설치하다 ⊜ set up

To **install** the new software, please follow the instructions in the attached document.
새 소프트웨어를 설치하려면, 첨부된 문서의 설명서를 따르시기 바랍니다.

02 interview
[íntərvjùː]

interviewer 명 면접관
interviewee 명 면접대상자

명 면접, 면담 ⊜ consultation, meeting, discussion
동 면접을 보다, 면담하다

The **interview** will last approximately 30 minutes.
면접은 약 30분 동안 진행될 것입니다.

03 invite
[inváit]

invitation 명 초대

동 초대하다 ⊜ request, summon

You are cordially **invited** to a book signing event with one of our most popular authors, Jane Smith.
저희의 가장 인기 있는 작가들 중 한 명인 제인 스미스와 함께 하는 책 사인회에 여러분을 진심으로 초대합니다.

 단어 학습 꿀팁

invite + A + to V   A를 ~하도록 요청하다 문법-준동사
→ 목적어 뒤 목적격 보어 자리에 to부정사를 사용한다.

04 issue
[íʃuː]

명 1. 주제, 쟁점, 문제 ⊜ topic, subject, problem
   2. (정기 간행물의) 호 ⊜ edition, copy
동 발행하다 ⊜ publish, distribute, send

We've had an **issue** with one of our shipping containers and your order will be delayed by about a week.
저희의 선적 컨테이너들 중 하나에 문제가 있었으며 귀하의 주문은 약 일주일 지연될 것입니다.

The latest **issue** of our company newsletter is now available.
사보의 최신호가 이제 이용 가능합니다.

You will be **issued** a key card to access the building.
건물에 출입하실 수 있도록 키 카드를 발급받으실 겁니다.

05
lack
[læk]

- 명 결여, 결핍 ⊜ deficiency
- 동 결여되다

Given your **lack** of experience, I'm not sure you're qualified for the job.
당신의 경험 부족을 고려하면, 저는 당신이 그 일에 적합한지 확신이 서지 않습니다.

06
local
[lóukəl]

locally 부 지역적으로

- 형 지역의, 현지의 ⊜ regional
- 명 현지인, 지역주민

We are dedicated to providing the best possible experience to our **local** residents.
우리는 지역 주민들에게 최상의 경험을 제공하는 데 전념합니다.

07
loyal
[lɔ́iəl]

loyalty 명 충성

- 형 충실한, 충성스러운 ⊜ devoted, faithful

Thank you for being a **loyal** customer of our store.
저희 매장의 충성 고객이신 것에 감사드립니다.

08
maintain
[meintéin]

maintenance 명 유지

- 동 1. 유지하다, 지키다 ⊜ continue, preserve
- 2. 주장하다 ⊜ assert, claim

Our sales manager advised us to **maintain** good relationships with our clients.
영업부 매니저는 우리에게 고객과 좋은 관계를 유지하라고 조언했습니다.

09
meet
[mi:t]

meeting 명 만남, 회의

- 동 1. 충족시키다, 부응하다 ⊜ fit, satisfy
- 2. 만나다 ⊜ encounter, contact

Your previous track record **meets** all of our expectations.
당신의 이전 실적은 우리의 기대를 전부 충족시키네요.

I need to **meet** my old professor for a letter of recommendation.
나는 추천서를 받기 위해 예전 교수님을 만나야 합니다.

10
notify
[nóʊtɪfaɪ]

notification 명 통고, 통지

동 알리다, 통지하다 ≒ inform

We need to **notify** the customers that their orders will be arriving later than expected.
저희는 고객들에게 그들의 주문이 예상보다 늦게 도착할 것임을 알려야 합니다.

 단어 학습 꿀팁

notify A of/that절 A에게 ~를 알리다

11
offer
[ɔ́ːfər]

offering 명 제공물, 제공

동 제안하다, 제공하다 ≒ provide
명 제안 ≒ deal, proposal

We **offer** a wide range of landscaping services to suit any need.
당사는 모든 요구에 맞는 매우 다양한 조경 서비스를 제공합니다.

I have received a competing **offer** that is a better fit for my skills and interests.
저는 제 기술과 흥미에 더 잘 맞는 타사의 제안을 받았습니다.

 단어 학습 꿀팁

offer + to V ~할 것을 제안하다 문법-준동사
→ 목적어 자리에 to부정사를 사용한다.

12
operate
[ɑ́pərèɪt]

operation 명 (제조) 공정, 조작; (대규모) 기업; 수술

동 1. 작동하다, 조작하다 ≒ function, maneuver
　 2. 운영하다 ≒ run, manage 3. 수술하다

The printer has been **operating** perfectly fine for the last 10 years.
이 프린터는 지난 10년 동안 아주 멀쩡히 작동해오고 있습니다.

We have been **operating** our business for over a decade now and have a lot of experience in the field.
저희는 지금까지 10년이 넘는 동안 사업을 운영해 왔으며 해당 분야에서 경험도 풍부합니다.

13
opportunity
[ὰpərtjúːnəti]

명 기회 ≒ chance

I am so grateful for the **opportunity** to have an interview.
면접을 볼 수 있는 기회를 주셔서 정말 감사드립니다.

 단어 학습 꿀팁

have an opportunity to V ~할 기회를 가지다

14 organize
[ɔ́:rgənaɪz]

organization 명 조직, 단체, 기구

동 조직하다, 준비하다 = arrange, run

As the new events coordinator, I am looking forward to **organizing** some great events for all of you.
새로운 이벤트 담당자로서, 저는 여러분들을 위한 훌륭한 이벤트를 준비하는 것을 기대하고 있습니다.

15 outline
[áʊtlaɪn]

동 (개요를) 서술하다, (간략히) 설명하다 = summarize, draft
명 개요, 윤곽, 골자 = summary, abstract

In this e-mail, I will **outline** the steps we need to take in order to complete the project on time.
이 이메일에서, 프로젝트를 제시간에 완료하기 위해 취해야 할 조치들을 간략히 설명하겠습니다.

16 overdue
[òʊvərdú:]

형 지불 기한이 지난, 연체된 = unpaid, outstanding

We're just reaching out to remind you that your payment for invoice #220001 is **overdue**.
#220001 송장 대금의 지불 기한이 지났음을 알려드리고자 연락드렸습니다.

17 participate
[pɑ:rtísəpèit]

participation 명 참가, 참여
participant 명 참가자

동 참가하다, 참여하다 = join, engage, attend

Over 60 publishers will **participate** in the book fair.
60개가 넘는 출판사들이 도서 박람회에 참여할 것입니다.

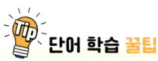 단어 학습 꿀팁

participate in(= take part in) ~에 참가하다, 참여하다

18 particular
[pərtíkjulər]

형 특정한, 특별한 = certain, specific

I am writing to inquire about a **particular** product that I saw on your website.
귀사의 웹사이트에서 봤던 특정 제품에 대해 문의하고자 이 편지를 씁니다.

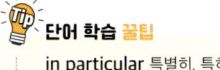 단어 학습 꿀팁

in particular 특별히, 특히

19
patron

[péɪtrən]

patronage 명 후원, 애용
patronize 동 후원하다, 애용하다

명 후원자, 단골 supporter

As a **patron** of our services, your satisfaction is our top priority.
저희 서비스의 단골 이용객으로서, 귀하의 만족이 저희의 최우선 과제입니다.

20
periphery

[pərífəri]

peripheral 형 주변에 있는
명 주변 장치

명 주변, 주변부 edge, border, perimeter

The zoo was not located in the center of the park but on the **periphery** close to the road.
그 동물원은 공원의 중심부가 아닌 도로와 가까운 주변부에 위치해 있었어요.

> 단어 학습 꿀팁
> on the periphery of ~의 주변부에, 주변에 있는

21
permission

[pərmíʃn]

permit 동 허락하다
명 허가증

명 허락, 허가 authorization, approval

In order to apply, we need your child's transcripts as well as your **permission** to send them.
신청하기 위해, 저희는 귀하의 자녀의 성적 증명서와 함께 그것을 보내도 좋다는 허락이 필요합니다.

> 단어 학습 꿀팁
> permit + A + to V A에게 ~할 것을 허락하다 문법-준동사
> → 목적어 뒤 목적격 보어 자리에 to부정사를 사용한다.

22
pleased

[pli:zd]

pleasing 형 즐겁게 하는

형 기쁜 delighted

I'm **pleased** to announce that the new website will be launched on Monday.
새 웹사이트가 월요일에 개설될 것임을 알려드리게 되어 기쁩니다.

> 단어 학습 꿀팁
> be pleased to V ~하게 되어 기쁘다

23 position
[pəzíʃən]

positional 형 위치의

명 1. 위치, 장소 = place, location
2. 직, 직책, 지위, 자리 = job, duty
3. 입장, 견해 = stance, view

You will be in the **position** of managing the IT department.
당신은 IT 부서를 운영하는 자리를 맡게 될 것입니다.

The company has taken a firm **position** against any form of discrimination.
회사는 어떠한 형태의 차별에 맞서 확고한 입장을 취해 왔습니다.

24 previous
[príːviəs]

previously 부 이전에

형 이전의 = earlier, former, prior

Our **previous** works include live broadcasts of sporting events, award shows, and musical performances.
저희의 이전 작업들은 스포츠 경기, 시상식, 그리고 음악 공연의 생방송들을 포함합니다.

25 profession
[prəféʃən]

professional 형 전문적인 명 전문가
professor 명 교수

명 직업, 직종 = occupation, career

I would like to introduce you to an expert in the veterinary **profession**.
당신에게 수의학 직종에서의 전문가를 소개해드리고 싶습니다.

26 promise
[prámis]

promising 형 유망한

동 약속하다 = pledge
명 약속

The engineer **promised** to solve the problem as soon as possible.
그 엔지니어는 문제를 최대한 빠르게 해결해 줄 것을 약속했습니다.

> **단어 학습 꿀팁**
>
> promise + to V ~하기로 약속하다
> → 목적어 자리에 to부정사를 사용한다.

DAY 20

27
prompt

[prɑmpt]

promptly 🔹 지체없이, 즉시

- 형 신속한, 즉각적인 ≒ early, immediate, quick
- 동 자극하다, 촉발하다, ~하게 하다 ≒ cause, motivate, remind

We appreciate your attention to this matter, and look forward to your **prompt** reply.
이 문제에 대한 관심에 감사드리며, 귀하의 신속한 답변을 기대하겠습니다.

The commercial **prompted** me to buy a new car from your company.
그 광고는 저로 하여금 당신의 회사의 새 차를 사게 만들었습니다.

단어 학습 꿀팁

prompt + A + to V A로 하여금 ~하게 만들다 문법-준동사
→ 목적어 뒤 목적격 보어 자리에 to부정사를 사용한다.

28
propose

[prəpóuz]

proposal 명 제안

- 동 1. 제안하다 ≒ suggest   2. 청혼하다

I **proposed** that we start using a new software to help with our workflow.
우리의 업무 흐름을 돕기 위해 새로운 소프트웨어를 사용하기 시작해야 한다고 제안했습니다.

Stephen **proposed** to her at sunset. It was very romantic.
스테픈이 그녀에게 해질녘에 청혼을 했어요. 정말 로맨틱했죠.

단어 학습 꿀팁

propose + that + 주어 + (should) 동사원형
~해야 한다고 제안하다 문법-조동사 should 생략
→ 주장·요구·제안을 나타내는 동사 propose 뒤에 that절이 오면 that절의 동사는 should가 생략된 동사원형을 사용한다.

29
prospective

[prəspéktiv]

prospect 명 가능성, 전망

- 형 장래의, 기대되는 ≒ anticipated, potential

Prospective employees must complete an ethics training course before they begin working.
채용 후보자들은 일을 시작하기 전에 윤리 교육 과정을 이수해야 합니다.

30
proud

[praʊd]

pride 명 자존심, 자부심

형 자랑스러운 = satisfied, fulfilled

I've been with this company for 8 years and I'm **proud** of my accomplishments.
저는 이 회사에서 8년 동안 일해왔고 저의 성과가 자랑스럽습니다.

> 💡 단어 학습 꿀팁
>
> be proud of ~에 대해 자랑스럽다

31
purpose

[pə́ːrpəs]

purposeful 형 목적이 있는, 단호한

명 목적, 목표 = aim, goal

The **purpose** of the visit is to conduct an audit of the company's financial records.
방문의 목적은 회사의 재무 기록에 대한 감사를 실시하는 것입니다.

32
qualify

[kwάləfài]

qualified 형 자격 있는, 적격의
qualification 명 자격, 자질
qualifier 명 예선 경기, 예선 통과자

동 자격을 갖추다 = certify

You may **qualify** for this position if you have three years of experience working in the accounting field.
회계 분야에서 3년 동안 일한 경험이 있으면 이 직책에 자격을 갖출 수 있습니다.

> 💡 단어 학습 꿀팁
>
> qualify for ~의 자격을 얻다
> be qualified for ~의 자격이 있다, ~에 적격이다

33
reach

[riːtʃ]

reachable 형 닿을 수 있는

동 1. 닿다, 도달하다 = achieve, come to
  2. 뻗다, 내밀다 = extend, outstretch 3. 연락하다 = contact
명 미치는 거리, 범위 = range

We hope to **reach** an agreement before the end of the month.
이번 달 말까지 합의에 도달하기를 바랍니다.

I cannot be **reached** by phone during my business trip to New York.
저의 뉴욕 출장 기간 동안 전화로 저와 연락할 수 없습니다.

34
recommendation

[rekəmendéɪʃn]

recommend 동 추천하다, 권하다

명 추천, 권고 = advice, testimonial

I am writing to request a letter of **recommendation** for my daughter's admission to college.
딸의 대학 입학을 위한 추천서를 요청하기 위해 이 편지를 씁니다.

> **단어 학습 꿀팁**
> a letter of recommendation 추천서, 추천장

35
recruit

[rikrúːt]

recruitment 명 모집, 채용

 동 모집하다, 채용하다 = take on, enroll, enlist
명 신입

We are currently looking to **recruit** a new member for our team.
우리는 현재 우리 팀의 새로운 인원을 모집하려고 합니다.

36
reference

[réfərəns]

refer 동 참조하다

명 1. 추천서, 추천인 = testimonial, credentials, recommendation
2. 참조 = source

Professor Smith wrote me an excellent **reference** letter.
스미스 교수님이 저에게 훌륭한 추천서를 써주셨습니다.

Can I get the name of that company for future **reference**?
다음에 참조하기 위해 그 회사 이름을 알려주시겠습니까?

> **단어 학습 꿀팁**
> with reference to ~에 관하여

37
regret

[rigrét]

regretful 형 후회하는

 동 후회하다 = feel sorry
명 후회, 유감

We **regret** to announce that the conference center will be closed on Friday, September 21st due to a scheduling conflict.
컨퍼런스 센터가 일정상의 충돌로 인해 9월 21일 금요일에 휴관됨을 발표하게 되어 유감입니다.

> **단어 학습 꿀팁**
> regret + **-ing** ~한 것을 후회하다 (이미 한 일)
> regret + **to V** ~하게 되어 유감이다 (발표할 때/알릴 때 위주로 사용)
> → regret은 to부정사/동명사 모두 목적어로 사용할 수 있지만 뉘앙스가 달라진다.

38
regular

[régjulər]

regularly 🔵 정기적으로, 규칙적으로

🟠 규칙적인, 정기적인 🟢 typical, usual

We change our dishes on a **regular** basis to ensure that our customers have a varied and exciting dining experience.
저희는 고객들이 다양하고 흥미로운 식사 경험을 얻도록 하기 위해 주기적으로 메뉴를 변경합니다.

39
regulation

[règjuléiʃən]

regulate 🔵 규제하다

🟠 규제 🟢 control

She believes we need stronger **regulations** on financial products.
그녀는 금융 상품에 대한 더 강력한 규제가 필요하다고 믿고 있어요.

40
reliable

[rɪláɪəbl]

reliability 🔵 신뢰성

🟠 믿을 수 있는, 신뢰할 수 있는 🟢 dependable, trustworthy

We offer a **reliable** service that can help you increase your online visibility and reach your target audience.
당사는 귀하가 귀하의 온라인 인지도를 높이고 귀하의 목표공략층들에게 도달하도록 도울 수 있는 믿음직스러운 서비스를 제공합니다.

41
renovation

[renəvéɪʃn]

renovate 🔵 보수하다, 개조하다

🟠 수리, 보수 공사 🟢 remodeling, refurbishment

The library will be undergoing a **renovation** for the next few months. During this time, the library will be closed to the public.
도서관은 앞으로 몇 달 동안 보수 공사에 들어갈 것입니다. 이 기간 동안, 도서관은 일반 사람들에게 폐쇄될 것입니다.

42
replace

[rɪpléɪs]

replacement 🔵 대체자, 대체품

🟠 교체하다, 대신하다 🟢 substitute

I am planning to **replace** my old computer with new one.
저는 제 오래된 컴퓨터를 새로운 걸로 교체할 계획입니다.

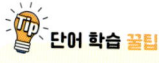 단어 학습 꿀팁

replace A with B   A를 B로 교체하다

43 reply
[riplái]

- 동 대답하다 = answer, respond
- 명 대답, 답장 = response

It is an urgent matter, so please **reply** as soon as possible.
긴급한 일이니 가능한 한 빨리 답변해 주시기 바랍니다.

44 request
[rigrét]

- 동 요청하다 = demand
- 명 요청

The parents **requested** that the city install more street lights to help keep children safe.
부모님들은 아이들이 안전하게 지낼 수 있도록 시가 가로등을 더 설치해야 한다고 요청했습니다.

 단어 학습 꿀팁

request + that + 주어 + (should) 동사원형
~해야 한다고 요청하다 문법-조동사 should 생략
→ 주장·요구·제안을 나타내는 동사 request 뒤에 that절이 오면 that절의 동사는 should가 생략된 동사원형을 사용한다.

45 reservation
[rèzərvéiʃən]

reserve 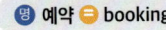 예약하다

- 명 예약 = booking

Be sure to make **reservations** for the hotel at least two weeks in advance.
적어도 2주 전에 호텔 예약을 꼭 하십시오.

 단어 학습 꿀팁

make a reservation 예약을 하다

46 resident
[rézədnt]

residence 명 주택, 거주지

- 명 거주자 = inhabitant
- 형 거주하는

The local **residents** have been opposing the building of a nuclear power plant.
지역 주민들은 원자력 발전소의 건설을 반대해오고 있습니다.

47
resolve

[rizálv]

resolution 명 해결, 결의안
resolved 형 단호한

동 1. 해결하다 ⊜ settle, solve   2. 결심하다 ⊜ decide
명 결심 ⊜ decision

The city council sought to **resolve** the issue by voting on a new measure.
시의회는 새로운 조치에 대해 투표함으로써 그 문제를 해결하기를 모색했습니다.

48
respond

[rispánd]

response 명 대답, 응답
respondent 명 응답자
responsive 형 반응이 빠른

동 응답하다, 반응하다 ⊜ react, reply

I was impressed with the way he **responded** to the situation. He handled it in a very professional manner.
저는 그가 그 상황에 반응하는 방식에 감명을 받았습니다. 그는 매우 전문적인 방식으로 그것을 처리해 주었죠.

> 💡 단어 학습 꿀팁
> respond to ~에 응답하다, 반응하다
> in response to ~에 응하여

49
restrict

[ristríkt]

restriction 명 제한

동 제한하다 ⊜ limit, regulate

I was wondering if you could help me **restrict** my search to only properties that are within my budget.
제 예산 범위 내에 들어가는 부동산들로만 저의 검색을 제한할 수 있도록 도와주실 수 있는지 궁금합니다.

50
salary

[sǽləri]

명 급여 ⊜ income

In my previous job, my **salary** was $50,000 per year.
제 이전 직장에서, 제 급여는 연 5만 달러였습니다.

51
satisfy

[sǽtisfài]

satisfaction 명 만족
satisfactory 형 만족한, 충분한

동 만족시키다 ⊜ please, appease

These new products will **satisfy** the demands of consumers who are looking for healthier alternatives.
그 신제품들은 더 건강한 대안을 찾고 있는 소비자들의 요구를 충족시켜줄 것입니다.

> 💡 단어 학습 꿀팁
> be satisfied with ~에 만족하다

52 specialize
[spéʃəlaɪz]

specialized 형 전문의, 전문화된
specialization 명 전문화

동 전문으로 하다 = be experienced in, particularize, focus on

At Securex Corporation, we **specialize** in developing innovative solutions to complex problems.
시큐렉스 코퍼레이션에서, 저희는 복잡한 문제들에 대한 혁신적인 솔루션을 개발하는 것을 전문으로 합니다.

💡 단어 학습 꿀팁
specialize in ~를 전문으로 하다

53 specific
[spisífik]

specifically 부 분명히, 특히
specification 명 설명서, 규격

형 특정한, 구체적인, 정확한 = particular, precise, exact
명 (-s) 세부 사항

We tailor our services to each client's **specific** needs.
저희는 각 고객의 특정한 요구에 맞추어 서비스를 제공합니다.

54 sponsor
[spάnsər]

sponsorship 명 후원, 협찬

동 후원하다 = fund
명 후원자 = patron, supporter

The film festival is **sponsored** by the local government and the National Film Association.
이 영화제는 지방 정부와 국립 영화 협회의 후원을 받습니다.

55 submit
[səbmít]

submission 명 제출

동 제출하다 = present, hand in

Please **submit** your application through e-mail.
이메일을 통해서 지원서를 제출해 주십시오.

56 suitable
[súːtəbl]

suit 동 ~에 어울리다, 잘 맞다

형 적합한 = appropriate, fitting

This product is **suitable** for your needs if you are looking for a natural way to clean your house.
당신의 집을 청소하는 자연적인 방법을 찾고 계시다면 이 제품이 당신의 필요에 적합합니다.

💡 단어 학습 꿀팁
be suitable for ~에 적합하다

57
support
[səpɔ́ːrt]

supportive 형 지원하는
supporter 명 지지자, 후원자, 팬

동 지지하다, 지원하다 ⊜ help, aid, assist
명 지지, 지원 ⊜ aid

We can **support** our students in pursuing their goals.
저희는 우리 학생들이 그들의 목표를 추구하는 데 있어 그들을 지원할 수 있습니다.

Thank you for your continued **support** and patronage.
귀하의 지속적인 지지와 후원에 감사드립니다.

58
task
[tæsk]

명 업무, 과제 ⊜ duty, job

Each team members will be given **tasks** based on their individual strengths and abilities.
각각의 구성원들은 그들의 강점과 능력에 기반하여 과제를 부여받을 것입니다.

59
temporary
[témpərèri]

temporarily 부 일시적으로

형 일시적인, 임시의 ⊜ brief, momentary

While the existing bus station is undergoing renovation, eight **temporary** bus stands will be in use.
기존의 버스정류장이 보수공사를 거치는 동안, 8개의 임시 버스징류장이 사용될 것입니다.

60
vacant
[véikənt]

vacancy 명 공석, 빈자리

형 공석인, 비어있는 ⊜ empty, unoccupied

The mansion was once a popular venue for hosting various events, but the space is currently **vacant**.
그 저택은 한때 도시에서 다양한 행사를 주최하는 인기 많은 장소였지만, 현재 그 공간은 비어 있습니다.

DAY 20 VOCABULARY TEST

Q 밑줄 친 단어의 유의어로 가장 적절한 보기를 고르세요.

01 I finally <u>reached</u> my goal of finishing the 42km marathon.
(a) achieved (b) strengthened (c) organized (d) resolved

02 In my <u>previous</u> job, I developed expertise in web development.
(a) particular (b) successful (c) earlier (d) suitable

03 If you report your old credit card as lost, we will <u>issue</u> you a new one at no cost.
(a) submit (b) send (c) support (d) reimburse

04 The water park is scheduled to undergo <u>refurbishment</u>.
(a) reservation (b) regulation (c) reference (d) renovation

Q 아래의 단락을 읽고 밑줄 친 단어와 문맥상 가장 가까운 보기를 고르세요.

05 This large and viable site has been <u>vacant</u> for three decades. With the development, which includes a hotel tower of 24 stories with 280 rooms and a roof terrace, the site will finally be utilized to its full potential.

In the context of the passage, <u>vacant</u> means _____.

(a) blank (b) prospective (c) unoccupied (d) overdue

정답 1 (a) 2 (c) 3 (b) 4 (d) 5 (c) 해석 387P

지텔프 추가학습 단어

☐ internal	형 내부의
☐ make sure	숙 ~을 확실히 하다
☐ malfunction	동 제대로 기능하지 않다, 오작동하다 명 오작동
☐ negative	형 부정적인
☐ neighbor	명 이웃 형 이웃의
☐ on behalf of	전 ~을 대신하여
☐ opening	명 공석, 빈자리; 개관식
☐ peruse	동 정독하다
☐ positive	형 긍정적인
☐ preference	명 선호(도)
☐ president	명 대통령, (사업체 등의) 회장
☐ property	명 재산, 소유; 건물, 부동산
☐ query	명 문의, 의문 동 문의하다, 의문을 제기하다
☐ regarding	전 ~에 관하여
☐ reimburse	동 배상하다, 상환하다
☐ rent	명 집세, 임대료 동 임대하다
☐ replacement	명 교체, 대체(물); 후임자
☐ return	동 돌려주다, 반납하다 명 복귀; 반환, 반품
☐ storage	명 저장(고), 보관(소)
☐ strengthen	동 강화하다
☐ successful	형 성공적인
☐ take part in	숙 ~에 참여하다
☐ tenant	명 세입자, 임차인
☐ undecided	형 결정하지 못한
☐ upcoming	형 곧 있을, 다가오는
☐ valuable	형 가치 있는, 소중한 명 (-s) 귀중품
☐ versatile	형 다재다능한, 다용도의
☐ vicinity	명 인근, 부근
☐ well-suited	형 잘 맞는, 잘 어울리는
☐ yearly	형 연간의 부 매년, 한 해에 한 번

DAY 20

DAY 01 VOCABULARY TEST

본문 030p

```
01 (d)   02 (e)   03 (a)   04 (c)   05 (b)
06 (d)   07 (b)   08 (d)   09 (a)   10 (c)
```

01 keen ▶ (d) 열렬한
02 correspond ▶ (e) 일치하다
03 familiar ▶ (a) 친숙한
04 remind ▶ (c) 상기시키다
05 incident ▶ (b) 사고

06 부모님의 **끊임없는** 지지는 내가 학업적 성취에 있어 성공할 수 있게 도움을 주었다.
 (a) 일시적인 (b) 즉각적인 (c) 가끔의 (d) 계속적인

07 제니는 항상 바다 근처에서 **살기를** 원했다.
 (a) 여행하다 (b) 거주하다 (c) 돌아다니다 (d) 야영하다

08 개들은 냄새를 따라감으로써 수 마일 떨어진 곳에 있는 그들의 주인을 **찾을** 수 있다.
 (a) 두다 (b) 일치하다 (c) 암기하다 (d) 발견하다

09 그는 곧 그들의 차이를 **인정하고** 그들의 문화로부터 배우게 되었다.
 (a) 받아들이다 (b) 거부하다 (c) 혼동하다 (d) 선택하다

10 그녀는 저녁 식사를 위한 식탁을 차리느라 **바빴다.**
 (a) 익숙한 (b) 방해를 받은 (c) 바쁜 (d) 화가 난

368 | 지텔프 보카

DAY 02 VOCABULARY TEST

본문 046p

01 (c) 02 (d) 03 (b) 04 (a) 05 (e)
06 (b) 07 (d) 08 (a) 09 (a) 10 (c)

01 perplex   ▶   (c) 당황하게 하다
02 conscious   ▶   (d) 의식하는
03 incline   ▶   (b) 기울다
04 depression ▶   (a) 우울증
05 temper   ▶   (e) 성질

06 그녀가 말벌 둥지를 보았을 때, 그녀는 **동요되었으며** 비명을 지르기 시작했다.
    (a) 오만한   (b) 불안해하는   (c) 화가 난   (d) 열심인

07 그녀는 몇 년동안 그곳에서 살았음에도 불구하고, 그 도시에서 길을 잃는 **경향이 있다**.
    (a) 반대하는   (b) 망설이는   (c) 기꺼이 하는   (d) ~하기 쉬운

08 나는 내가 가장 좋아하는 밴드가 투어를 할 거라는 소식에 **무관심했다**.
    (a) 무관심한   (b) 감동한   (c) 일관성이 없는   (d) 신이 난

09 그는 너무 **고집스러워서** 그의 아버지의 조언을 듣기를 거부했다.
    (a) 고집스러운   (b) 따르는   (c) 순응하는   (d) 의존하는

10 그 심판은 다른 선수를 **고의로** 넘어뜨린 것으로 해당 선수에게 파울을 불었다.
    (a) 뜻하지 않게   (b) 본능적으로   (c) 고의로   (d) 무모하게

DAY 03 VOCABULARY TEST

본문 062p

```
01 (c)   02 (a)   03 (d)   04 (e)   05 (b)
06 (d)   07 (b)   08 (a)   09 (b)   10 (c)
```

01 assess ▶ (c) 평가하다
02 peer ▶ (a) 동료
03 tuition ▶ (d) 수업료
04 proficient ▶ (e) 능숙한
05 enroll ▶ (b) 등록하다

06 폴은 그의 학생들이 그가 수업시간에 가르쳐왔던 것을 완전히 **이해했는지를** 의심했다.
   (a) 평가했다   (b) 의도했다   (c) 집중했다   (d) 이해했다

07 스티브는 더 나은 미래를 위해 학교에서 최선을 다하려고 **노력했다**.
   (a) 등록했다   (b) 노력했다   (c) 평가했다   (d) 보완했다

08 모든 부모들은 그들의 아이들을 최대한의 관심과 사랑으로 **양육하는** 데 책임이 있다.
   (a) 양육하는   (b) 발견하는   (c) 거닐어 다니는   (d) 문의하는

09 교육의 **주된** 목표는 성공적인 삶을 위해 그들이 필요한 지식과 수단을 학생들에게 제공하는 것이다.
   (a) 집중인   (b) 주된   (c) 적절한   (d) 피상적인

10 이 비디오에서, 운동 선수들은 다양한 사이클링 **훈련**에 초점을 맞춘 세 가지 각각의 운동을 보여줄 것이다.
   (a) 과제   (b) 칭찬   (c) 훈련   (d) 강사

DAY 04 VOCABULARY TEST

본문 080p

01 (b)   **02** (d)   **03** (d)   **04** (c)   **05** (b)

01 그는 항해 경력을 추구하기 위해 방직공으로서의 일자리를 **버렸다**.
   (a) 시도했다   (b) 멈추었다   (c) 얻었다   (d) 비웠다

02 계속해서 발전하는 자신의 폼에 **열광하며**, 그는 다가오는 월드컵을 기대했다.
   (a) 스트레스를 받는   (b) 차분한   (c) 투자된   (d) 신이 난

03 그녀는 그녀의 모바일 앱을 개발하여 상당한 재정적 **이익**을 얻었다.
   (a) 원조   (b) 상   (c) 보조금   (d) 이익

04 그 상은 그녀를 독일 영화계에서 주요한 **인물**로 인정했다.
   (a) 외모   (b) 숫자   (c) 사람   (d) 모습

05 고든 램지는 많은 어려움에 직면했음에도 불구하고 요리사가 되고자 하는 그의 꿈을 **계속해 나갔다**. 그는 미슐랭 스타 레스토랑인 하비스의 신임 주방장으로 시작했다. 거기서부터, 그는 오베르진, 로랑제, 그리고 라 탄테 클레어를 포함한 몇몇 다른 유명 레스토랑에서 일했다. 오직 수년간의 노력과 헌신 끝에 그는 마침내 주방장이 되겠다는 목표를 달성했다.

   해당 절의 문맥에서, **persisted**는 _____를 의미한다.
   (a) 시작했다   (b) 계속했다   (c) 뛰어났다   (d) 직면했다

DAY 05 VOCABULARY TEST

본문 098p

01 (a) **02** (c) **03** (a) **04** (d) **05** (c)

01 머라이어 캐리는 1990년대 그녀의 라이브 공연으로 **찬사를 받았다**.
(a) 칭찬받았다 (b) 좌절되었다 (c) 압도되었다 (d) 지명되었다

02 스티브 잡스는 2011년에 팀 쿡이 그를 **계승하기** 전에 14년 동안 애플의 CEO였다.
(a) 동기부여를 주었다 (b) 영향을 미쳤다 (c) 대체했다 (d) 승리를 거두었다

03 그는 1993년에 회사를 설립했을 때 발명가에서 성공적인 사업가로 **전환**했다.
(a) 변화 (b) 인기 (c) 명성 (d) 지위

04 그 정치인의 **급진적인** 운동은 미디어의 주목을 끌었다.
(a) 인습에 얽매이지 않는 (b) 전문적인 (c) 폭력적인 (d) 극단적인

05 조던은 2003년에 워싱턴 위저즈의 일원으로서 선수 커리어를 마감했다. 네이스미스 메모리얼 농구 명예의 전당은 새로운 헌액자로서 그를 2009년에 **인정했다**. 그는 현재 NBA의 샬럿 호니츠의 구단주이자 회장이다.

해당 절의 문맥에서, **inducted**는 _____를 의미한다.
(a) 가치있게 여겼다 (b) 입증했다 (c) 받아들였다 (d) 묘사했다

DAY 06 VOCABULARY TEST

본문 116p

01 (d) 02 (a) 03 (e) 04 (c) 05 (b)
06 (b) 07 (a) 08 (c) 09 (c) 10 (d)

01 conceal ▶ (d) 숨기다
02 demonstrate ▶ (a) 입증하다
03 consistent ▶ (e) 일관적인
04 aspect ▶ (c) 측면
05 significant ▶ (b) 상당한

06 테크 지식에 능통한 사람으로서, 제니는 최신 기술에 대해 항상 **많이 안다**.
 (a) 뛰어난 (b) 아는 것이 많은 (c) 통지를 받은 (d) 일관된

07 한 **익명의** 소식통이 그 회사가 파산할 것이라고 보도했다.
 (a) 알려지지 않은 (b) 외부의 (c) 불안한 (d) 뛰어난

08 우리 아이는 비디오 게임을 하느라 종종 그의 숙제를 **소홀히 한다**.
 (a) 화해시키다 (b) 언급하다 (c) 무시하다 (d) 숨기다

09 아버지는 나에게 야채를 먹으라고 열심히 **설득했지만** 나는 모두 거절했다.
 (a) 강요하다 (b) 과장하다 (c) 설득하다 (d) 허락하다

10 투표했던 사람들의 수에서 **상당한** 증가가 발견되었다.
 (a) 시기적절한 (b) 유창한 (c) 정확한 (d) 상당한

DAY 07 VOCABULARY TEST

본문 134p

```
01 (e)   02 (b)   03 (a)   04 (c)   05 (d)
06 (a)   07 (c)   08 (b)   09 (d)   10 (a)
```

01	surplus	▶	(e) 흑자
02	bankrupt	▶	(b) 파산한
03	allocate	▶	(a) 할당하다
04	stable	▶	(c) 안정적인
05	withdraw	▶	(d) 인출하다

06 당신이 저에게 보내줬던 그 통계가 **정확하지** 않습니다.
(a) 정확한   (b) 불합리한   (c) 안정적인   (d) 믿을 수 있는

07 회사의 재정 상황은 매출의 23%, 그리고 이익의 15% 증가분을 **산출했다**.
(a) 책정했다   (b) 줄였다   (c) 생성했다   (d) 계산했다

08 그 세입자는 집세의 **잔금**을 지불하거나 나가라는 통보를 받았다.
(a) 수입   (b) 나머지   (c) 세금   (d) 수수료

09 이 예금 계좌는 사람들로 하여금 12개월 기간 동안 매달 최대 500달러까지 **예금할 수 있도록 한다**.
(a) 거래하다   (b) 수출하다   (c) 할당하다   (d) 저축하다

10 새뮤얼, 우리 인트라넷에 격심한 피해를 가한 것에 대해 당신에게 **책임이 있다고** 들었어요. 무슨 일이 있었어요?
(a) 책임이 있는   (b) 무지한   (c) 결백한   (d) 본질적인

DAY 08 VOCABULARY TEST

본문 150p

01 (a) 02 (e) 03 (d) 04 (b) 05 (c)
06 (c) 07 (b) 08 (b) 09 (a) 10 (d)

01 scheme ▶ (a) 책략
02 enforce ▶ (e) 집행하다
03 concrete ▶ (d) 구체적인
04 petition ▶ (b) 청원
05 dominate ▶ (c) 지배하다

06 정부는 담배세를 **폐지하기로** 결정할 수도 있다.
　(a) 지지하다　(b) 지속하다　(c) 제거하다　(d) 고려하다

07 그 회사는 성명서를 냄으로써 **반발**을 피했다.
　(a) 의혹　(b) 비판　(c) 사기　(d) 책략

08 시는 주차 규정을 위반하는 어떠한 차량에나 벌금을 **부과할** 것이다.
　(a) 제거하다　(b) 부과하다　(c) 시행하다　(d) 기소하다

09 그 회계감사관은 부정혐의를 발견하기 위해 장부를 **면밀히 조사했다**.
　(a) 조사했다　(b) 이해했다　(c) 청원했다　(d) 문의했다

10 그 시장은 **합법적인** 노점상 사업을 지원하기 위한 법안을 도입했다.
　(a) 논란이 많은　(b) 무죄의　(c) 권위 있는　(d) 합법적인

DAY 09 VOCABULARY TEST

본문 168p

01 (b)   **02** (a)   **03** (d)   **04** (c)   **05** (b)

01 최근의 연구는 수비자 행동을 예측하기 위해 머신 러닝의 적용을 **촉진했다**.
(a) 분석했다   (b) 촉진했다   (c) 조사했다   (d) 비교했다

02 아프리카코끼리는 아프리카의 다수 지역에서 현재 **멸종되었다**.
(a) 죽은   (b) 이상적인   (c) 소진된   (d) 공격적인

03 고생물학자들은 그들의 발견을 지구상의 생명체의 진화론적 역사에 대한 증거를 제공하는 화석 기록 **탓으로 돌렸다**.
(a) 실험했다   (b) 추정했다   (c) 나타냈다   (d) 덕분으로 보았다

04 양자점은 전통적인 반도체 제조의 **대안**이 될 수 있다.
(a) 이득   (b) 상대방   (c) 선택   (d) 요인

05 유연근로시간제에는 많은 이점이 있다. 우선, 직원들이 전통적인 9시부터 5시까지 일하는 것을 **피할 수 있게** 해준다. 이것은 일 이외에 가족이나 다른 책임을 가지고 있는 직원들에게 큰 이익이 될 수 있다. 또한 직원들은 가장 생산적일 수 있는 시간을 활용할 수 있다. 예를 들어, 어떤 사람들은 아침에 더 생산적일 수 있고, 반면에 다른 사람들은 저녁에 더 생산적일 수 있다.

해당 절의 문맥에서, **shun**은 _____를 의미한다.
(a) 향상시키다   (b) 피하다   (c) 만들어내다   (d) 실패하다

DAY 10 VOCABULARY TEST

본문 186p

01 (a)　02 (d)　03 (b)　04 (d)　05 (b)

01 그 교수는 그의 수업의 학생들의 행동을 **관찰했다**.
(a) 감시했다　(b) 계획했다　(c) 드러냈다　(d) 해결했다

02 고대 그리스인들은 별을 봄으로써 미래를 **예측할** 수 있었다.
(a) 기록하다　(b) 증명하다　(c) 측정하다　(d) 예측하다

03 이 연구는 소셜 미디어 중독의 위험성에 대해 의문을 **제기했다**.
(a) 주목했다　(b) 제기했다　(c) 조사했다　(d) 수정했다

04 과학자들은 이 지역에서 발견된 화석들이 **선사 시대의** 시절에서 온 것이라고 믿는다.
(a) 본래의　(b) 번식의　(c) 물리적인　(d) 고대의

05 연구자들은 고대 이집트 문명이 복잡한 정치 체제, 번영하는 경제, 인상적인 건축 위업을 가진 고도로 발달된 사회였다는 것을 알아냈다. 이집트인들이 그렇게 고도로 발달된 문명이라는 주장에 처음에는 **회의적이었던** 연구자들은 밝혀진 증거에 비추어 봤을 때 그들의 의견을 재고할 수밖에 없었다. 고대 이집트인들은 분명히 매우 기술적이면서 세련된 사람들이었고, 그들의 문명은 그 시대에서 가장 인상적인 것 중 하나였다.

해당 절의 문맥에서, **skeptical**은 _____를 의미한다.
(a) 낙관적인　(b) 회의적인　(c) 주목할 만한　(d) 실용적인

DAY 11 VOCABULARY TEST

본문 202p

01 (d) 02 (c) 03 (a) 04 (e) 05 (b)
06 (c) 07 (a) 08 (c) 09 (c) 10 (a)

01 sustainability ▶ (d) 지속 가능성
02 hazardous ▶ (c) 위험한
03 dispose ▶ (a) 처분하다
04 absorb ▶ (e) 흡수하다
05 steady ▶ (b) 지속적인

06 개리는 그의 청중들에 더 잘 맞추려고 목소리 톤을 **조절했다**.
(a) 좁혔다 (b) 점검했다 (c) 변경했다 (d) 보호했다

07 대부분의 사람들은 **혹독한** 기후 때문에 북극에서 살 수 없다.
(a) 심각한 (b) 어려운 (c) 도전적인 (d) 호의적이지 않은

08 육류의 생산은 많은 양의 땅, 물, 그리고 에너지의 사용을 **수반한다**.
(a) 문의하다 (b) 조성하다 (c) 포함하다 (d) 고갈시키다

09 그 세 국가는 열대우림 **보존** 프로젝트에 관하여 협력하는 데 공식적으로 합의했다.
(a) 수술 (b) 신청 (c) 보호 (d) 발표

10 코끼리들은 나무가 있는 수풀이 무성한 평야 **서식지**에 산다.
(a) 거주지 (b) 대기 (c) 지평선 (d) 생태

DAY 12 VOCABULARY TEST

본문 220p

01 (e) 02 (c) 03 (d) 04 (b) 05 (a)
06 (b) 07 (c) 08 (d) 09 (a) 10 (c)

01 fertile ▶ (e) 비옥한
02 advisable ▶ (c) 권할 만한
03 intake ▶ (d) 섭취
04 refrain ▶ (b) 자제하다
05 adhere ▶ (a) 고수하다

06 방문객들은 **무료** 다과를 즐기면서 미술관을 탐험할 수 있다.
   (a) 먹을 수 있는   (b) 무료의   (c) 칭찬받는   (d) 바람직한

07 존은 항상 할아버지의 농지에서 토마토를 **재배하는** 것을 즐겨왔다.
   (a) 뺏는   (b) 활성화하는   (c) 경작하는   (d) 동기부여하는

08 **영양분**의 중요한 공급원인 쌀은 다량의 탄수화물을 함유하고 있다.
   (a) 부분   (b) 수확   (c) 농업   (d) 영양물

09 일부 **인공의** 감미료는 뇌 기능에 부정적으로 영향을 끼칠 수 있다.
   (a) 제조된   (b) 음식물의   (c) 정확한   (d) 중독된

10 연례 회사 연회는 지역 레스토랑에 의해 **음식이 공급되었다**.
   (a) 관리되다   (b) 검토되다   (c) 제공되다   (d) 이어지다

DAY 13 VOCABULARY TEST

본문 238p

```
01 (b)   02 (e)   03 (c)   04 (a)   05 (d)
06 (d)   07 (a)   08 (a)   09 (b)   10 (c)
```

01 segregate ▶ (b) 분리하다
02 rampant ▶ (e) 만연한
03 convert ▶ (c) 전환시키다
04 ornament ▶ (a) 장식
05 prestigious ▶ (d) 일류의

06 그 영화는 영화제에서 **개봉될** 예정이다.
   (a) 포착하다   (b) 전시하다   (c) 즐겁게 하다   (d) 초연하다

07 저희의 영화 촬영 과정을 수강하셔서 영화 제작 **기술**을 완벽하게 하십시오.
   (a) 기술   (b) 제조업체   (c) 그릇   (d) 박람회

08 강변에 거주하는 주민들은 동네에 영향을 미치고 있는 문제들에 대한 해결방안을 논의하기 위해 **모였다**.
   (a) 모였다   (b) 흩어졌다   (c) 포기했다   (d) 떠났다

09 시의회의 구성원들은 새로운 도서관의 건설에 대한 제안을 **환영했다**.
   (a) 설명했다   (b) 받아들였다   (c) 발표했다   (d) 감탄하며 바라봤다

10 메리는 파티의 초대를 받았고 내게 입을 수 있는 적절한 **복장**이 무엇인지 물어보았다.
   (a) 유행   (b) 장소   (c) 의류   (d) 장식

DAY 14 VOCABULARY TEST
본문 256p

01 (c)　**02** (d)　**03** (d)　**04** (a)　**05** (d)

01 월트 디즈니 스튜디오는 영화에서 다양한 문화를 **묘사한** 오랜 역사를 가지고 있다.
(a) 나누는　(b) 순환하는　(c) 묘사하는　(d) 명예를 주는

02 "브런치"라는 단어는 "아침"과 "점심"이라는 단어에서 **파생된다**.
(a) 의도되다　(b) 순환되다　(c) 발전되다　(d) 형성되다

03 귀족 계층은 그 궁전 도서관의 **전용의** 입장 권한을 가졌다.
(a) 다양한　(b) 일반적인　(c) 뚜렷한　(d) 단독의

04 그 새로운 쇼핑 센터는 "미래의 쇼핑몰"이라는 **별명이 붙었다**.
(a) 이름이 붙다　(b) 발명되다　(c) 제조되다　(d) 인정받다

05 소셜 미디어는 빠르게 우리 삶의 필수적인 부분이 되었고, 우리 중 많은 사람들은 새로운 플랫폼과 앱들을 **채택**할 수 있게 되었다. 소셜 미디어는 인터넷의 초기부터 어떤 형태로든 존재해 왔지만, 최근 몇 년 동안 주류가 되었을 뿐이다. 소셜 미디어의 발달은 우리가 전 세계의 친구, 가족과 연결될 수 있게 해주었고, 우리의 생각과 경험을 다른 사람들과 공유할 수 있는 플랫폼을 주었다.

해당 절의 문맥에서, **adopting**은 _____를 의미한다.
(a) 키우는　(b) 방해하는　(c) 형성하는　(d) 사용하는

DAY 15 VOCABULARY TEST

본문 274p

01 (b) **02** (a) **03** (d) **04** (b) **05** (a)

01 미니멀리즘은 오직 **충분한** 양의 소유물만 가지고 산다는 생각을 기반으로 한다.
(a) 우수한   (b) 괜찮은   (c) 다양한   (d) 명예를 주는

02 그 회사는 새로운 폴더블 디스플레이를 위한 **특허**를 신청했다.
(a) 권리   (b) 영토   (c) 성공   (d) 근원

03 자원봉사자들이 강에서 철제 예술 조각품들을 **회수하는** 것을 돕고 있었다.
(a) 보존하다   (b) 개선하다   (c) 막다   (d) 찾다

04 그 **튼튼한** 우산은 강한 바람을 견딜 수 있었다.
(a) 인기 있는   (b) 내구성 있는   (c) 뛰어난   (d) 독특한

05 1984년에, 마이클 델은 오스틴에 있는 텍사스 대학 학생이었다. 그는 기숙사 방에 개인용 컴퓨터를 판매하는 소규모 사업을 시작했다. 그는 주문 제작 컴퓨터를 소비자에게 직접 판매하는 회사를 차릴 생각을 가지고 있었다. 그는 자신의 아이디어를 **다듬었고** 1985년에 델 컴퓨터 회사를 설립했다. 회사는 빠르게 성장했으며, 1992년까지 그 회사는 세계에서 가장 큰 PC 공급업체였다.

해당 절의 문맥에서, **polished up**은 _____를 의미한다.
(a) 향상시켰다   (b) 청소했다   (c) 윤을 냈다   (d) 복원했다

DAY 16 VOCABULARY TEST

본문 292p

01 (e) 02 (a) 03 (b) 04 (c) 05 (d)
06 (b) 07 (a) 08 (d) 09 (b) 10 (d)

01 undertake ▶ (e) 착수하다
02 shift ▶ (a) 교대 근무
03 forward ▶ (b) 전달하다
04 confidential ▶ (c) 기밀의
05 thorough ▶ (d) 철저한

06 그는 프로젝트 관리 분야에서 많은 지식과 경험을 가진 **유능한** 지원자이다.
 (a) 책임 있는 (b) 유능한 (c) 효율적인 (d) 철저한

07 회사는 직원 관여도를 증가시키기 위해 직원 **혜택** 프로그램을 재설계할 것이다.
 (a) 보상 (b) 호의 (c) 운영 (d) 수익

08 회의 **결과**는 매우 생산적이었으며, 참석자 모두가 그것에 만족했다.
 (a) 주제 (b) 목적 (c) 과정 (d) 결과

09 그 회사의 수익은 분석가들의 예상을 큰 폭으로 **뛰어넘었다**.
 (a) 영향을 주었다 (b) 초과했다 (c) 형성했다 (d) 만족시켰다

10 그녀가 퇴사하는 날짜가 정해졌기 때문에 그녀는 그녀에게 **배정된** 프로젝트를 끝내는 데 실패할 수도 있다.
 (a) 허용되는 (b) 쓰여지는 (c) 조화되는 (d) 주어지는

DAY 17 VOCABULARY TEST

본문 310p

```
01 (c)   02 (d)   03 (a)   04 (e)   05 (b)
06 (c)   07 (a)   08 (c)   09 (a)   10 (b)
```

01 perk ▶ (c) 특전
02 convince ▶ (d) 확신시키다
03 necessary ▶ (a) 필수적인
04 charge ▶ (e) 청구하다
05 durable ▶ (b) 내구성이 있는

06 그 디자이너는 일반인들을 위한 더 **저렴한** 새로운 의류 라인을 만들었다.
　(a) 편안한　(b) 절약하는　(c) 저렴한　(d) 보통의

07 구독 플랜이 **만기되고 나면**, 그 고객은 서비스를 더 이상 이용할 수 없다.
　(a) 끝나다　(b) 취소하다　(c) 실패하다　(d) 부패하다

08 그 가게는 **깨지기 쉬운** 물건들을 배송 중에 손상을 당하지 않도록 완충재로 포장한다.
　(a) 비효율적인　(b) 치명적인　(c) 부서지기 쉬운　(d) 얇은

09 이제 당신은 새 창문의 장단점을 **따져봐야** 해요.
　(a) 평가하다　(b) 제한하다　(c) 선택하다　(d) 측정하다

10 그들은 많은 가정 사이에서 인기 있는 다양한 부엌용 **기기**를 판매한다.
　(a) 시설　(b) 장치　(c) 구역　(d) 발명품

DAY 18 VOCABULARY TEST

본문 328p

01 (b) 02 (e) 03 (c) 04 (a) 05 (d)
06 (b) 07 (a) 08 (c) 09 (b) 10 (c)

01 accommodation ▶ (b) 숙박
02 rural ▶ (e) 시골의
03 detour ▶ (c) 우회로
04 abroad ▶ (a) 해외로
05 exhaust ▶ (d) 지치게 하다

06 7시 30분에 **출발할** 것으로 예정된 그 비행편은 짧은 정비를 거칠 것이다.
 (a) 도착하다 (b) 떠나다 (c) 가동하다 (d) 도달하다

07 그 축제의 성공적인 출발은 이 행사에 참여하기를 원하는 출품자들의 **유입**이라는 결과를 끌어냈다.
 (a) 급증 (b) 과잉 (c) 상쇄 (d) 입장

08 우리가 등산하는 동안 톰은 아름다운 폭포를 **찾아냈다**.
 (a) 보냈다 (b) 감상했다 (c) 발견했다 (d) 올라갔다

09 내 아내는 늘 일상의 피로를 끊을 수 있는 **외진** 곳으로 여행을 가고 싶어했다.
 (a) 넓은 (b) 멀리 떨어져 있는 (c) 믿기지 않는 (d) 거리를 두는

10 로라는 크루즈선 근처에서 **승선하기를** 기다리는 동안 그녀의 가족과 작별인사를 나누고 있다.
 (a) 시작하다 (b) 의존하다 (c) 탑승하다 (d) 떠맡다

DAY 19 VOCABULARY TEST

본문 348p

01 (c)　**02** (b)　**03** (a)　**04** (d)　**05** (a)

01 그들이 우리에게 회의 시간과 장소를 **알려주었어요**.
(a) 논의했다　(b) 표현했다　(c) 알렸다　(d) 동행했다

02 그 도서관은 지역 주민을 위한 무료 영화의 밤을 **개최합니다**.
(a) 취소하다　(b) 실시하다　(c) 지연시키다　(d) 발표하다

03 저는 더 나아가서 파이썬과 자바 프로그래밍 **자격증**을 취득했습니다.
(a) 자격 증명서　(b) 승인　(c) 할인　(d) 출품작

04 저희는 고객의 요구를 **수용하기** 위해 열심히 해왔습니다.
(a) 취소하다　(b) 요구하다　(c) 거절하다　(d) 충족시키다

05 저는 이 분야에서 2년 넘게 일해왔으며 풍부한 지식과 경험을 쌓았습니다. 지-테크에서의 저의 이전 역할 동안, 저는 베타 테스트 단계를 최대 14퍼센트까지 단축하는 새로운 테스트 절차를 시행할 수 있었습니다. 즉, 고객은 경쟁업체보다 몇 주 전에 완성된 프로토타입을 볼 수 있었습니다. 저는 이 직책에 매우 **적합하며** 팀에 귀중한 인원이 될 것입니다.

해당 절의 문맥에서, **eligible**은 _____를 의미한다.
(a) 자격을 갖춘　(b) 신중한　(c) 신이 난　(d) 충실한

DAY 20 VOCABULARY TEST

본문 366p

01 (a)　**02** (c)　**03** (b)　**04** (d)　**05** (c)

01 저는 마침내 42km 마라톤을 완주하는 저의 목표에 **도달했습니다**.
(a) 달성했다　(b) 강화했다　(c) 조직했다　(d) 해결했다

02 **이전의** 직장에서, 저는 웹 개발에 대한 전문성을 발전시켰습니다.
(a) 특정한　(b) 성공적인　(c) 이전의　(d) 적합한

03 만약 귀하가 예전 신용카드를 분실했다고 신고하신다면, 귀하께 새 것을 무료로 **발급해 드리겠습니다**.
(a) 제출하다　(b) 발송하다　(c) 지원하다　(d) 상환하다

04 그 워터파크는 **재단장**에 들어갈 예정입니다.
(a) 예약　(b) 규제　(c) 참조　(d) 보수 공사

05 이 크고 가능성 있는 부지는 30년 동안 **비어 있었습니다**. 280개의 객실과 옥상 테라스를 갖춘 24층짜리 호텔 타워를 포함한 개발로 인해, 그 부지는 마침내 그것의 최대 잠재력까지 활용될 것입니다.

해당 절의 문맥에서, **vacant**는 _____를 의미한다.
(a) 공백의　(b) 기대되는　(c) 비어 있는　(d) 연체된

지텔프 보카_INDEX

A

abandon	66	acquire	278	affordable	296
ability	278	act	138	agency	293
abolish	138	activity	314	aggressive	155
abroad	314	acute	169	agitate	34
abruptly	239	adapt	293	agree	155
absent	50	addicted	206	agreement	349
absolute	206	addition	349	agriculture	221
absorb	190	additional	311	aid	67
abstract	66	address	154	aim	156
abundant	242	adequate	332	airtight	221
abuse	66	adhere	206	alert	257
academic	50	adjacent	329	alike	349
accept	332	adjust	190	allegation	138
access	314	administration	278	allegedly	117
accessible	239	admire	224	allegic	221
accident	66	admit	16	allocate	120
acclaim	224	adopt	242	allow	224
accommodate	332	adore	34	alloy	257
accommodation	314	advance	154	alter	332
accompany	332	advancement	81	alternative	156
accomplish	278	advantage	154	amaze	67
accordingly	349	adventure	329	ambitious	81
account	120	adverse	257	amenity	329
accumulate	224	advertize	102	amount	120
accurate	120	advice	278	ample	135
accuse	138	advisable	206	amuse	314
ace	63	advise	155	analyze	156
achieve	66	advocate	102	ancestor	169
acknowledge	102	aesthetic	311	ancient	156
acquaint	50	affair	138	anniversary	224
		affect	67	announce	333
		afford	16	annoy	34

annual	225	array	221	**attract**	68
anonymous	102	**arrest**	139	**attribute**	243
anthropologist	67	**arrive**	315	auction	311
antibiotic	169	**arrogant**	34	**audience**	225
anticipate	333	artery	169	**auditorium**	51
antique	239	**article**	157	**authentic**	296
anxious	34	**artificial**	207	**author**	68
apologize	333	**ascribe**	157	**authority**	139
apparent	102	**ask**	334	autobiography	349
appear	242	**aspect**	103	**available**	296
appetite	207	**assemble**	296	**average**	121
applaud	225	**assert**	103	aviation	329
appliance	296	**assess**	51	**avid**	35
application	63	**asset**	121	**avoid**	158
apply	333	**assign**	279	**award**	69
appoint	334	**assignment**	51	award-winning	81
appreciate	334	**assist**	279	**aware**	335
apprehend	139	**associate**	157	**awkward**	35
apprentice	81	**assume**	158		
approach	314	**assure**	335	**B**	
appropriate	50	**astronaut**	67		
approval	349	astronomer	81	**bachelor**	51
approve	279	**athlete**	67	**backlash**	139
approximate	121	**atmosphere**	190	**balance**	122
aptitude	50	**attach**	335	**ban**	190
aptly	257	**attain**	68	**bankrupt**	122
archaeology	169	**attempt**	68	**bargain**	297
architecture	225	**attend**	68	batch	311
ardent	31	attention	349	be accustomed to	63
argue	157	**attire**	225	be inducted into	81
arise	242	**attitude**	35	be made (up) of	257
arrange	279	attorney	151	**behavior**	16

지텔프 보카_INDEX

beloved	69	burial	239	certain	159
benefit	158	bury	69	certificate	336
besides	349			challenging	257
bestow	169			characteristic	244
beverage	207	**C**		characterize	69
bid	311	cabinet	140	charge	297
bill	122	calculate	123	charity	225
billion	135	call off	293	charm	35
biology	81	campaign	151	chase	140
birth	81	cancel	335	cheat	140
blame	139	candidate	335	chemical	169
blend	207	canteen	311	chief	293
board	315	capability	336	chore	31
boast	35	capable	293	chronic	169
boom	135	capacity	349	circulate	244
boost	207	capital	123	circumstance	17
border	315	captivate	47	cite	244
borrow	122	carbohydrate	221	civilization	159
botanist	81	career	69	claim	159
bother	31	careful	336	class	63
branch	293	carnivorous	257	classic	257
break down	203	carry out	81	classify	244
breakthrough	203	carve	239	clerk	311
breathe	203	case	151	client	279
breed	203	catalogue	311	climate	191
bribe	151	cater	208	close	47
brief	243	cause	158	coalition	151
broadcast	103	cautious	257	coastal	203
browse	297	cease	243	coexist	239
budget	123	celebrate	243	cognitive	117
bully	51	cell	169	coincidence	31
bump	16	ceremony	243	collaborate	280

collapse	244	**complex**	160	**congress**	141		
colleague	280	**complicated**	191	**connect**	315		
collect	297	**compliment**	52	conquer	81		
collide	257	**complimentary**	208	**conscious**	35		
colony	81	**comply**	337	consecutive	349		
column	117	**component**	169	**consent**	281		
combine	159	**compose**	245	consequently	81		
come up with	257	**compound**	208	conservation	203		
comfortable	336	**comprehend**	52	**conservative**	141		
commemorate	245	comprehensive	239	**consider**	339		
commence	208	**conceal**	104	considerable	257		
comment	103	conceive	47	**consist**	245		
commercial	103	**concentrate**	52	**consistent**	104		
commission	298	**concern**	338	**constant**	17		
commit	140	concise	117	constellation	203		
commitment	70	**conclude**	160	**constitute**	245		
committee	349	conclusion	349	constitution	151		
commodity	298	**concrete**	140	**construction**	339		
common	17	**condemn**	141	**consult**	104		
communicate	104	**condition**	191	**consume**	298		
commute	280	**conducive**	226	**contact**	105		
compact	311	**conduct**	160	**contagious**	161		
compare	159	**conference**	226	**contain**	208		
compatible	298	**confess**	141	**contaminate**	191		
compelling	117	**confident**	338	contemporary	257		
compensate	336	**confidential**	280	**content**	36		
compete	337	**confirm**	338	**context**	226		
competent	280	**conflict**	160	**continue**	71		
competition	70	conform	151	continuous	293		
complain	337	**confront**	70	**contract**	281		
complement	51	confuse	81	**contrary**	105		
complete	70	**congregate**	226	contrast	257		

지텔프 보카_INDEX

contribute	71	crowd	227	deem	106
controversial	141	crucial	161	defect	299
convenient	339	cruel	47	defend	246
conventional	209	cruise	329	deficiency	135
convert	226	cuisine	209	definitely	31
convey	105	cultivate	209	deforest	192
convince	298	cure	169	degree	53
cooperate	339	current	191	dehydration	169
cooperation	349	custom	246	delay	340
coordinate	281	customer	299	deliberate	36
cope	47	customize	311	delicate	36
corporate	293			delight	37
correspond	17			delinquency	63
corrupt	203			deliver	299
cost	299	**D**		demand	341
costly	311	damage	17	democracy	151
council	141	deadline	340	demolish	257
counterpart	161	deadly	169	demonstrate	106
countless	135	deal	124	dense	47
course	52	dean	63	depart	315
cover	105	debate	106	department	281
craft	227	debt	124	depend	161
crave	36	debut	71	depict	246
credential	349	decay	192	deplete	192
credible	117	decide	18	deposit	124
credit	246	decipher	257	depression	37
criminal	142	declare	246	derive	247
crisis	71	decline	340	deserve	299
criterion	257	decommissioned	239	designate	247
critical	142	decompose	203	desirable	221
criticize	71	decorate	227	desire	47
crop	209	decrease	124	desperate	31
		dedicate	72		

despise	37	**disclose**	162	dominant	239
destination	316	**discontinue**	282	**dominate**	142
destroy	192	**discount**	300	**donate**	228
destruction	257	discourage	293	**dormant**	193
detail	341	**discover**	162	dose	169
detect	169	**discreet**	38	**doubt**	38
detective	151	discriminate	81	downside	169
deteriorate	192	**discuss**	341	**doze**	18
determine	247	**disease**	162	dramatically	257
detour	316	**dislike**	38	**drastic**	193
detrimental	221	**dismiss**	282	drawback	311
develop	248	**disorder**	248	drift	329
device	300	**display**	227	drop out	81
devote	72	**dispose**	193	drought	203
devoted	47	**disregard**	342	**dub**	249
devour	221	disruptive	239	**due**	125
diagnose	72	disservice	349	duplicate	293
diameter	257	**distance**	316	**durable**	300
dietary	209	**distinct**	248	**duty**	18
differ	248	**distinctive**	227	**dwell**	18
difficult	37	**distinguish**	72	dwindle	135
digest	209	**distract**	53		
diligent	37	**distress**	38	**E**	
diminish	135	**distribute**	125		
diploma	53	**disturb**	38	**eager**	73
diplomat	81	**diverse**	248	**earn**	73
direction	329	**divide**	249	**ease**	293
disability	81	division	293	eatery	221
disappoint	341	**divorce**	73	ecology	193
discard	169	doctoral	63	**edible**	210
discharge	257	**document**	54	edition	117
discipline	53	domestic	151	**editorial**	106

지텔프 보카 INDEX

educate	54	**endorse**	107	**estate**	342
effect	282	**endure**	74	**estimate**	163
efficient	282	**energetic**	249	ethical	239
effort	73	**enforce**	142	ethnic	239
effortlessly	47	**engage**	74	evacuate	81
elaborate	228	**enhance**	162	**evade**	75
elated	228	**enlighten**	54	**evaluate**	55
election	142	**enormous**	163	**eventually**	75
electric	203	**enrich**	210	**evidence**	163
element	169	**enroll**	54	**evolve**	250
elementary	54	**ensure**	107	**exact**	210
elevate	73	**entail**	194	**exaggerate**	107
eligible	342	**entertain**	228	**examine**	163
eliminate	257	**enthusiastic**	74	**exceed**	125
eloquence	117	entice	221	**excel**	75
embark	316	entire	135	excellent	81
embarrass	38	**entitle**	143	exceptional	239
embrace	19	entrance	329	**excess**	210
emerge	228	**entrepreneur**	75	**exchange**	125
emergency	169	entry	349	**excited**	342
emit	193	**envious**	39	**exclusive**	250
emotion	39	**environment**	194	**excuse**	143
emphasize	106	epidemic	169	**execute**	143
empire	257	equal	151	**executive**	283
employ	282	**equipment**	300	**exercise**	76
enable	162	equivalent	221	**exhaust**	317
enact	151	era	257	**exhibit**	343
enclose	342	erect	257	**exist**	250
encounter	317	**erupt**	249	existing	349
encourage	283	**escalate**	143	**exotic**	317
endangered	169	**essential**	301	**expand**	76
endeavor	54	**establish**	75	**expect**	343

expedition	329	**fail**	164	**fine**	144
expense	126	**fair**	229	**finish**	19
experience	317	faithful	349	firm	293
experiment	163	fake	311	**fit**	19
expert	55	**fame**	250	flat	311
expertise	349	**familiar**	19	flavor	221
expire	301	famine	221	**flexible**	283
explain	163	**famous**	77	**flight**	318
explode	250	fancy	311	float	329
exploit	76	**fare**	318	flood	203
explore	317	**fascinate**	318	**flow**	194
explosive	203	fashion	239	**fluent**	107
export	126	fatigue	31	**focus**	165
expose	76	fault	169	**follow**	211
express	343	**favor**	343	following	349
extend	126	favorable	77	**fond**	39
external	107	**feasible**	293	fondness	81
extinct	164	**feature**	251	forbid	151
extra	349	**fee**	126	**force**	77
extracurricular	63	**feed**	210	**forecast**	318
extraordinary	81	feedback	293	**foreign**	318
extravagant	311	feminine	47	forge	349
extreme	164	**ferment**	211	**form**	251
		fertile	211	**formal**	343
		fertilizer	203	former	81
		fervor	81	**formidable**	81
		fiber	221	**formulate**	107
fabric	257	fiction	239	forthcoming	135
facilitate	164	**figure**	77	fortify	257
facility	164	**finance**	126	fortunate	31
factor	164	find out	169	**forward**	283
faculty	55	findings	169	**fossil**	194
fad	257				

지텔프 보카_INDEX

foster	195	gesture	117	harbor	329
found	78	get carried away	31	**harm**	165
foundation	81	give away	257	**harsh**	195
founder	251	give off	203	**harvest**	212
fragile	301	give up	81	**hazardous**	196
fraud	144	go-ahead	293	**head**	319
free of charge	349	**gorgeous**	319	headline	117
freeze	195	gourmet	221	headquarters	293
frequent	301	**government**	144	**healthy**	212
frustrate	39	governor	81	**hectic**	319
fuel	319	**grade**	55	heighten	135
fulfill	344	**graduate**	78	hemisphere	203
function	302	grain	221	herd	275
fund	127	**grant**	78	**heritage**	252
fundamental	211	**grasp**	55	hesitant	47
furnish	349	grateful	349	**hesitate**	344
furniture	311	**gratitude**	40	highway	329
		gravity	169	**hinder**	252
G		grieve	47	**hire**	344
		grocery	212	**history**	252
gadget	302	groundbreaking	117	**hold**	345
gain	78	grow up	81	**honor**	252
garbage	195	**guarantee**	344	**hopeful**	40
garment	311	**guilty**	144	**horizon**	196
gather	20			hospitality	349
general	252	**H**		hospitalize	169
generate	127			**host**	229
generous	39	**habitat**	195	**household**	165
genetic	257	**habitual**	20	**huge**	229
genius	63	hand in	293	**humble**	40
genre	81	**handle**	344	**humid**	196
genuine	302	hands-on	311	**hygiene**	196

I

iconic	275	incident	20	innocent	145
ideal	165	incline	40	**innovate**	284
identify	165	**include**	212	in-person	31
idolize	99	including	349	**input**	127
ignite	169	**income**	127	**inquire**	56
ignore	108	**increase**	127	**inquiry**	346
illness	99	**incredible**	84	inscribe	275
illustrate	229	**incur**	345	**insect**	253
immediately	345	independent	275	**insert**	20
immense	135	in-depth	117	insight	63
immigrant	320	**indicate**	166	**insist**	167
immune	166	**indifferent**	41	**inspect**	167
impact	78	indigenous	169	**inspire**	84
impair	169	**individual**	41	**install**	352
impart	99	**induce**	166	**installment**	302
imperial	151	indulge	47	instant	239
implement	284	**inevitable**	345	instill	63
imply	169	**infant**	20	**instinct**	41
import	135	**infect**	166	**institute**	56
important	284	infinite	135	institution	275
impose	144	**inflate**	127	**instruct**	172
impress	108	**influence**	84	**instructor**	56
improve	84	**influx**	320	**instrument**	229
improvise	31	**inform**	345	insult	47
impulsive	40	**informed**	108	**insurance**	21
in response to	349	infrared	275	**intact**	196
in terms of	349	ingenious	63	**intake**	213
inaccurate	349	**ingredient**	212	integrate	239
inadequate	221	**inhabit**	196	**intelligent**	56
incentive	284	**inhibit**	213	**intend**	253
		initial	166	**intense**	85
		injure	84	**intensive**	56

intentionally	31	juvenile	151	length	197
interact	108			**lessen**	128
interest	85			**liable**	128
internal	367			**liberal**	146
international	320	**K**		license	31
interpret	109	**keen**	21	lifespan	203
interrogate	151	**knowledge**	57	**lift**	22
interrupt	21			light	275
interview	352			**limit**	172
intimate	21	**L**		**link**	321
intrigue	85			**liquid**	197
introduce	172	label	311	literature	99
invent	253	**laboratory**	172	**litter**	197
inventory	302	**lack**	353	livestock	275
invest	128	lag behind	63	load	311
investigate	145	**land**	320	**loan**	128
invite	352	**last**	253	**local**	353
invoice	128	**launch**	284	**locate**	22
irrigate	213	lavish	311	logic	63
irritate	41	lawsuit	151	**lonely**	42
issue	352	layer	187	look into	187
itinerary	320	lead to	187	**loyal**	353
		leading	275	lucrative	135
		leak	117	**luggage**	321
J		**lean**	21		
		learn	57		
jealous	41	leave out	187	**M**	
journey	320	**lecture**	57		
judge	145	leftover	221	**machine**	303
juicy	213	**legacy**	86	magnificent	239
jumpstart	172	**legal**	145	**maintain**	353
jury	151	**legislate**	145	**major**	57
justify	117	**legitimate**	146	majority	117

make sure	367	**medieval**	254	**motivate**	87
malfunction	367	**meet**	353	**move**	87
malicious	47	**melt**	197	multicultural	239
malnutrition	221	memorable	329	multiple	135
mammal	254	memorial	99	mutual	47
manage	213	memorize	31	**myth**	255
management	293	**mental**	86		
mandate	293	**mention**	110		
mandatory	187	**mentor**	57		
manipulate	254	**merchandise**	303	**name**	230
manual	311	mere	31	**narrow**	197
manufacture	254	**merge**	285	**national**	146
manuscript	117	**method**	173	**native**	255
marine	203	meticulous	47	**natural**	198
mark	230	**migrate**	321	**necessary**	303
markedly	275	**mind**	42	negative	367
marvelous	47	mind-blowing	117	**neglect**	110
masculine	47	**minimize**	129	**negotiate**	285
mass	109	minor	63	neighbor	367
master	63	mixed	99	**nerve**	174
match	86	mixture	275	**nominate**	87
material	173	moderate	151	**normal**	87
materialize	129	**modern**	254	**notable**	88
mathematics	63	**modest**	47	**note**	174
mature	173	**modify**	173	noteworthy	187
mayor	151	**moist**	197	**notice**	285
mean	109	molecule	187	**notify**	354
meanwhile	22	moment	329	**notion**	174
measure	173	**monetary**	129	notorious	99
mechanical	187	**monitor**	174	**nourish**	214
medical	86	**monument**	254	**numerous**	129
medicine	187	moral	151	**nurture**	58

지텔프 보카_INDEX

nutrition	214	opposite	175	own	88

O

		optimistic	175		
		optimize	285		
		oratorical	117		

P

obese	221	orbit	203	package	304
object	260	order	303	pain	187
objective	110	ordinary	221	participant	175
oblige	146	organic	214	participate	355
obscure	99	organization	293	particular	355
observe	175	organize	355	pass away	99
obsess	42	oriented	63	passage	321
obstacle	88	origin	261	passionate	47
obstinate	47	originally	261	passive	42
obtain	260	originate	261	patent	262
obvious	110	ornament	231	path	321
occasion	230	orphan	99	patient	176
occupy	22	outbreak	261	patrol	329
occur	260	outcome	285	patron	356
odor	221	outdated	231	pave	322
of all time	275	outlet	117	pay off	31
offensive	47	outline	355	peak	262
offer	354	outperform	293	pedestrian	329
officially	260	output	129	peel	214
offset	198	outrage	47	peer	58
offspring	99	outreach	239	penalty	146
on behalf of	367	outstanding	261	perceive	111
opening	367	overall	63	perform	176
operate	354	overdue	355	period	322
opinion	111	overrun	311	periodical	239
opponent	260	overseas	321	periphery	356
opportunity	354	overwhelm	88	perish	203
oppose	111	overwhelming	239	perk	304

permanent	88	**popularity**	89	presentation	293
permission	356	**population**	177	**preservation**	199
permit	286	**portable**	304	**preserve**	263
perplex	43	portion	221	president	367
persist	23	**portray**	231	**press**	112
personal	47	**pose**	177	**prestigious**	232
personnel	286	**position**	357	**pretend**	24
perspective	111	positive	367	**prevail**	263
persuade	112	**possess**	23	**prevent**	264
peruse	367	possible	31	**previous**	357
petition	147	**post**	112	prey	275
pharmaceutical	187	**postpone**	286	priceless	311
phenomenon	262	**potential**	89	**pricey**	221
philosophy	63	**pour**	23	**primary**	58
physical	176	practical	187	**primitive**	264
physician	187	**practice**	263	**principal**	58
pioneer	88	**praise**	89	**principle**	59
place	322	**precaution**	198	**priority**	287
plan	176	**precious**	23	**private**	113
plant	198	**precise**	112	privilege	151
pleased	356	precisely	187	**prize**	232
plenty	135	predator	275	**procedure**	113
plot	231	**predict**	177	**proceed**	287
plummet	135	**prefer**	304	**process**	264
poison	214	preference	367	procrastinate	31
policy	147	**prehistoric**	177	**prodigy**	59
polish	262	**prejudice**	89	**produce**	215
polite	43	preliminary	99	**productive**	287
political	147	**premiere**	231	**profession**	357
poll	112	**prepare**	215	**professional**	89
pollution	198	**prescribe**	24	**professor**	59
popular	262	**present**	24	**proficient**	59

지텔프 보카_INDEX

profit	287	**punishment**	151	**reach**	359
profound	59	**pupil**	60	react	31
progress	264	**purchase**	305	**realize**	91
prohibit	232	purify	203	**reap**	215
prolific	90	**purpose**	359	**reasonable**	306
prolong	177	**pursue**	90	receipt	311
prominent	264	put off	293	reception	239
promise	357	puzzling	47	**recession**	130
promising	135			**recipe**	215
promote	287			recital	239
prompt	358	**Q**		**reckless**	43
prone	43	**qualify**	359	**recognize**	91
proof	177	**quality**	305	**recommend**	306
propel	135	**quantity**	305	**recommendation**	360
proper	59	query	367	**reconcile**	113
property	367	**quit**	90	**record**	178
proportion	135	quota	293	**recover**	265
proposal	288	quote	117	**recruit**	360
propose	358			rectify	275
prospective	358	**R**		**recycle**	199
prosper	129	race	99	**reduce**	130
protect	199	**radical**	91	**refer**	265
protest	90	**raise**	91	**reference**	360
proud	359	**rally**	147	**refine**	266
prove	90	**rampant**	232	**reform**	92
provide	305	range	135	**refrain**	216
provoke	147	**rank**	265	**refresh**	216
proximity	329	**rapid**	233	**refund**	306
psychological	187	**rare**	215	**refuse**	25
public	113	rate	135	**regard**	92
publicize	232	rather	275	regarding	367
publish	178	ration	221	regardless (of)	31

region	322	**renowned**	92	**result**	180
register	60	rent	367	**resume**	93
regret	360	**repair**	306	**retail**	307
regular	361	**repeat**	26	**retain**	267
regulation	361	**replace**	361	**retard**	94
rehearse	233	replacement	367	**retire**	94
reimburse	367	**reply**	362	**retrieve**	267
reinforce	63	**report**	178	return	367
reject	92	**represent**	147	**reveal**	180
relate	178	reprimand	151	**revenue**	288
relationship	92	**reproductive**	179	**review**	216
relative	135	**reputation**	93	**revise**	60
relax	323	**request**	362	revive	275
release	233	**require**	179	**revolution**	267
relevant	266	**rescue**	93	**reward**	233
reliable	361	**research**	179	right	151
relieve	43	**resemble**	266	ripe	221
religious	233	**resent**	26	**rise**	130
relocate	293	**reservation**	362	**risk**	94
reluctant	44	**reside**	267	**rot**	200
remain	266	**resident**	362	**rough**	27
remark	114	**resign**	288	**route**	323
remarkable	266	**resist**	26	**routine**	27
remedy	187	**resolve**	363	**royal**	267
remember	25	**resource**	199	**ruin**	180
remind	25	**respected**	93	**rule**	148
remote	323	**respond**	363	**rural**	323
remove	199	**response**	179	rush	329
renew	288	**responsible**	288		
renewable	203	**rest**	26		
renewed	275	**restore**	267		
renovation	361	**restrict**	363		

지텔프 보카_INDEX

S

salary	363
sales representative	311
salutatorian	63
sanitation	187
satisfy	363
savvy	63
scale	135
scarce	307
scatter	200
scenery	329
schedule	323
scheme	148
scholarship	60
school	60
scientific	187
scold	61
score	239
screen	114
script	268
scrutinize	148
sculpture	234
search	180
seasonal	329
secondhand	307
section	293
sector	293
secure	307
security	181
seek	181
segregate	234
select	27
semester	61
senate	151
senior	61
sensation	275
sensible	44
sensitive	117
sentence	99
sentiment	44
separate	234
sequel	99
sequence	293
serious	27
servant	99
serve	217
session	63
setback	99
settle	99
several	135
severe	94
sewage	200
share	27
shift	289
ship	308
shortage	221
shortsighted	117
show off	275
shrink	130
sibling	99
sightseeing	329
sign	95
significant	114
significantly	99
similar	268
simultaneously	99
situation	148
sizable	275
skeptical	181
skim over	117
slight	28
sluggish	135
soak	31
soar	135
sociable	47
solely	99
solicit	114
solid	203
solitary	44
solve	181
sophisticated	275
source	200
souvenir	324
spacious	31
span	275
spare	308
spark	268
specialize	364
species	181
specific	364
specimen	181
speculate	268
speech	234
spend	95
sponsor	364

spontaneous	235	**strive**	96	**supplement**	217		
spot	324	stroke	99	**supply**	289		
spotlight	117	**structure**	131	**support**	365		
spread	182	**struggle**	96	**suppose**	28		
stable	130	**stubborn**	44	**surface**	270		
stage	235	**study**	182	**surpass**	290		
stain	28	stumble upon	187	**surplus**	131		
standardize	217	**sturdy**	269	surrounding	203		
staple	221	**subject**	183	surveillance	275		
state	182	**submit**	364	**survey**	183		
statement	117	**subordinate**	289	**suspect**	184		
state-of-the-art	311	**subscribe**	115	**suspend**	131		
station	329	**subsequent**	289	**sustain**	184		
statistics	182	subside	187	**sustainability**	201		
statue	275	substance	187	**switch**	28		
status	268	substantial	221	**symbol**	270		
steady	200	**substitute**	183	symptom	187		
steep	135	**succeed**	96	synthetic	187		
stem	203	successful	367				
stimulate	269	suddenly	31	**T**			
stock	308	**sue**	148				
storage	367	**suffer**	45	take part in	367		
store	308	**sufficient**	269	**talent**	97		
strain	187	suffrage	151	**tardy**	61		
strange	47	sugary	221	**task**	365		
strategy	131	**suggest**	183	**taste**	217		
stream	200	**suitable**	364	**tax**	132		
streetscape	329	**sum**	131	tease	239		
strengthen	367	summary	117	technical	187		
stretch one's legs	31	superficial	63	**temper**	45		
strict	269	**superior**	269	**temporary**	365		
strike	95	supervisor	293	tenant	367		

지텔프 보카_INDEX

tend	45	transportation	325	uphold	151
tenure	151	travel	325	upset	29
term	270	treatment	187	upsurge	275
terminate	270	tremendous	203	urban	29
territory	271	trial	149	urge	115
testimonial	275	trigger	271	urgent	290
testimony	151	trip	329	utilize	309
theme	63	triumph	275		
theory	184	trivial	31	**V**	
therapy	187	tropical	203		
thesis	63	tuition	61	vacant	365
thorough	290	turn into	275	vague	97
threat	271	turn out	31	valedictorian	63
thrive	271	twist	99	valid	309
thwart	99	typical	28	valuable	367
timely	117			value	97
tough	31	**U**		vandalize	272
tour	324			vanish	31
tourist attraction	329	ubiquitous	239	variable	275
trace	187	unbiased	117	various	272
trade	132	unconventional	99	vast	203
tradition	271	uncover	117	veer	329
traffic	324	undecided	367	vehicle	325
trait	45	undergo	184	vein	187
transact	132	undergraduate	63	vendor	311
transcript	63	undertake	290	venue	235
transfer	325	unique	272	verify	184
transition	97	unlikely	135	versatile	367
translate	235	unnoticed	99	vertical	203
transmit	115	unprecedented	187	via	329
transparent	135	unscathed	47	vicinity	367
transplant	201	upcoming	367	view	329

vigor	31	widen	31
violate	149	widespread	203
violent	97	**win**	290
visit	218	**withdraw**	132
visual	239	**withstand**	272
vital	218	**witness**	149
vivid	235	**workout**	29
volume	117	worship	239
volunteer	236	**worth**	326
vote	149	**wound**	29
voyage	326	**wrap**	218
vulnerable	45	writing	99

W

wage	29
wander	329
wane	201
warn	185
warranty	309
waste	201
wealth	132
weigh	309
weight	218
weird	47
welcome	236
well-known	99
well-received	99
well-suited	367
whereabouts	329
wholesale	311
widely	239

Y

yearly	367
yield	133

지텔프는 지텔프에듀

지텔프에듀에서 지텔프를 시작해야하는 이유는?

지텔프 공식 주관사와 함께하는 지텔프에듀의 정보를
무료로 받아볼 수 있기 때문입니다.

☑ **강의 사고, 생애 첫 지텔프 쿠폰받자!**
오직 지텔프에듀에서만 만나는 혜택!

- 갓성비 가격으로 저렴하게 강의 구매 가능
- 강의사면 생애 첫 지텔프 쿠폰은 덤!

☑ **수험생들의 생생한 시험후기 확인**
지텔프에듀 게시판 톡톡

- 수험생들의 실제 시험후기/비법 공개
- 시험 난이도 및 논란문제 확인 가능

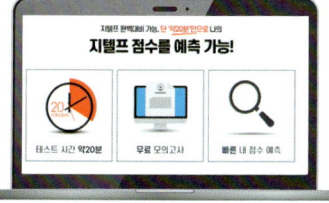

☑ **20분만에 지텔프 점수 예측 가능**
지텔프 예측 점수.. 나는 몇점일까?

- 간단한 모의고사를 통해 내 점수 예측 가능
- 20분만에 점수를 확인하는 무료 모의고사 제공

지텔프 공식 주관사와 함께하는 지텔프에듀 🔍 지텔프에듀

지텔프에듀의
당신의 목표달성을 위한 최적의 강의

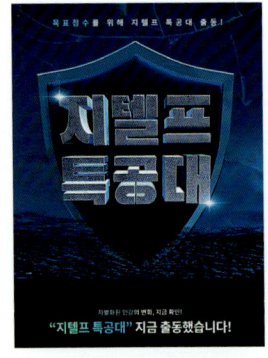

목표점수를 위해
지텔프 특공대 출동!

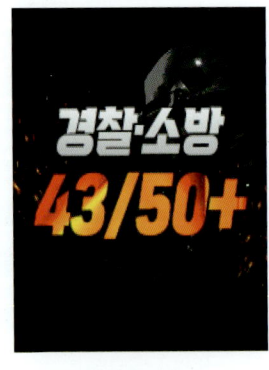

경찰·소방도
역시 지텔프!

강의만 구매해도
응시권 100% 증정